高等职业教育**汽车类专业**系列教材

汽车冲压技术

主　编　张国豪

副主编　安亚军　万东明

重庆大学出版社

内容提要

本书通过对汽车车身结构、冲压基础的介绍，引入汽车覆盖件冲压工艺与汽车覆盖件模具设计内容，着重对具体的4个汽车覆盖件零件成形工艺设计案例进行分析，使读者具有编制汽车覆盖件冲压成形工艺并设计相应汽车冲压模具的能力。本书包括认识汽车冲压、认识汽车冲压设备、选用汽车冲压材料、汽车覆盖件冲压工艺设计、汽车覆盖件冲压模具设计、汽车覆盖件冲压模具的制造与调试、汽车冲压件检测、汽车冲压安全保护、汽车冲压综合设计9个项目。

本书作为汽车制造与试验技术国家专业教学资源库配套教材，每个知识点均有相应微课、视频、题库与其相配套，供读者在手机等网络终端学习和使用。

本书可作为高职汽车制造与试验技术专业课教材；也可作为参考书，供汽车工业部门或从事汽车制造、冲压相关行业工程技术人员在进行汽车冲压工艺设计、模具设计时，结合具体情况采用。

图书在版编目(CIP)数据

汽车冲压技术 / 张国豪主编. -- 重庆：重庆大学
出版社，2025. 7. -- ISBN 978-7-5689-5066-4

Ⅰ. U463.820.6

中国国家版本馆 CIP 数据核字第 2025TQ1467 号

汽车冲压技术

主　编　张国豪

副主编　安亚军　万东明

策划编辑：范　琪

责任编辑：张红梅　　版式设计：范　琪
责任校对：邹　忌　　责任印制：张　策

*

重庆大学出版社出版发行

社址：重庆市沙坪坝区大学城西路21号

邮编：401331

电话：(023) 88617190　88617185(中小学)

传真：(023) 88617186　88617166

网址：http://www.cqup.com.cn

邮箱：fxk@ cqup.com.cn (营销中心)

全国新华书店经销

重庆永驰印务有限公司印刷

*

开本：787mm×1092mm　1/16　印张：15　字数：372 千
2025 年 7 月第 1 版　　2025 年 7 月第 1 次印刷
ISBN 978-7-5689-5066-4　定价：49.80 元

我国汽车产销量在 2004 年以来出现了高速增长,2013 年产销量达 2 200 万辆,连续数年保持世界第一。即便如此,从汽车千人保有量看,我国的汽车产业在未来 20 年仍然有较高速的增长。同时,这一阶段是我国从"汽车大国"向"汽车强国"转变的重要战略机遇期。

尽管我国汽车行业工程技术人员不断增长,所占职工人数的比例在不断攀升,但比例仅为 12% 左右。相关统计显示,在欧美发达国家的汽车行业中,技术人员一般都占到企业员工的 30% 以上。高技能人才的紧缺导致了制造工艺的落后;汽车行业甚至出现了"设计出来,造不出来"的尴尬局面。

汽车行业人才短缺的情况十分严重,成为我国汽车产业发展壮大的"瓶颈"之一。这一问题不解决,"汽车强国"只是一个梦想。从德国的经验来看,通过职业教育培养出大规模的高素质技术技能型人才是实现汽车强国梦的必要、快捷途径。

从课程体系的角度来讲,汽车冲压技术是高职汽车制造与试验技术专业的工艺方向课程,主要培养学生的四大工艺(冲压、焊接、涂装、装配)之———冲压工艺设计与实施能力。对于高职生而言,在汽车产业链中,汽车制造和后市场环节是其主要用武之地,汽车四大工艺是制造环节的核心。掌握汽车四大工艺并具备一定的实操技能是汽车制造与试验专业学生的核心优势所在。

本书是联合东风汽车集团有限公司编写而成的,结合企业车身工艺,真正体现了"职业性、先进性、实用性"。

本书由襄阳职业技术学院张国豪任主编,东风汽车股份有限公司安亚军、东风汽车有限公司万东明任副主编,襄阳职业技术学院李中林、徐娇艳、潘磊、罗伟、鲁冰分别参与了项目 2、3、5、7、8 等部分章节的编写。

本书在编写过程中,得到了襄阳职业技术学院汽车工程学院的大力支持,同时借鉴了一汽、东风等相关汽车企业、相关高职院校的网络与纸质资源,在此一并致谢。

由于编者水平有限,错讹之处在所难免,恳请广大读者批评指正,及时与编者联系以便再版时修订。

电子邮箱(E-mail):470048593@qq.com。

编　者

2025 年 2 月

MULU 目　录

项目 1
认识汽车冲压

学习目标

1. 认识汽车车身发展的历程。
2. 认识汽车车身覆盖件结构。
3. 认识冲压成形基础知识。
4. 认识车身覆盖件成形工艺。

课程介绍

任务 1.1 认识汽车车身覆盖件

1.1.1 汽车车身发展史

从 19 世纪末到 20 世纪初,汽车设计师把主要精力都用在了汽车机械工程学的发展和革新上。20 世纪前半期,汽车的基本构造已经全部发明出来,汽车设计者们开始着手从汽车外部造型上进行改进,并相继引入了空气动力学、流体力学、人体工程学以及工业造型设计(工业美学)等概念,力求让汽车能够从外形上满足各种年龄、各种阶层,甚至各种文化背景的人的不同需求,使汽车真正成为科学与艺术相结合的统一体,从而达到最完善的境界。汽车车身的主要作用是保护驾驶人以及构成良好的空气力学环境。好的车身不仅能带来更佳的性能,还能体现出汽车主人的个性。

汽车车身结构主要包括车身壳体、车门、车窗、车前板制件、车身内外装饰件和车身附件、座椅以及通风、暖气、冷气、空气调节装置等。汽车造型师们把汽车装扮成人类的肌体,例如,汽车的眼睛——前照灯,嘴——进风口,肺——空气滤清器,血管——油路,神经——电路,心脏——发动机,胃——油箱,脚——轮胎,肌肉——机械部分,力图使之具有艺术魅力,给人以美感。汽车车身在发展过程中主要经历了马车形汽车、箱形汽车、甲壳虫形汽车、船形汽车、鱼形汽车、楔形汽车。

(1)马车形汽车

最初的汽车与其说是汽车,还不如说是没有马的马车。人们主要精力都集中在动力的更换上,汽车的外形依旧沿用马车的造型。

1885 年,卡尔·本茨发明了世界上第一辆汽车,如图 1.1 所示。人类从此开启了轰轰烈烈的造车时代,之后虽然车身逐渐演进,产生了引擎舱的结构,但仍然是马车样式。

图 1.1 马车形汽车

(2)箱形汽车

几十年后,人们从轿子上找到灵感,把车身做成一个大箱子,这样既能遮风挡雨,坐在里面还很舒服。1915 年,福田汽车公司生产出一种新型 T 形汽车,如图 1.2 所示,人们将这种 T 形汽车作为箱形车的代表。

图 1.2　T 形汽车

箱形车重视了人体工程学,内部空间大,乘坐舒适。但是,随着车速的提高,空气阻力大的问题暴露了出来。为了克服这一问题,人类继续探索。

(3)甲壳虫形汽车

1920 年,德国科学家保尔·亚莱通过实验证明,一件物体受到空气阻力的大小与物体形状、迎风面积和前进速度有关。

想要汽车不与空气正面冲撞,就需要给它"整容",让它变得圆润一点。这样一来,车头的空气就可以从它脸上过去,阻力就会小很多。

到了 20 世纪 30 年代,甲壳虫形汽车开始出现,如图 1.3 所示。这种车就是人们常说的老爷车,其车身更加圆润,流动的曲线不仅带来速度感和潮流感,而且还减小了风阻。它的设计者正是保时捷的创始人波尔舍。

甲壳虫形汽车的出现,虽然在一定程度上解决了空气阻力的问题,但是,它有一个致命的问题:当侧面有强风时,这种车型车头容易打滑,稍不注意就容易出事。为了解决这个安全隐患,汽车造型又开始进化。

(4)船形汽车

任何事物都有重心,甲壳虫形汽车的重心大概在车身后面一点。除了重心,车上还有一个心叫作"风压中心",当侧方有风吹到风压中心时,车头容易打滑。

为了解决这一问题,福特公司经过几年努力,在 1949 年推出了新型福特 V8 车型。这种汽车改变了以往汽车造型模式,使前翼子板和发动机罩、后翼子板和行李舱融为一体,大灯和散热罩形成一个平滑的面,汽车发动机前置,从而使得汽车重心前移;另外,加大了行李舱,让风压中心后移,这样的调整使得整个车身造型看起来就像船,如图 1.4 所示,这类车称为船形汽车。

图 1.3　甲壳虫形汽车

图 1.4　船形汽车

船形汽车的出现让汽车驾驶变得更安全,但是这个造型有点小问题:费油。为了省油,汽车造型又开始进化。

(5)鱼形汽车

虽然船形汽车有效降低了风阻系数,但是方直梯度的车尾容易形成涡流,阻碍汽车前进,这就是船形汽车费油的原因。于是另一种解决方案鱼形汽车出现了。鱼形汽车在船形汽车的基础上把船形汽车的后窗玻璃延长到车尾,完美地解决了船形汽车车尾涡流问题。改变后的后车窗很像鱼的后背,这种车就称为鱼形汽车,如图 1.5 所示。

图 1.5　鱼形汽车

鱼形汽车后窗玻璃倾斜太大,面积增加,有个潜在的缺点:对横风的不稳定性。

针对这一问题,人们想了很多办法来解决,如在车的尾部加一个"鸭尾",以克服部分升力,这便是鱼形鸭尾式车型。

(6)楔形汽车

为了从根本上解决鱼形汽车的升力问题,人们设想了多种方法,最后终于找到了"楔形"的理想办法,就是将车身整体向前下方倾斜,车身后面像刀切一样平直,这种造型能有效地克服升力,如图 1.6 所示。

图 1.6　楔形汽车

汽车的外形演变是对"形式服从于功能"设计原理的极佳诠释。一百多年前,人们用内燃机代替马匹,今天人们用电力代替汽油,用 AI 代替人工,带来汽车构造的革新,汽车外形也具有了新的可能性,未来的汽车会长什么样,就等才华横溢的设计师们呈现惊艳作品。

1.1.2　车身覆盖件结构

车身覆盖件
结构

1）车身的定义及功能

（1）车身的定义

车身是驾驶人的工作场所，是容纳乘客和货物的场所，起到封闭的作用，应保证行车安全和减轻事故后果。

（2）车身的功能

汽车车身给驾驶人提供便利的工作条件，给乘员提供舒适的乘坐条件，保护他们免受汽车行驶时的振动、噪声、废气的侵袭以及外界恶劣气候的影响，并保证完好无损地运载货物且装卸方便。汽车车身上的一些结构措施和设备有助于安全行车和减轻事故的后果。车身保证了汽车具有合理的外部形状，在汽车行驶时能有效地引导周围的气流，以减少空气阻力和燃料消耗。此外，车身有助于提高汽车行驶稳定性和改善发动机的冷却条件，并保证车身内部良好的通风。汽车车身是一件精致的综合艺术品，应以其明晰的雕塑形体、优雅的装饰件和内部覆饰材料，以及悦目的色彩使人获得美的感受，点缀人们的生活环境。

汽车是现代社会一个必不可少的交通工具，而汽车车身是汽车不可分割的一部分，它兼具了实用性和美观性两个功能。

2）汽车车身的种类

汽车车身的种类很多，根据车型和结构不同，有不同的分类方法。

①根据车型的不同，可分为轿车车身、大型客车车身及载货汽车车身（包括驾驶室和车厢）。

②根据车身承载形式的不同，可分为非承载式车身、半承载式车身及承载式车身。

③根据车身结构的不同，可分为有骨架车身和无完整骨架车身。

3）车身覆盖件结构

汽车车身是由白车身、车身内饰件、外饰件、车窗、座椅、通风装置等组成，其中白车身是指覆盖件焊接后尚未进行喷漆的汽车车身结构。白车身（覆盖件）主要由四门总成、三盖（发动机盖总成、行李箱盖总成、顶盖总成）、左右翼子板总成、左右侧围总成、地板总成、发动机舱总成、行李箱总成等组成，如图 1.7 所示。

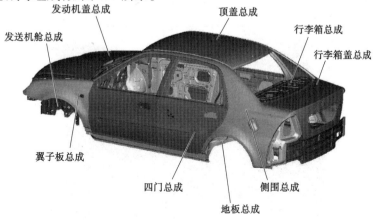

图 1.7　轿车车身覆盖件

（1）发动机舱总成

如图1.8所示，发动机舱总成的作用是安置汽车的发动机、变速器、转向装置、制动装置等重要总成，其作用越来越重要，肩负着被动安全性的重要使命。当汽车发生正面碰撞时，发动机舱会折曲变形以吸收碰撞产生的巨大能量，减少碰撞对车内外人员的猛烈冲击，起到保护车内乘员的作用。发动机舱总成由左前挡泥板总成、右前挡泥板总成、前围挡板总成、散热器前横梁总成4个部分构成。

（2）前地板总成

如图1.9所示，前地板总成是车身下部非常重要的部件。它主要承载前排座椅兼有承重的任务，地板结构保持足够的刚度和强度至关重要，前地板承重部位应力变化复杂，零部件安装部位等多处加横梁、加强板等，并在前地板主板上压制加强筋和凸凹平台，从而提高地板的强度。前地板总成由前地板、左下后加强梁、右下后加强梁、驻车制动操纵机构加强板、前地板上横梁、前地板左边梁、前地板右边梁等组件构成。

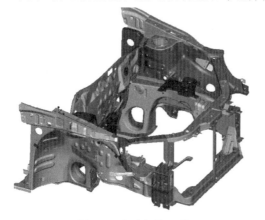
图1.8　发动机舱总成

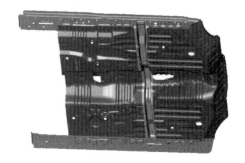
图1.9　前地板总成

（3）后地板总成

如图1.10所示，后地板总成的主要作用是承载后排座椅、备胎、油箱。其强度和刚度是由在主板上压制的加强筋、凸凹平台和后车架总成保证的。后地板部分还影响整车的四轮定位尺寸，对后地板的装配精度要求比较高。后地板总成由后地板、后地板左纵梁总成、后地板右纵梁总成、后地板第二横梁分总成、后地板第一横梁分总成等组件构成。

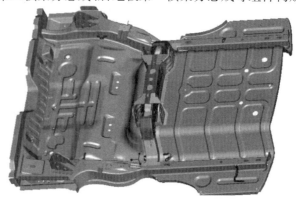
图1.10　后地板总成

（4）前围上部总成

如图 1.11 所示,前围上部总成的主要作用为装配仪表板及转向座等总成,由前围上部内板总成、前围上部外板总成、转向管柱安装支座总成、仪表板左右侧端内板总成构成。

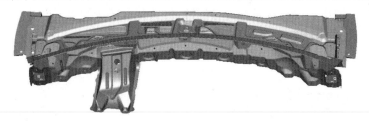

图 1.11　前围上部总成

（5）左右侧围总成

如图 1.12 所示,侧围总成是形成轿车左右侧壁,组成乘员室的重要结构。它主要由侧围焊接总成组成,是支撑顶盖、连接车身前后部分的侧围面构件;是固定前后风窗玻璃,并用来安装侧门,保证车身受到侧面撞击安全性的承载框架。它具有较大的抗弯、抗扭的刚性和强度。侧围总成由侧围外板总成、前柱内板、中立柱内板、轮罩总成 4 个部分构成。

（6）四门总成

如图 1.13 所示,四门总成分为左前门总成、右前门总成、左后门总成、右后门总成。四门总成由内板、外板、防撞梁、铰链及螺栓构成,四门总成与侧围总成组成乘员室。四门各一根防撞梁,大大增强了抵抗前方、横向碰撞的能力。

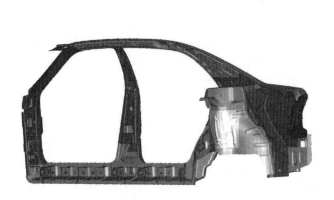

图 1.12　左右侧围总成

图 1.13　四门总成

（7）发动机盖总成

如图 1.14 所示,发动机盖(又称发动机罩)是最醒目的车身构件,是购车者经常要仔细观看的部件之一。对发动机盖的主要要求是隔热隔声、自身质量轻、刚性强。发动机盖一般由外板和内板组成,中间夹以隔热材料,内板起到增强刚性的作用,基本上是骨架形式。发动机盖开启时一般是向后翻转,向后翻转的发动机盖打开至预定角度,不应与前风窗玻璃接触。为防止汽车在行驶过程中受震动自行开启,发动机盖前端要有保险锁钩锁止装置。发动机盖板总成由发动机盖内板、发动机盖外板、发动机罩左右铰链总成及六角头螺栓构成。

（8）行李箱盖总成

如图 1.15 所示,行李箱盖要求有良好的刚性,结构上与发动机盖基本相同,有外板和内板,内板有加强筋。一些被称为"两厢半"的轿车,其行李箱向上延伸,包括后风窗玻璃在内,使开启面积增加,形成一个门,又称为背门,这样既保持一种三厢车形状又能够方便存放物品。如果轿车采用背门形式,背门内板侧要嵌装橡胶密封条,围绕一圈以防水防尘。行李箱盖开启的支撑件一般用钩形铰链及四连杆铰链,铰链装有平衡弹簧,使启闭箱盖省力,并可自动固定在打开位置,便于提取物品。行李箱盖总成由行李箱盖后排座椅挂钩固定板总成、行李箱主盖板、左右侧连接角板和流水槽构成。

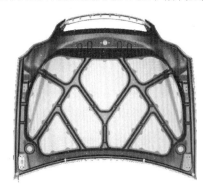 

图1.14　发动机盖总成　　　　　　　图1.15　行李箱盖总成

(9)翼子板总成

如图1.16所示,翼子板是遮盖车轮的车身外板,因旧式车身该部件形状及位置似鸟翼而得名。按照安装位置分为前翼子板和后翼子板,前翼子板安装在前轮处,必须要保证前轮转动及跳动时的最大极限空间,设计者会根据选定的轮胎型号尺寸用"车轮跳动图"来验证翼子板的设计尺寸。后翼子板无车轮转动碰擦的问题,但出于空气动力学的考虑,后翼子板略显拱形弧线向外凸出。现在很多轿车翼子板已与车身本体成为一个整体。对于白车身来说,翼子板碰撞机会比较多,前翼子板一般独立装配,这样容易整件更换。

(10)顶盖总成

如图1.17所示,车顶盖是车厢顶部的盖板。对于轿车车身的总体刚度而言,顶盖不是很重要的部件。从设计角度来讲,重要的是它如何与前、后窗框及与支柱交界点平顺过渡,以求得最好的视觉感和最小的空气阻力。为了安全,车顶盖还应有一定的强度和刚度,一般在顶盖下增加一定数量的加强梁,顶盖内层敷设绝热衬垫材料,以阻止外界温度的传导及减少振动时噪声的传递。顶盖总成由顶盖外板、顶盖1号横梁、顶盖2号横梁、顶盖3号横梁4个部分构成。3个横梁大大提高了顶盖总成的强度。

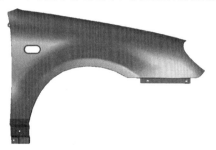 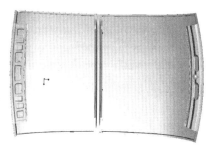

图1.16　翼子板　　　　　　　　　　图1.17　顶盖总成

（11）后围板总成

如图 1.18 所示,后围板总成由行李箱门横梁、后围板、行李箱门锁安装板总成、后围加强板构成。后围板总成参与构成了行李箱,是车体固件中承受横向载荷的主要部位之一。

（12）行李箱隔板总成

如图 1.19 所示,行李箱隔板总成由后排座椅挂钩固定板总成、行李箱主盖板、左右侧连接角板、流水槽构成。其主要作用是构成行李箱和固定后排座椅。

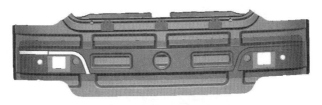

图 1.18　后围板总成

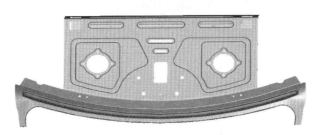

图 1.19　行李箱隔板总成

任务 1.2　汽车冲压生产认知

汽车冲压生产是生产车身冲压件,主要是指车身的内、外覆盖件,如驾驶室、发动机盖、车门等。这些冲压件是由薄钢板在双轴向拉延应力的作用下产生变形而成为曲面覆盖件的。覆盖件的特征是具有形状复杂的空间曲面,要求表面光洁、刚性好和美观。这些要求是通过加工过程中工件产生足够的塑性变形并与模型相吻合而获得的。生产车身冲压件的工艺方法有很多,现简要介绍如下。

汽车冲压生产

1）双动压力机拉延成形

双动压力机拉延成形的主要内容是:在拉延之前,装夹于压力机外滑块上的压边圈先将薄钢板毛坯四周压紧在凹模上,安装在内滑块上的模具,再将钢板毛坯引入凹模内完成拉延成形。拉延之后,再经单动压力机上的配套冲模进行修边、翻边、冲孔等工序,最后成为完整的合格产品。这种工艺方法历史悠久,技术完备,能成形各种复杂形状的车身覆盖件,被广泛采用。

2）张拉成形

张拉成形的主要内容是:先使薄钢板产生弹性极限范围内的单向张拉应力,以利于在以后压制成形时钢板各部分均能处于塑性变形状态,从而达到成形稳定、提高冲制精度的目的。

其成形过程如图 1.20 所示。

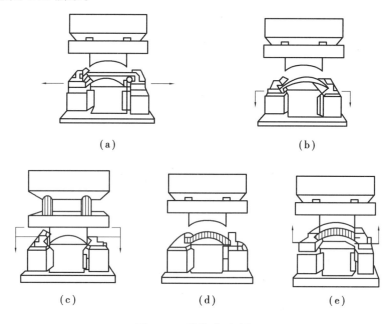

图 1.20　张拉成形过程

3)扩张成形

扩张成形是由 4 个车身冲压件组合成盒形的薄板冲压件的成形工艺。方盒形的毛坯通过心部的内冲头组向外围的外冲模组进行径向扩张,使方盒形毛坯处于张拉状态,外冲模组从四周朝内冲头组作径向移动,与内冲头组闭合,毛坯即成为 4 个冲压件。扩张成形的工艺过程如图 1.21 所示。图 1.21(a)所示为通过切断、卷圆、焊接和扩张等工艺程序,制成方盒形毛坯;图 1.21(b)所示为把毛坯套入扩张成形机内的内冲头组上,依次扩张成形;图 1.21(c)所示为将成形好的毛坯送入切开机上切成四件。冲压厂是车身厂的重要组成部分,车身冲压厂具有以下特点:

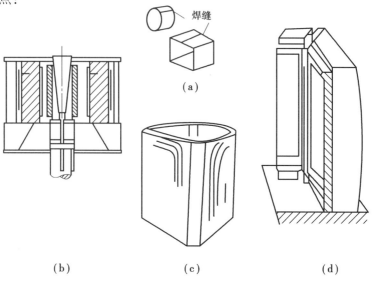

图 1.21　扩张成形过程

（1）车身冲压厂的组成

车身冲压厂一般由几部分组成：①薄钢板卷料仓库；②卷料开卷落料生产线；③成垛落料毛坯的储存和输送系统；④冲压生产线；⑤冲压件储存和输送系统；⑥冲压废料的输送、分理、打包和储存系统；⑦模具的安装、调整、储存和维修系统；⑧设备和机械装置的维修和易损备件的更换系统。

（2）车间的平面布置

如图 1.22 所示为车身冲压厂车间的典型平面布置图，图中说明了在冲压生产过程中各组成部分所处的合理位置。近年来，汽车工业迅速发展，而新建的大型车身冲压车间，大体上与图 1.22 所示相同，但其厂房结构和平面布置完全不一样，可以概括出以下 3 个特点：

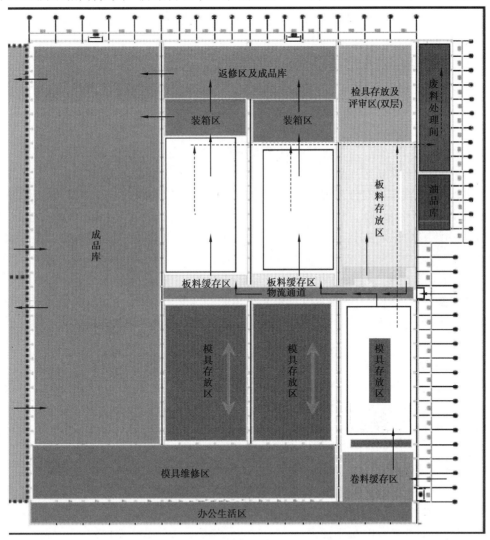

图 1.22　车身冲压厂车间典型平面布置图

①利用压力机的带形基础，建成两层楼的冲压车间，带形基础的钢梁上（即车间楼上）为压力机生产线，属于冲压生产系统，在带形基础的地沟内设废料处理系统，车间楼下为钢板卷料储存仓库。

②钢板卷料通过专用轨道从楼上进入冲压车间,冲压废料通过另一条专用轨道从一楼送出冲压车间。

③零件先进入集装箱,用叉车送到高架仓库,然后分送至装配生产线。

任务 1.3　成形基础认知

汽车零件的冲压主要是指金属板料在常温下的冲压,即通过安装在压力机上的模具,对板料施加外力,使之产生塑性变形或分离,从而获得一定尺寸、一定形状和一定性能的汽车零件的加工方法。

1.3.1　覆盖件的成形特点

汽车覆盖件总体尺寸大、相对厚度小、形状复杂、轮廓内部带有局部形状,这些结构特点决定了其冲压成形具有以下特点:

(1)一次拉延成形

对于轴对称零件或盒形零件,若拉延系数小于一次拉延的极限拉延系数,则不能一次拉延成形,需要采用多次拉延成形,并且可以计算出每次拉延的拉延系数等工艺参数及中间毛坯尺寸等,但对于汽车覆盖件来说,由于其结构复杂,变形复杂,因此其规律难以定量把握,以目前的技术水平还不能进行多次拉延工艺参数的确定。而且多次拉延易形成的冲击线、弯曲痕迹线会影响其表面质量,这对覆盖件是不允许的。汽车覆盖件的成形都是采用一次拉延成形。

(2)拉胀复合成形

汽车覆盖件成形过程中的毛坯变形不是简单的拉延变形,而是拉延和胀形同时存在的复合成形。一般来说,除内凹形轮廓(如 L 形轮廓)对应的压料面外,压料面上毛坯的变形为拉延变形,而轮廓内部(特别是中心区域)毛坯的变形为胀形变形。

(3)局部成形

轮廓内部有局部形状的零件冲压成形时,压料面上的毛坯受到压边圈的压力,随着凸模的下行而先产生变形并向凹模内流动。当凸模下行到一定深度时,局部形状开始成形,并在成形过程的最终时刻全部贴模。局部形状外部的毛坯难以向该部位流动,该部位的成形主要靠毛坯在双向拉应力作用下的变薄来实现面积的增大,即这种内部局部成形为胀形成形。

(4)变形路径变化

汽车覆盖件冲压成形的过程中,内部的毛坯不是同时贴模,而是随着冲压过程的进行而逐步贴模。这种逐步贴模过程,使毛坯保持塑性变形所需的成形力不断变化,毛坯各部位板面内的主应力方向与大小、板平面内两主应力之比等受力情况不断变化,毛坯(特别是内部毛坯)产生变形的主应变方向与大小、板平面内两主应变之比等变形情况随之不断地变化,即毛坯在整个冲压过程中的变形路径不是一成不变的,而是改变的。

1.3.2　冲压成形工序

冲压件的形状、尺寸和精度要求不同,因此冲压加工方法是多种多样的。根据材料的变形特点及企业现行的习惯,冲压的基本工序可分为分离工序与成形工序两大类。分离工序是使冲压件与板料沿要求的轮廓线相互分离,并获得一定断面质量的冲压加工方法。成形工序是使冲压毛坯在不破裂的条件下发生塑性变形,以获得所要求形状、尺寸的零件的冲压加工方法。

按冲压方式的不同,冲压有多种基本工序,见表1.1。

表 1.1　冲压的基本工序

工序分类	工序特征	工序名称	工序简图	特点及应用范围
分离工序	冲裁	落料		用冲模沿封闭轮廓曲线冲切,冲下部分是零件。用于制造各种形状的平板零件
		冲孔		用冲模沿封闭轮廓曲线冲切,冲下部分是废料
		切断		将板料相互分离产生制件
		切边		将成形零件的边缘修切整齐或切成一定形状
		剖切		将对称形状的半成品沿着对称面切开,成为制件

续表

工序分类	工序特征	工序名称	工序简图	特点及应用范围
分离工序	冲裁	切舌	切舌	切口不封闭,并使切口内板料沿着未切部分弯曲
成形工序	弯曲	压弯		将平板冲压成弯曲形状的制件
		卷边		将板料一端弯曲成接近圆筒形状
	拉延	拉延		将板料冲压成开口空心形状的制件
	成形	翻边		将孔附近的材料变形成有限高度的筒形
		缩口		使管子形状的端部直径缩小
		胀形		使空心件中间部位的形状胀大
		起伏		使板料局部凹陷或凸起

上述冲压成形的分类方法比较直观,真实地反映出各类冲压成形过程及其工艺特点,便于制订各类零件的冲压工艺并进行冲模设计,在实际生产中得到广泛应用。在实际生产中,当生产批量较大时,如果仅以表中所列的基本工序组成冲压工艺过程,则生产率可能很低,不能满足生产需要。因此,一般采用组合工序,即把两个以上的基本工序组合成一道工序,构成复合、级进、复合-级进的组合工序。

小结:

1.汽车车身的发展经历了马车形、箱形、甲壳虫形、船形、鱼形和楔形6个阶段。

2.汽车车身覆盖件包括四门、发动机盖、行李箱盖、车顶盖、左右侧围、翼子板、地板、发动机舱、行李箱等总成。

3.冲压工序可分为成形工序和分离工序两大类。分离工序包括落料、冲孔、切边等基本工序;成形工序包括变曲、拉延、整形等基本工序;复合工序是将几种基本工序组合在一起,可提高生产效率。

项目 2
认识汽车冲压设备

学习目标

1. 认识覆盖件冲压生产方式及特点。
2. 认识汽车冲压生产线及相关设备。

汽车冲压车间

任务 2.1　走进汽车冲压车间

2.1.1　汽车冲压车间特点

在汽车制造业中,冲压车间属于投资最大的生产领域之一。其投资额高、所选定的生产技术使用期长,要求严谨、仔细地制订投资和生产规划。汽车冲压车间主要由模具和生产设备组成,其生产设备主要由开卷落料线、冲压线以及桥式起重机、叉车等生产辅助设备组成。汽车冲压车间可分为两大工序:分离工序和成形工序。其中分离工序在开卷落料线完成,在冲压线完成拉延、修边、翻边、冲孔、整形等成形工艺。冲压设备是冲压工艺及模具设备的一项重要内容,它直接关系设备的安全和合理使用,也关系生产线的生产效率、产品质量、模具使用寿命等一系列问题。汽车冲压车间的机械化和自动化程度是衡量汽车车身制造水平的重要标志之一。汽车冲压生产除了采用新工艺、新技术和先进的冲压设备外,还要提高冲压生产过程的机械化和自动化程度,才能有效地提高冲压设备的生产率,保证产品质量、降低成本,减轻劳动强度,改善劳动条件,做到安全文明生产。目前,根据生产规模,汽车冲压车间在进行工厂建设规划时,一般都采购一条开卷落料线和至少一条自动化冲压生产线以及试模压力机、桥式起重机、叉车以及模具转运车等设备,如图 2.1 所示为一条落料线和两条自动化冲压线的车间平面布局。

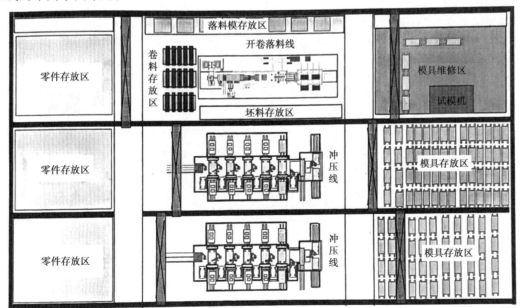

图 2.1　冲压车间平面布局示意图

2.1.2　汽车冲压设备

车身冲压的主要设备为压力机,压力机按照一定方式组合成为冲压生产线。压力机及其组合方式不同,车身冲压机械化、自动化和生产率存在着较大的差别。车身冲压设备和生产

线的发展经历了以下 4 个阶段:

(1)单台压力机多品种轮换生产

用单台压力机进行冲压生产,每完成一道工序就要更换一次模具,而且要存放大量的半成品,其占地面积大,生产效率低,搬运的次数较多,冲压件质量差。但单台压力机设备投资少,一些小型汽车配套厂一般采用这种方式进行冲压成形。

(2)多台压力机组成的冲压流水生产线

这种生产线有以下 3 种组合形式:

①半流水生产线将双动压力机拉延的半成品成批存放,然后送到多台单动压力机构成的流水线进行后续成形。

②流水生产线双动压力机与多台单动压力机进行联机,通过固定胶带机传递各工序之间的半成品,而模具中的冲压半成品的取出和放入由人工操作完成。

③半机械化流水线作业将多台压力机(双动和单动)之间通过胶带机连接起来,胶带的高度和长度可进行调节,用机械化取料装置从模具中将冲压半成品取出,仅需要人工进行上料。

(3)多台压力机组成的冲压自动生产线

这种冲压自动化生产线由多台压力机组成,但各台压力机之间都配有机械化上料与下料装置。目前,常见的冲压自动化生产线有以下两种形式:多台压力机配备通用搬运机器人组成的普通冲压生产线和多台压力机配备专用机械手组成的高速冲压线。

(4)大型单台多工位压力机自动生产线

在覆盖件冲压领域,大型多工位压力机是最先进、最高效的冲压设备,是高自动化、高柔性化的典型代表。它通常由拆垛机、大型压力机、三坐标工件传送系统和码垛工位组成,如图2.2 所示。其生产节拍可达 16 ~ 25 次/min,是手工送料流水线的 4 ~ 5 倍,是普通冲压生产线的 2 ~ 3 倍。它是当今世界汽车制造业首选的最先进的冲压设备,目前世界上已能生产95 000 kN 压力的大型多工位压力机。

图2.2 多工位压力机

任务 2.2 认识开卷落料线

开卷落料线是一种适用于汽车、钢板配送等行业表面覆盖件卷板的开卷、清洗、校平、落料和堆垛的板材加工设备。随着国内汽车工业的不断进步,采用自动化开卷落料线的厂家越来越多,尤其是国内的汽车合资企业。开卷落料线按照功能可分为3个单元,主要包括开卷单元、压机单元和堆垛单元,其中各个单元由不同的设备组合而成。

2.2.1 开卷单元

开卷单元主要由卷料穿梭装置、开卷机、卷料穿带装置、剪头料机、卷料清洗机、校直机、活套缓冲坑、送料辊以及伸缩式辊子输送机组成。

（1）卷料穿梭装置

卷料穿梭装置可以同时装载两个卷料,为落料线的生产作卷料准备。其小车是由一台横向移动装置和配备导柱的液压升降缸组成。卷料穿梭装置上装有轨道,其4个轮子的运动方向和生产方向平行,通过液压驱动来移动。液压升降缸位于地平面以下,当卷料放到卷料支撑辊上后,液压升降缸将卷料提高到开卷器心轴高度。卷料升降高度的检测由一对光学开关控制。

（2）开卷机

开卷机用于将卷料从顶部或底部至支撑处进行开卷,主要由横移机架、心轴、交流变频电动机以及液压压紧辊组成。开卷机横移机架采用牢固焊接设计,通过配备绝对编码器和集成制动器的交流变频电动机驱动开卷机,从而实现卷料的升降或传送。开卷机心轴用于装载卷料,由高质量工具钢制造,并配备抗磨轴承。交流变频电动机用于穿带、回卷以及制动。通过变速器、链条和齿轮驱动/制动盘来进行力和转矩的传输。卷料的外径由一台模拟超声波装置进行监控,如图2.3所示。

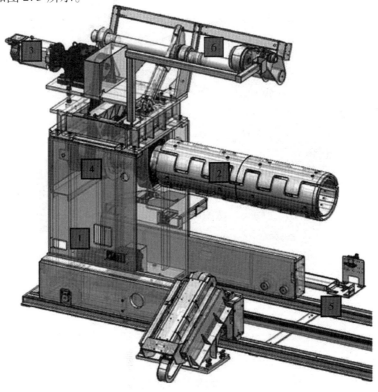

图2.3 开卷机

1—横移机架;2—心轴;3—交流变频电动机及减速机;4—链传动;5—轨道;6—压紧辊

卷料的装载主要由卷料穿梭装置和开卷机共同完成,此工位的主要操作流程如下:

①桥式起重机操作员将卷料吊运至卷料存放支撑辊上,如果卷料的外径较小,需要使用卷料防倾斜限位杆来防止卷料倾斜。

②在操作站上按下"光栅复位"按钮,确保整个装载区域的安全。

③在操作站上使用卷料存放支撑辊"旋转"将卷料的开口旋转至开卷位置。

④在操作站上选择"小车位置1"或"小车位置2"将卷料移动至心轴装载位置。

⑤在操作站上按下"安全门升"。

⑥在操作站上选择"卷料装载启动"按钮将开卷机由生产工作位置自动移动至卷料装载位置。

⑦在操作站上按下"液压升降缸升"将卷料自动提升至心轴装载高度。

⑧确认卷料提升至心轴装载高度后,在触摸屏上单击"确认"按钮,卷料进行自动装载。

⑨装载完毕后,开卷机自动移动至生产位置。

注意:在此过程中,请勿闯入光栅,否则会造成整线设备停止的后果。

(3)卷料穿带装置

卷料穿带装置(图2.4)用于将经过开卷的卷料由开卷机输送到落料压力机进行剪切分离作业。其主要由机架、剥皮机、清洁辊和脏辊组成。剥皮机用于将卷料引入脏辊,脏辊再将卷料送至剪头料机前进行切头料,头料剪切完毕后,再由清洁辊将卷料输送至落料压力机。

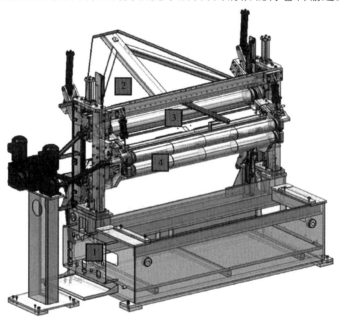

图2.4 卷料穿带装置
1—机架;2—剥皮机;3—清洁辊;4—脏辊

(4)剪头料机

在钢卷运输过程中,其最外层往往都会出现变形或者脏污等情况,为了防止这些不良情况损坏设备,在进入落料线剪切之前都需要将卷料的最外一层切掉,而这一工序就是在剪头料机完成。剪头料机(图2.5)的结构为机械偏心式,由基座、剪切刀刃、交流电动机以及离合制动器等组成。

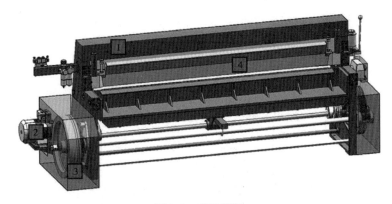

图 2.5 剪头料机

1—机架;2—交流电动机;3—离合制动器;4—剪切刀刃

剪头料的工序主要操作流程如下:

①卷料由剥皮机输送到脏辊后,在操作站上按下"脏辊关闭"按钮将卷料压紧。

②在触摸屏废料台画面选择"废料台开启"按钮。

③在操作站上,选择"剪头料启动"按钮后自动剪切最外一层卷料。

④剪切完毕后,触摸屏上出现"是否还需要剪切",此时如果卷料最外一层仍然有变形或者脏污,需根据情况再剪切头料。

⑤剪切头料完毕后,在触摸屏废料台画面上选择"废料台关闭"按钮。注意:废料需要及时清理。

(5)卷料清洗机

如图 2.6 所示为卷料清洗机。夹送辊是一对有聚氨酯覆层的入口辊。上部辊子通过液压系统抬起,从而将带料的导入边缘传入。夹送压力可以调节并可存入中央数据库,在需要时可以调用。两个进给辊通过一台变频交流电动机驱动。毛刷辊由一对尼龙毛刷辊组成。该毛刷辊配备清洁所用的上部辊气动抬起装置。当卷料由进给辊夹送至毛刷辊后,毛刷辊的前面和后面的喷嘴开始喷油对卷料表面进行清洗,其中喷油量可以调节并可存入中央数据库,在需要时进行调用。两个毛刷辊通过一台变频交流电动机驱动。两对挤干辊主要是将卷料表面的清洗油挤干,其中挤干辊Ⅰ是由一对具有聚氨酯涂层的辊子组成。上部辊子可通过液压驱动抬起,以便穿入带料的导向边缘。夹送压力可调,并可存入中央数据库以供需要时调用。两个挤压辊通过一台变频交流电动机来驱动。挤干辊Ⅱ是由一对具有羊毛涂层的辊子组成。其工作原理与挤干辊Ⅰ相同。过滤系统由清洗油箱、水泵和过滤器组成。其目的是将清洗带料后的清洗油进行过滤,以便滤除杂质。

(6)校直机

校直机由机架、夹送辊、上部校平挡块以及驱动组成。该设备主要是将弯曲的卷料重新校直,然后进入落料压力机进行剪切。

夹送辊(图 2.7)安装在校直机的入口侧,结构为拱形且镀铬,其作用是避免带料边缘压力并确保带料在传送中不受损伤。上部夹送辊的升降为液压驱动,通过压力控制阀可以调节夹送压力。特别是对窄带料,转向齿条和小齿轮的联合作用能够确保上部辊子的平行和同步抬起。当夹送辊将卷料输送至校直机后,校直机开始将卷料进行校平。在实际生产过程中,精确确定的反向弯曲的原始曲率正好与原始半径相符是不能实现的,人们更多地使用辊子校平的方法,它通过对材料正反向的多次弯曲,逐渐增加曲率半径使材料变形逐渐消失。

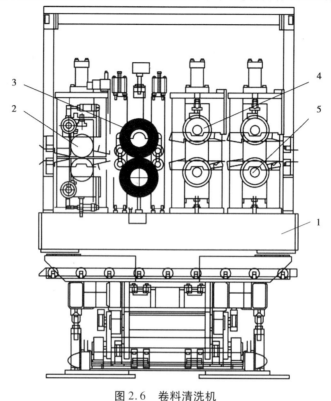

图 2.6 卷料清洗机

1—机架;2—夹送辊;3—毛刷辊;4—挤干辊Ⅰ;5—挤干辊Ⅱ

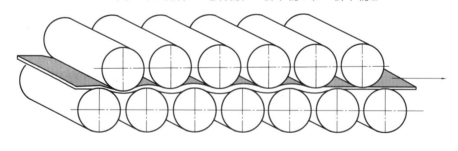

图 2.7 夹送辊

(7)活套缓冲坑

活套缓冲坑(图 2.8)包括悬链辊、活套桥和光栅设备。其安装在连续运行的校直机和间歇运行的辊子送料装置之间。活套控制能够确保为落料线中的压力机提供充足的间歇性带料进料。活套深度的选择需要适合于带料的厚度和屈服强度范围,以防止固定塑料材料发生任何更多的变形。通过活套坑中的 6 个光栅,活套控制能够很好地对连续运行的矫平速度进行调节。一旦循环停止,校直机将会降至慢进给速度,直至到达最大活套深度。活套收紧时,机器将会停止。

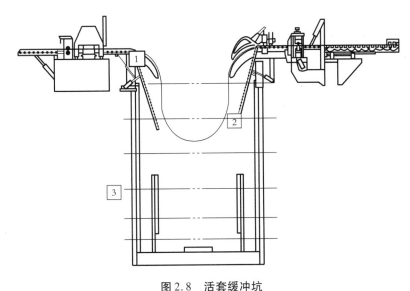

图 2.8   活套缓冲坑

1—悬链辊;2—活套桥;3—光栅设备

(8)辊子送料设备

辊子送料设备由机架、送料辊、配备带料侧面导向的导向辊辊道、测量轮和伺服驱动单元组成。进料过程中,辊子进料设备以一定角度将活套坑输送过来的卷料输送到压力机中。

在卷料进入落料压力机之前的穿带工位由清洗机、校直机、活套及辊子送料设备完成,此工位的操作流程如下:

①在操作站上按下"卷料穿带启动"按钮来启动卷料穿带进程。

②卷料经过校直机后,操作屏上出现提示"卷料是否校平",如果观察卷料已经校平,单击"是",如果发现卷料弯曲或者变形,单击"否"后进行调整后再进行穿带。

③当光电传感器在送料辊前检测到卷料时,上部送料辊自动压紧卷料,此时形成活套,卷料穿带完成。注意:如果在此过程中出现穿带跑偏或者卷料变形,请立即停止卷料穿带进程。

2.2.2   落料压力机

当卷料输送至落料压力机后,落料压力机开始剪切出一定形状的坯料,这些坯料是冲压线成形工艺的原材料,如图 2.9 所示。

落料压力机和
堆垛单元

图 2.9   坯料

落料压力机与普通压力机结构相似,都是由横梁、滑块、立柱、移动工作台、底座以及落料模组成,详细结构和功能将在后面的章节介绍。

落料线整线生产时为自动化生产,待开卷单元、压力机单元以及堆垛单元自动化准备完毕后,在压力机操作站上按下"自动化启动"按钮,整条生产线将进入自动化生产模式。当进行批次检查等停机操作时,在压力机操作站上按下"自动化循环停止"按钮即可。当前零件生产结束后,在压力机操作站上选择"模具自动更换"按钮,将模具进行自动更换,节约生产等待时间,提高生产率。

为了进一步提高生产效率和减少模具的存放空间,很多汽车厂在开卷落料线都采用摆剪模,摆剪模刀具的最大摆动角度为±30°,由伺服电动机进行驱动。

2.2.3　堆垛单元

堆垛单元由伸缩式输送机、堆垛机等组成。

(1)伸缩式输送机

伸缩式输送机的作用是将落料压力机剪切的板料输送至堆垛机。伸缩式输送机由 4 条传送带组成,每条传送带可根据落料模具和剪切出来坯料的形状进行单独横向调节以及纵向伸缩,并且在高度上可以进行整体调节来适应不同高度的模具。

(2)堆垛机

堆垛机主要由磁性输送机、堆垛小车以及液压升降台组成。其中磁性输送机可以根据零件的形状进行横向调节。它的材料为永久磁铁,当板料经过堆垛区域时,此区域的磁铁会自动失磁,从而使坯料可以精确地落到堆垛托盘上,堆垛托盘放在堆垛小车上。随着板料的不断堆积,液压升降台根据板料堆积的高度进行自动下降,其高度由一对光栅控制。为了保证持续生产,每台堆垛机都配置两个堆垛小车。

整条落料线的基本操作步骤及流程为:卷料上料—开卷—清洗—校直—送料—剪切—落料—堆垛。整条线生产模式为全自动化生产,自动化程度非常高,整线操作仅需要 3 名操作员。开卷落料线为冲压线提供原材料,是冲压成形的前工序。

任务 2.3　认识冲压自动化生产线

目前,国内各大汽车厂的车身覆盖件的批量生产均采用冲压自动化生产线或者大型多工位压力机。前者基本都是由单台压力机串联成一条生产线,压力机之间零件的搬运采用机器人完成。这种通过机器人组成的自动化冲压线,在世界范围内得到了广泛的应用。在自动化生产线中,还包括自动化板料拆垛装置。

2.3.1　板料拆垛装置

板料在进入压力机之前,首先需要将板料进行拆垛,使其形成单个板料,然后随着整条线的工作节拍把板料送入压力机进行冲压。目前,汽车冲压自动化生产线主要有两种形式将板料进行拆垛,即采用机械手真空吸盘的拆垛送料装置和采用磁性输送带的拆垛送料装置。

板料拆垛装置

（1）采用机械手真空吸盘的拆垛送料装置

如果冲压自动化生产线的最大节拍为10件/min或者更高时,而且在板料形状合适的情况下,可采用机械手拆垛送料装置。此装置主要由一个通用机械手和一套通用端拾器组成（图2.10）,通过合理布置通用端拾器真空吸盘的位置来实现对所有板料的拆垛。通用端拾器的吸盘通过阀岛控制,在操作面板上可以根据零件的形状来选择使用吸盘。

图2.10 机械手真空吸盘拆垛装置

（2）采用磁性传送带的拆垛送料装置

这种装置有一个或者两个气缸控制的拆垛桥,拆垛桥上装有真空吸盘和磁铁。在两条磁性输送带之间,真空吸盘降到料垛最上面的板料上,吸起板料并将板料传送到磁性传送带上。应用这种方式,较小的板料拆垛速度可以达到25件/min,较大的板料拆垛速度可以达到15件/min。

为了使压力机在换料垛时能够连续工作,需要采用双料垛。双料垛上料系统在一个料垛拆完后,拆垛装置会自动转到其他已经放好的新料垛上。

（3）清洗

为了达到最好的工件质量,需要在工件成形之前对板料进行清洗,尤其是可见的汽车车身外部覆盖件（车门、翼子板、顶篷等）。清洗过程采用清洗液或者清洗油。安装在清洗机前面的传送带将板料输送到清洗机里面。冲压线清洗机的内部结构与开卷落料线结构相似,都是由一对夹送辊、一对毛刷辊以及两对挤干辊组成（图2.11）。

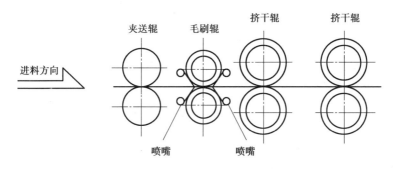

图2.11 清洗机内部结构

（4）对中定位

板料在被自动送进模具之前,要按照所要求的板料位置对其进行对中定位。料垛上及输送过程中板料位置不准确时,通过挡块和边侧推块得到修正。为了在板料尺寸和形状选择上有更大的灵活性,可以对所有定位装置进行编程,并且电动调节,这样可以缩短调装时间。另外,有一种机器人对板料对中定位形式,当板料经过此区域时,对中照相机对其进行拍照并将其位置传递到计算机中,然后计算机将数据反馈给机器人,机器人再对其进行精确定位。

2.3.2 压力机

在汽车冲压生产中,压力机的作用是将一个或者多个力和运动施加到模具上,从而对工件进行成形或冲裁。压力机的设计者要对工件所采用的生产工艺有准确的了解,并具有丰富的经验。压力机按照种类可以分为机械压力机、液压压力机以及伺服压力机。目前汽车冲压车间往往采用机械压力机。

1)公称参数推算

以机械压力机为例,引出力、功以及距离三者之间的关系。

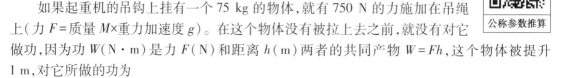

如果起重机的吊钩上挂有一个 75 kg 的物体,就有 750 N 的力施加在吊绳上(力 F = 质量 M×重力加速度 g)。在这个物体没有被拉上去之前,就没有对它做功,因为功 W(N·m)是力 F(N)和距离 h(m)两者的共同产物 $W = Fh$,这个物体被提升 1 m,对它所做的功为

$$W = 750 \times 1 = 750(\text{N} \cdot \text{m})$$

如果这个物体又落下了 1 m,对它所有的功又可以被释放出来,其中所产生的力的大小取决于作用距离 $F = W/h$,在物体上升 1 m 的过程中,750 N 的力均匀地作用在物体上,如果物体在下落过程中,功被均匀释放出来,那么产生的力也是同样的。不同的是,如果物体首先自由下落,在最后 0.5 m 的距离内,所有的功都被均匀地释放出来,所产生的力则为

$$F = \frac{750}{0.5} = 1\ 500(\text{N})$$

在这种情况下,全部的能量只在全部距离的一半中得到释放,力的大小提高了 1 倍。如果全部能量只在全部距离的 1/10(即 0.1 m)中得到释放,力的大小则提高到原来的 10 倍,即

$$F = \frac{750}{0.1} = 7\ 500(\text{N})$$

如图 2.12 所示,图中绘出了这 3 种情况下力和距离的坐标点,其中 3 个矩形的面积就是力 F 与距离 h 的乘积,即功 W。如果把矩形的角连起来,画出一条弧线,就可以直接读出不同的距离对应的力,前提条件是现有的功 750 N·m 在这段距离内得到了均匀释放,如成形距离 0.2 m 时,读出的功就是 3 750 N。

总结起来可以得出一个普遍适用的结论:

①力和功可以通过第三者——距离彼此取得联系。

②如果一个力作用在物体上一段距离,就得到了功,即在力-距离曲线中所对应的弧线下面矩形的面积。

③如果一定量的功得到释放,释放的距离决定生成力的大小。这些通过吊着的物体所总结出来的规律普遍适用于一般的压力机制造。锻锤应用也是同样的原理。锻锤有一定的质量,被提高到一定距离,就形成了一定的做功能力。在接触模具的时候,锻锤把储存在内部的功释放出来,所产生力的大小取决于成形距离。如果成形距离很短的话,就会产生很大的力,有可能损坏模具和压力机。另外,如果成形距离过大的话,做功能力有可能不够,必须多次锤

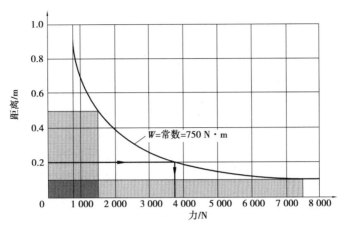

图 2.12　力、功与距离三者关系

击才能完成工作过程。这些锻锤原理同样适用于机械压力机,只是用来存储功的不是一个被提高的物体,而是飞轮上的选择质量。不同的是,锻锤所存储的能量在敲击过程中全部被释放出来,而压力机飞轮所存储的能量只释放一部分,以使电动机不至于超载。在连续生产的情况下,允许转速最多下降到 $15\% \sim 20\%$,这个要求与所产生的冲压力和压力机负荷无关。

下面通过一个例子来进一步解释这些关系(图 2.13)。假设,一台压力机的特征值如下:

公称力 $F = 1\,000\,kN = 1\,000\,000\,N$,出现在下止点前 $30°$;连续工作时的做功能力 $W_n = 5\,600\,N\cdot m$;连续冲程次数 $n = 55$ 次/min,假设连续工作中转速下降 20% ,那么飞轮所存储的全部能量只有 36% 是可以利用的,按照上面的例子,可以计算出飞轮所存储的全部做功能力为

$$W = \frac{W_n}{0.36} = \frac{5\,600}{0.36} \approx 15\,600(N\cdot m)$$

机械压力机中所讲的公称力 F 是进行强度设计的基础,包括压力机机身和受力的不固定件的强度计算,如主轴、连杆和滑块。公称力 F 同时也是最大的允许冲压力。

这个最大力允许值可以通过许用应力以及弹性特征值来确定。大多数情况下,由于要求机身强度尽可能大,因此其负荷被控制在较低的范围内。图 2.13 显示公称力出现在 BDC30°左右,在 30°和下死点之间,运动的传力组件如曲轴和离合器,要根据由最大允许力引出的转矩来设计。在下止点前 90°和 30°之间,为了避免传力组件过载,允许出现较小的力。图 2.13 所示特征曲线表明,在下止点前 30°和下死点之间,压力机可以承受的公称力为 1 000 kN,而在下死点前 90°,只允许 $F/2 = 2\,500\,kN$ 。在具有上述特征值的压力机上进行一个冲压过程。在此过程中,如果冲压力 $F = 1\,000\,N$ 在冲压行程 $h = 5.6\,mm$ 内保持不变,所做的功为

$$W = F \times h = 1\,000\,000 \times 0.005\,6 = 5\,600(N\cdot m)$$

这种情况下,压力机在力及做功两个方面都达到了饱和。如果同样的力只作用在 $h = 3\,mm = 0.003\,m$ 的距离上,所做的功为

$$W = 1\,000\,000 \times 0.003 = 3\,000(N\cdot m)$$

在这种情况下,压力机在力方面达到了饱和,但所存储的可利用的能量并没有全部得到利用。更为不合理的一种情况是,如果飞轮内可利用的功 5 600 N·m 在 $h = 3\,mm$ 的距离上全部释放,滑块所获得的冲压力则为

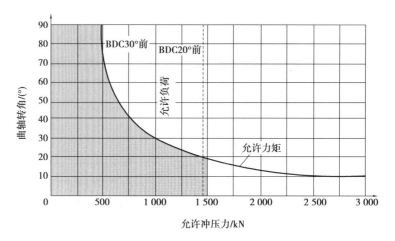

图 2.13　偏心轮压力机的允许冲压力与曲柄转角之间的关系

$$F = \frac{W}{h} = \frac{5\ 600}{0.003} \approx 1\ 867\ 000\,(\text{N}) = 1\ 867\,(\text{kN})$$

因为最大的允许力为 1 000 kN，所以在这种情况下压力机严重过载，尽管转速下降处于正常范围内，看不出有过载迹象，但仍有损坏传力组件的危险。这种过载现象经常发生在成形力较大而成形距离较小的时候，如冲裁或者精压。这类过载如果不被觉察是很危险的，故压力机要装过载保护装置，以防止这种情况发生。另外还有一种过载现象是飞轮释放过多的能量。当成形距离较短时，这种过载就会导致过大的冲击力。如果能量可以在较大的成形距离上得到释放，将减少这种过载的危险性。假设上述压力机在进行了成形距离为 $h = 100$ mm 的冲压过程后停止不动了，就是说所有的功 $W = 15\ 600$ N·m 都得到了释放，如果作用力基本均匀，平均滑块的冲击力则为

$$F = \frac{W}{h} = \frac{15\ 600}{0.1} = 156\ 000\,(\text{N}) = 156\,(\text{kN})$$

这就意味着，尽管飞轮静止，但压力机在力方面根本没有超载，最终只是转速下降过多而对驱动电动机有不利影响。这种情况下，滑块允许 1 000 kN 的力是足够的，但是必须采用做功能力大的压力机。在一个较长的距离上成形时，如拉延、变薄拉延和挤压，这种过载情况经常出现。

2）机械压力机结构

机械压力机主要组成部分为上横梁、立柱、滑块、工作台以及底座。

（1）上横梁

上横梁是压力机的驱动源，其主要组成有电动机、飞轮、齿轮箱、离合器和制动器等。

机械压力机
结构

①驱动电动机和飞轮。大型压力机大多数采用变频交流电动机，尤其在要求高度保险的情况下。由力、工作行程和速度确定的压力机工作能力以及损失的能量都是由电动机提供的。作为能量存储器的飞轮吸收周期性出现的负载冲击。电动机可以在每个工作循环中承受高至 20% 的转速下降，并在下一次行程开始之前，通过给飞轮加速而补充消耗掉的能量。压力机在处于调整状态时，应在行程次数降低了的情况下，如每分钟 5 次，也能保证提供有用能量。这时，转速下降 50% 是允许的。在压力机的设计中，考虑能量平衡时，一个重要指标就

是启动时间要短。对能量和相对 20% 允许飞轮转速下降的要求使得飞轮设计必须主要以压力机在能量方面不利的工作状态,即冲程次数较低的工作范围为依据。当然飞轮的转速越高越好,但是这一要求要受到离合器、制动装置和飞轮允许转速的限制。在三轴式多工位压力机上,飞轮的直径高达 2 500 mm,质量为 25 t。这一类飞轮对所使用的滚动轴承及其润滑工作要求很高,不仅润滑量大,而且要一直对温度进行监控。主电动机通过带传动驱动飞轮。在关掉主传动的时候,通过电动机的反接制动和附加的气动飞轮制动,使飞轮在 30 s 内就能达到静止状态。

②离合器和制动器。机械压力机的一个特征是,离合器把电动机和飞轮上的力矩传递到传动轴上,离合器松开后,制动器对滑块上的模具和传动装置进行制动。尤其对单行程状态,每个行程后,压力机内移动和旋转的质量都要在 200 ~ 300 ms 短时间内达到静止状态,离合器合上的时候,这些质量又要从零加速到工作速度。出于安全考虑,制动力是由机械弹簧力产生的。离合器力矩由公称力和所要求的下止点前 13 ~ 25 mm 的工作行程计算出来。很多年来,自身旋转质量较小的单离合器得到了成功的应用(图 2.14)。配有安全门和阻尼系统的气动控制系统价格便宜,基本上满足所有的技术要求,可以达到较短的开关和制动时间。但气动离合器一直存在一个问题,即单行程压力机开关频率受到限制,而且离合器和制动器的磨损给环境造成了污染,目前压力机制造越来越多地采用性能更好的湿式离合制动器(图2.15),这种离合制动器工作介质使用液压油,并且配备冷却系统,单位时间内的离合制动次数得到了提高,不会产生磨损,更加便于维护。

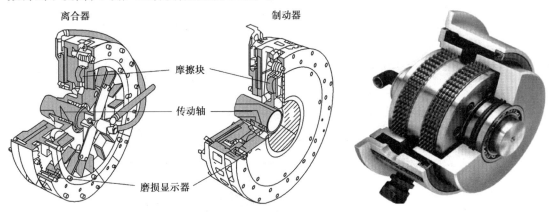

图 2.14　干式分体式离合器和制动器　　　图 2.15　一体式湿式离合制动器

③传动装置。压力机滑块的往复运动是通过上横梁齿轮箱的传动来实现的,其传动形式主要有多连杆传动(图 2.16)和偏心传动(图 2.17)两种形式。在多台压力机组成的串联式冲压线上,其中第一台压力机为多连杆结构,这是由于第一工序为冲压拉延工序,多连杆能够提供更优良的运动曲线。其他压力机通常会选择偏心结构。如图 2.18 所示为传动装置力传递示意图。

(2)滑块

通过相应的速度和力的变化,传动系统的旋转运动由连杆传到滑块上,滑块进行上下往复运动。滑块(图 2.19)是压力机上最重要的功能单元,尤其是在大型压力机上。单台压力机主要应用螺杆承受压力,其滑块调整量可达到 600 mm,以使模具空间适应不同的模具高度(图 2.20)。对于多工位压力机来说,150 mm 的滑块调整量足够了,适合采用闭合高度较低的杯式螺杆传递压力,采用制动电动机和蜗杆传动机构,调节速度可以达到 60 mm/min。

图 2.16　多连杆传动结构　　　　图 2.17　偏心传动结构

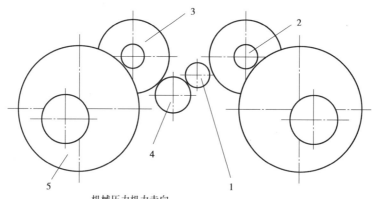

机械压力机力走向

电动机→驱动轮→传送带→离合器→传动轴→齿轮组

图 2.18　传动装置传动示意图

1—传动轴;2—套筒传动;3—中间轴齿轮;4—中间齿轮;5—偏心轮

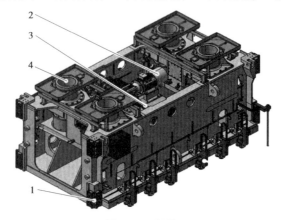

图 2.19　滑块

1—导轨;2—滑块调整电动机;3—滑块调整编码器;4—压力点

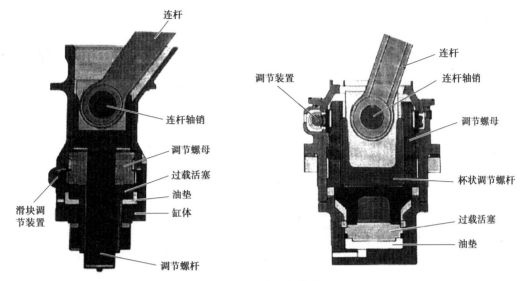

图 2.20　滑块调整装置

①过载保护装置。过载保护装置是指压力机的公称力通过滑块的液压过载保护装置得到了限制和保护,超过公称力的时候,一个与加压点组合在一起的液压垫会在短时间内卸载,以取得一段超载距离。

②上模夹紧器。上模夹紧器主要用于将模具上模进行夹紧,其夹紧原理基本上是电气控制和液压控制。有些还和弹簧力、丝杠等机械控制机构组合在一起,最基本的是必须始终保证安全可靠。

机械压力机采用气动的主要地方是离合器、制动器、飞轮制动器、质量平衡装置等。在多工位压力机上还要加上输送凸轮的进气装置和横杆传送装置。空气需求量较大的时候,就有必要使用带有安全监测系统和抽水系统的压缩空气储罐。压缩空气的压力一般最大为0.6 MPa,高压力网和压力最高至 1.6 MPa 的空气压缩机正逐渐成为趋势。

空气压缩设备的设计和制造都有一定的标准和规则,在安装中主要使用的是"1"到"6"的镀锌气体管道。较小的管道采用了钢管和卡套式管接头或扩口管接头。

液压系统在机械压力机上应用得较少,一般应用在液压过载保护装置,液压拉延垫、移动工作台的提升以及液压模具的加紧装置,所需工作油液由一个统一的液压中心站提供。目前,很多机械压力机开始逐步采用湿式离合器,其介质为液压油。除此之外,各种夹紧和锁紧装置也采用了液压系统。

机械压力机上,给各润滑点提供润滑液的润滑装置是很复杂的。在应用了分配模块后,整个润滑装置得到了分解,结构简化了很多(图 2.21),主要是按并联方式连在一起的渐进式分配器,通过数量调节器、数量限控、数量分配器和其他相似的器件来进行润滑液数量的分配。在每一个分配模块上都需要对润滑液的流量进行监控。为了得到良好

图 2.21　阀块

的工作状态,控制系统在一个较小的范围内通过加热和冷却对润滑液的温度进行调节。

2.3.3 自动化搬运设备

自动化搬运设备

冲压自动化的工作过程是从拆垛送料装置对板料进行拆垛开始,然后是清洗、润滑,并把板料送到首台压力机里面进行拉延。在第一步拉延成形完成后,工件被送到后工序里面进行冲裁、弯边或者整形等加工。冲压自动化的末端是成品件堆垛装置。

现代化的冲压自动化线上,单个压力机之间的工件输送以及板料上料都是自动化的。是否采用成品自动堆垛装置取决于不同工件的堆垛条件、工件形状和工件大小是否相似。自动上下料系统有各自不同的形式,如摇臂式机械手送料装置、计算机数控(CNC)机械手送料装置或者机器人。哪一种机械手送料装置最适合哪一种冲压自动化生产线,取决于在此线加工的工件种类、压力机行程次数和占地面积。

摇臂式机械手送料装置由电动机通过凸轮传动系统和连杆进行驱动(图2.22)。首台压力机模具中的顶料器把工件顶出模具,压力机后面的送料机械手借助吸盘,把工件从压力机里面取出来,放在过渡工位托架上。如果需要,可以在过渡工位托架上进行翻转,然后通过下一台压力机的机械手送料装置送到下一个模具工位里面。摇臂式机械手装置的运动曲线是固定的,适用于单台压力机之间间距较小、中等尺寸的工件及工件种类相同的场合。此类机械手送料装置的送料能力可以达到10~12件/min。

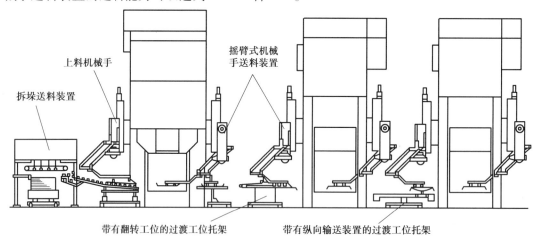

图2.22 摇臂式机械手自动化生产线

CNC机械手送料装置是电子控制的,有两个可以自由编程的轴,适用于不同种类的冲压件。传动部分通过两根蜗杆或者齿带驱动的行走小车实现(图2.23)。这种机械手送料装置可以把工件从模具里面取出,不需要提升装置。

采用CNC机械手送料装置的自动化冲压线,其产量可以达到每分钟加工8~10件大型板件。

无论是CNC还是摇臂式送料手送料装置都需要过渡工位托架。过渡工位托架有3~5个可编程轴,以进行纵轴方向的工件传送、横轴方向和高度的调节以及另外的翻边运动。

采用机器人进行压力机连线的优点在于,工件在单台压力机之间不需要过渡存放(图2.24)。机器人的端拾器将工件从一台压力机的模具里面取出来,然后直接放到下一台压力机的模具里面去。每一台压力机只需要一个机器人而省掉了过渡工位托架。采用机器人的缺点是,重工件离心力较大而且传送距离较长而不能快速输送,生产线的产量很多一部分取决于工件的大小,目前的水平是 6~8 件/min。

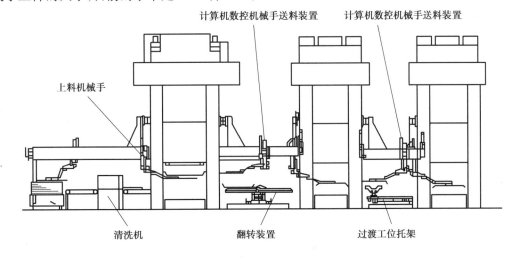

图 2.23　CNC 机械手自动化冲压线

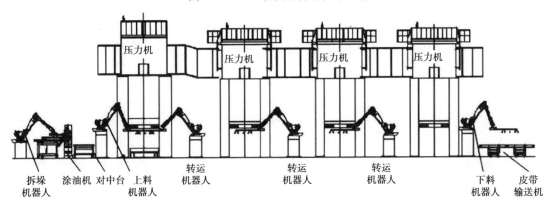

图 2.24　机器人自动化生产线

　　为进一步提高自动化生产线的效率,德国和日本分别研制出了横杆式机器人,配合高速冲压生产线,将冲压自动化线的生产效率提高到 12~18 件/min,使生产效率能够达到 700 件/h 以上。相对传统的机器人,横杆式机器人缩短了机器人搬运冲压件的时间,缩短了机器人的安装时间,使压力机的间距由 6~8 m 缩短到 5.2 m。这样不仅缩短了工件的搬运时间,提高了生产节拍,还减少了厂房建设的投资,为企业节省了大量的资金。

　　冲压自动化生产线是以自动化通信控制为基础的。在冲压生产线上,每台压力机、机器人和拆垛装置等都是由一个工业控制器如 PLC 来控制的,多数采用工业总线(如 PROFIBUS-DP)或者工业以太网(如 PROFINET-IO)等来实现各控制器之间的数据交换,达到自动化生产的目的。工业控制器将机器人的动作信号和压力机或其他相关设备的动作信号连接起来,实现各执行机构的顺序动作。把机器人安装到指定地点,将拆垛和装箱装置安装完毕,将所有的线缆连接完毕,自动化生产线就已经初具外形。另外,不同的冲压件使用不同的模具,通过对机器人进行示教,将机器人在不同模具时对应不同的轨迹存储在控制器中,在总控制台的输入装置上输入相应的模具号,存储相应模具号的机器人轨迹被自动调出,一旦启动条件被激活,机器人就会按照相应的程序进行操作。每台压力机、机器人、拆垛装置和装箱装置之间的联锁信号非常重要,这些信号既决定了它们互相之间的动作条件,也决定了互相之间的动作顺序。在联锁信号处理上,尤其是和机器人安全相关的信号,一定要有充分的可靠度,有的甚至要求具备自诊断功能。例如,一般要求压力机回程到355°时,才允许机器人进入压力机取件,此时对机器人是绝对安全的。

小结:

1. 车身覆盖件冲压生产方式有单台压力机多品种轮换生产线、多台压力机冲压流水生产线、多台压力机冲压自动生产线、大型单台多工位压力机自动生产线4种。

2. 开卷落料生产线主要由开卷单元、落料压力机及堆垛单元组成。

3. 冲压自动生产线主要由板料拆垛装置、压力机、自动化搬运设备组成。

项目 3
选用汽车冲压材料

学习目标

1. 认识汽车冲压材料的特点及要求。
2. 认识汽车常用冲压材料的种类及性能。
3. 学会选用汽车冲压材料。

汽车生产中采用了大量的冲压成形工艺,冲压成形工艺材料消耗低,工艺流程简单,适合大量流水生产。冲压能生产出一定强度、一定刚度、形状复杂、质量轻的零件。冲压成形的零件互换性好,能保证装配的稳定性,生产效率高,产品质量稳定,而且非常适合汽车工业多品种、大批量生产的需要。冲压材料与冲压生产的关系十分密切,材料的好坏不仅决定产品的性能,更直接影响冲压工艺的过程设计,影响冲压产品的质量、成本、使用寿命和生产组织。

汽车冲压件主要以车身覆盖件、车架纵梁和横梁、车厢、车轮及制动盘为主,还有一些支撑件与连接件。每个具体汽车零部件的使用和工作条件不同,承受的负荷不同,对用材的要求有很大的差异。

冲压设备、冲压工装及冲压材料构成冲压的三大要素,只有将它们良好地结合,才能得出质量优良的冲压件,合理选用汽车冲压材料是一项重要而复杂的工作。

任务 3.1　认识汽车冲压材料的要求

3.1.1　汽车冲压材料的基本要求

汽车不同部位的冲压件有不同的作用,有不同的加工过程。为满足不同部位冲压件的作用和简化工艺过程,对冲压件的材料有下列要求:

（1）强度高

汽车车身是能行驶的"房屋",行驶中应能保障乘员及货物的安全,这就需要车身覆盖件有足够的强度。另外,汽车发生碰撞事故时,车身可能发生碰撞的部位应有足够吸收碰撞产生的能量的能力和防止严重变形的刚度,以保证驾驶人和乘客的安全。

（2）成形性好

制造车身覆盖件的钢板材料都是经过冲压成形的。一般情况下,钢板材料的强度越高,成形性就越差。研究开发既有高强度又有良好的成形性能的钢板材料和其他有良好性能的金属、非金属材料,是目前研究汽车覆盖件材料的重要方向。

（3）质量轻

有资料介绍,汽车的车身每减轻 10% ,行驶油耗就相应减少 6% ~8% 。油耗是汽车的重要经济指标之一。减少油耗可以减少废气的排放,降低空气污染。汽车质量轻,在同样的载荷和速度下可以缩短制动距离并减少碰撞惯性,提高了汽车行驶的安全性。

（4）耐腐蚀

车身覆盖件是暴露在大气环境中的,车上的乘员、货物靠车身挡风避雨。汽车行驶中要经受不同的地理条件和气候环境的考验。城市酸雨、海边盐雾、大漠风沙、高原冰雪等都会对车身造成损害。汽车车身耐腐蚀要求从 20 世纪 70 年代的 8 年不穿孔发展到目前的 12 年不穿孔。

（5）良好的焊接性

汽车车身是由覆盖件焊接装配而成。覆盖件成品准确地安放在焊接夹具上,数控操纵的点焊机器人将覆盖件焊成左右侧围、顶盖、地板、仪表台上部、发动机盖、车门行李箱等部件,然后将各部件安放在白车身整车焊接夹具上,焊成白车身。一辆中型车的白车身大约有三四千个焊点,任何一个焊点失效都会降低整车的刚性、挠性等安全性指标。覆盖件材料具有良好焊接性是材料的重要指标之一。

（6）抗凹陷性

汽车在泥石路面上行驶时会受到泥石的迸溅,恶劣的气象条件如冰雹、严重沙尘暴扬起的沙石,都可能造成车身外表面局部凹陷,影响美观,甚至漆膜剥落。为此要求车身覆盖件板材有一定的抗凹陷性。

（7）表面光洁易涂装

汽车的漆膜外表都是光亮如镜的,未经清洗涂装的白车身其表面也必须是平滑光顺的,因为涂装油漆不能遮盖覆盖件基材表面的任何微小疵痕。覆盖件基材经表面处理后对漆膜要有良好的附着力,漆膜不易剥落才能呈现其耐腐蚀和美观的双重功效。

（8）不污染环境

覆盖件在加工过程中最好不散发污染环境的气体，尤其轿车车身的内部是密闭的乘坐空间，更不允许有不良气体散发。车厢内所有生物或有机材料及某些有害溶剂，在汽车出厂前都应妥善处理。

（9）可以再生

汽车是大批量生产的商品，全世界大约每年生产 6 000 万辆汽车，同时每年报废四五千万辆汽车。以每辆汽车车身约 0.5 t 计算，两三千万吨物资如不能回收再利用就是极大的浪费，而且还会占用大量土地，污染环境。

（10）质量均匀

汽车是大批量生产的产品，稳定的生产流程和生产工艺必须有不分批次和来源而质量、性能都均匀一致的毛坯材料作保证，否则将导致生产秩序的紊乱。质量均匀最主要的就是板材厚度尺寸公差范围应尽量小，尺寸公差范围大的坯料，对冲压件的生产稳定性有很大影响，会使成形变化不定，废品率增大。在某些成形工序中，模具间隙是根据坯料厚度确定的，尤其是校正弯曲和整形工序，坯料厚度公差对成形件的精度与模具寿命影响很大。

（11）供应渠道广

车身是汽车的表征。汽车的动力、传动、控制、制动、悬架、装饰等部件都可以从专业部件生产厂采购成品。只有车身，一般都是汽车厂选定毛坯材料自行生产。车身生产所需的毛坯材料通常都由多家企业供应，即使某一供应渠道受阻，也不致影响汽车的生产。汽车覆盖件材料必须要有宽广的供应渠道。

（12）价格合理

汽车车身成本约占整车成本的 1/3。除高级豪华轿车外，汽车已是大众化的交通工具，同时也是一种交易商品，买卖双方都希望汽车的性价比能够合理。一般汽车价格的组成包括材料成本和生产成本两个方面，汽车覆盖件材料价格高低直接影响汽车价格，必须保证其合理性。

3.1.2 汽车各部件对材料的性能要求

（1）汽车车身对材料的性能要求

汽车车身部件大都是覆盖件，外形复杂，成形复杂，但受力不大，采用模具成形工艺，材料的成形性能就成了主要矛盾，要求材料具有成形性、刚性、延伸性、抗凹性、耐腐性和焊接性等。产品设计时，通常根据板制零件受力情况和

汽车各部件对材料的性能要求

形状复杂程度来选择钢板品种。一般选用拉延性能优良的低碳冷轧钢板、超低碳冷轧钢板。近几年，成形性优异、强度更高的含磷冷轧钢板、高强度冷轧钢板、冷轧双相钢板、烘烤硬化冷轧钢板、超低碳钢高强度冷轧钢板以及其他种类钢板如涂镀层钢板、拼焊钢板和 TRIP 钢板等，被大量应用到车门外板、车门内板、车门加强板、车顶盖、行李箱盖板和保险杠等汽车车身零件上。

（2）汽车车厢零件对材料的性能要求

汽车车厢零件形状不太复杂，大都采用辊压成形工艺，对材料的成形性、刚性、耐腐蚀性和焊接性都有一定的要求。一般选用成形性能和焊接性较好的高强度钢板。通常采用强度级别为 300 ~ 600 MPa 高强度钢板和超细晶粒钢。

（3）车架及一些支撑件对材料的性能要求

车架及一些用于支撑和连接的零部件，都是重要的承载件，大都采用模具成形工艺，要求材料有较高的强度和较好的塑性，以及疲劳耐久性、碰撞能量吸收能力和焊接性等。一般选用成形性能较好的高强度钢板、超细晶粒钢板（强度级别在 300～610 MPa）和超高强度钢板（强度级别在 610～1 000 MPa）。

任务 3.2　认识冲压用钢板的种类

自 1912 年汽车出现金属车身到现在近百年的历史中，钢板一直是制造汽车车身和结构件的主要材料。据统计，载货汽车钢板约占钢材总用量的 50%，而轿车约占 75%。由此可知，汽车使用的钢材以钢板为主。

汽车冲压件形状各异，成形工艺不一样，有深拉延、胀形、弯曲、翻边等成形工艺，有强度结构件（如车架）和刚性结构件（如车轮、制动盘等）之分，这就要求钢板应具有不同的冲压级别和不同的强度级别来满足零件的不同要求。

汽车冲压用钢板的品种繁多。汽车冲压用钢板按轧制方法分，可分为冷轧钢板和热轧钢板。按冲压级别分，可分为普通冲压级、深冲级和超深冲级。优碳热轧钢板可分为深拉延级（S）、普通拉延级（P）和冷弯成形级（W）。冷轧钢板可分为超深冲拉延级（IF）、最复杂拉延级（ZF）、很复杂拉延级（HF）、复杂拉延级（F）、最深拉延级（Z）、深拉延级（S）和普通拉延级（P）。按强度级别分，可分为普通强度、高强度和超高强度钢板。在有关资料中，将高强度和超高强度钢板按强化机理进行分类，可分为固溶强化、析出强化、组织强化、复合组织强化、热处理硬化型强化、相变强化（TRIP 钢）、冷作硬化强化以及时效强化等类型。

汽车冷冲压用钢板应具有良好的焊接性能、涂漆性能和抗凹陷性能。车身是由众多的冲压件经焊接而成，良好的焊接性能提高了车身的质量；良好的涂漆性能可以获得美观的车身外观质量和提高其耐腐蚀性能，采用镀锌钢板生产车身冲压件是必要的。汽车在行驶中，车身要经受沙石的碰击，为提高车身外表件的抗凹陷性，采用烘烤硬化钢板生产外表件是理想的。

人们统称的钢板，包括钢带和钢板两种形式。成卷供应的称为钢带。由钢铁厂将钢带展平剪切成一定尺寸的平片，成捆供应给用户的钢材称为钢板。同一材质、厚度、面积的钢带其价格较钢板约低 10%。钢带的长度大，可以连续排样，材料利用率较钢板高，使用钢带较使用钢板更经济，更适合批量生产。使用钢带为原料的工厂必须具备开卷线。更宽一些的钢带具有减少车身零件、缩短工艺流程和焊点数等优点，我国宝山钢铁公司已能生产 1 800 mm 宽钢板，武汉钢铁公司能生产 2 230 mm 宽钢板，鞍山钢铁公司能生产 2 310 mm 宽钢板。

随着汽车车身轻量化设计的要求，质量轻、强度高、具有良好冲压成形性能的材料是汽车冲压材料发展的主要趋势。铝、镁合金材料使用比例逐渐增加，如全铝合金车身。另外，新型复合材料的用量有增加的趋势，如碳纤维车身等。

目前，广泛应用的汽车冲压材料包括冷轧薄钢板和热轧钢板两类。其中，冷轧薄钢板主要应用于车身覆盖件的冲压；热轧钢板主要应用于车架大梁、车轮等受力大的结构件。

任务 3.3　选用冲压用冷轧薄钢板

目前大批量生产中使用最多的就是冷轧钢板。冷轧薄钢板的厚度在 0.15 ~ 3.2 mm，汽车车身多采用 0.6 ~ 0.8 mm 的薄板。这种薄钢板尺寸精度非常高，表面光滑，具有良好的力学性能和加工性，主要用于车身侧围板、顶盖、发动机盖、翼子板、行李箱盖、车门板和仪表板等外覆盖件，这些零件要求材料具有高的成形性能、良好的表面质量和焊接性能。

3.3.1　一般冲压用薄钢板

在无间隙原子钢板(IF 钢)使用以前，汽车覆盖件都用低碳沸腾钢板(08F)和铝镇静钢板(08Al)冲制。沸腾钢因冲压成形性能差和容易失效等缺陷现已较少使用，而铝镇静钢板仍作为冲压用钢板大量应用，特别是对成形要求不高的车身零件，采用铝镇静钢板仍然占多数。

1)铝镇静钢板

(1)铝镇静钢板的化学成分

铝镇静钢板

铝镇静钢板作为一种传统的冲压钢板，其强度要求不高，但要求有良好的冲压成形性能，为此要求钢板有较高的塑性，钢板中的合金元素越低越好。

①碳。碳在一般钢材中是主要元素，但是在深冲薄板中，它却是有害元素。钢中碳的质量分数增加，会使低碳钢的强度提高而使成形性能降低。国家标准《冷轧低碳钢板及钢带》(GB/T 5213—2019)中规定深冲压用钢的碳质量分数应低于 0.08%。

②锰。锰质量分数高时，会使钢板的强度升高，一般铝镇静钢的锰质量分数应低于 0.40%。

③硫。硫质量分数对薄钢板的冲压性能有不利影响，其质量分数越低越好。一般铝镇静钢板规定的硫质量分数应低于 0.025%。

④磷。磷元素的作用是显著提高钢板强度，除高强度钢板中提高其含量外，在一般冷轧钢板中都限制其质量分数，深冲薄板中磷的质量分数应低于 0.020%。

⑤硅。硅的作用主要是提高钢板强度，但会恶化冲压性能，其质量分数越低越好，硅质量分数应低于 0.030%。

⑥铝。铝加入冲压用冷轧钢板中提高其冲压性能，铝镇静钢板规定铝质量分数应在 0.02% ~ 0.07%。

铝镇静钢板各元素的质量分数见表 3.1。

表 3.1　铝镇静钢板各元素的质量分数　　　　　　　　　　　　(单位:%)

材料	C	Si	Mn	P	S	O	Al
08Al	0.04	0.01	0.22	0.013	0.010	0.04	0.052

(2)铝镇静钢板的性能

铝镇静钢板的性能见表 3.2。

表 3.2　铝镇静钢板性能

材料	σ_s/MPa	σ_b/MPa	σ_s/σ_b	δ/%	硬化指数 n	塑性应变比 r
08Al	215	315	0.68	42	0.22	1.6

由表3.1和表3.2可知,铝镇静钢板属于低碳钢,有较好的塑性,合适的强度,具有一定的时效性,在3～6个月内使用时,不易破坏其冲压性能。铝镇静钢结构组织简单,一般由铁素体、游离碳化铁和少量非金属夹杂物组成,游离的碳化铁和非金属夹杂物对钢板的冲压性能影响很大,其中以方形夹杂物影响最大,圆形点状夹杂物影响最小,在冲压过程中会引起制件开裂。铁素体晶粒的大小和晶粒的均匀性对冲压性能影响很大,晶粒过小,强度升高而塑性降低,对冲压性能不利;晶粒过大,冲压后零件的表面变差,会出现橘皮状表面,晶粒度以7～8级最为理想。若晶粒不均匀,会引起零件整个变形的不均匀性,从而导致开裂。在冲制复杂零件时,零件各部位的变形量不同,会在零件表面出现滑移线,严重降低零件的表面质量,对于汽车覆盖件而言,这种现象是不允许出现的。一般要进行调质轧制处理,消除冲压中出现的滑移现象。综上所述,铝镇静钢板适合冲压强度、表面质量要求不高、变形均匀的一般零件,而对深冲件和复杂零件,要慎用。

2)无间隙原子钢板

汽车车身由冲压件焊接组成。轿车车身的形状为了减少空气阻力和外形美观而日趋复杂,对钢板的冲压性能要求日益提高,对影响冲压成形性能的指标有一定要求,如高的塑性应变比、适当的应变硬化指数、高的伸长率、低的屈服强度,只有符合上述要求的钢板才能冲出形状复杂的零件。

无间隙原子
钢板

以普通沸腾钢为代表的第一代冷轧钢板和以铝镇静钢板为代表的第二代冷轧钢板都难以完全满足现代轿车冲压件的要求。目前已能大规模生产的第三代冷轧无间隙原子钢板(IF钢板)能满足上述要求,由IF钢衍生出的新型钢板如IFBH钢、IF高强度钢、IF镀层钢等,再加上双相钢(DP钢)和塑性变形诱导相变钢(TRIP钢),使汽车用冷轧钢板达到了新的水平,基本上满足了轿车生产的需要。

在低碳钢中加入足够数量的钛后,钢中的碳、氮间隙原子就完全被钛固定,形成钛碳化合物,此时钢就成为无间隙原子钢而具有优异的成形性能。由于钛价格昂贵,钢的生产成本太高,因此无法大批量生产。20世纪60年代后期,真空脱气技术的成功应用,使得钢中的碳、氮含量大幅度降低,而减少了钛的用量,从而降低了IF钢的生产成本。到了20世纪70年代,钢板生产采用连续退火机组,大大降低了生产成本,又出现了加铌及复合添加钛和铌的IF钢,扩大了IF钢的生产和应用。

(1)IF钢的化学成分

钢的化学成分是其性能的基础,对于IF钢而言,首先是降低对成形性能有害的碳和氮的质量分数,同时加入钛和铌,钢板中各元素的质量分数见表3.3。

IF钢中碳、硅等元素的作用同08Al钢,钛和铌是IF钢中的重要元素,通过钛和铌的处理使固溶体中的间隙原子碳和氮得以清除,从而清除间隙原子的不利影响。工业生产中的超低碳钢若不经过加钛和铌的处理消除间隙原子,其塑性应变比不高,成形性能不好。

表 3.3　IF 钢各元素的质量分数　　　　　　（单位:%）

材料	C	Si	Mn	P	S	O	Al	Ti	N
IF	0.003	0.021	0.10	0.007	0.006	<0.005	0.015	0.052	0.003 4

目前工业生产的 IF 钢有 3 种,即单一加 Ti 的 Ti-IF 钢、单一加 Nb 的 Nb-IF 钢和同时加 Ti 和 Nb 的复合 Ti-Nb-IF 钢。上述 3 种 IF 钢的特点如下:

①Ti-IF 钢。就工艺参数而言,低的加热温度、高的卷取温度、高的退火温度和大的冷轧压下率有利于 Ti-IF 钢成形性能的提高。合金成分对 Ti-IF 钢延伸率的影响没有 Nb-IF 钢敏感,一般钛稳定钢延伸率较高。高的卷取温度和退火温度会得到粗大的 TiC 颗粒,强度级别低。对 Ti-IF 钢性能产生重要影响的 TiS 和 Ti4C2S2 等析出物一般在加热过程和热轧初始阶段就开始析出,工艺参数对 Ti-IF 钢影响不是很敏感,工艺过程的可操作性强,性能稳定。但是这种成分体系的钢平面各向异性大而且镀层抗粉化能力较差,不适用于镀锌板。

②Nb-IF 钢。与 Ti-IF 钢相比,由于细小 NbC 粒子析出,可以提高钢的强度,因此 Nb-IF 钢具有更高的强度水平。Nb 的添加,改善钢的组织结构,各向异性值降低,提高了塑性应变比(r)平均值;Nb 偏析到晶界,可防止冷加工脆性,提高可镀性和抗粉化性能。但 Nb-IF 钢的析出过程发生在热轧冷却阶段或退火阶段,力学性能对工艺参数比较敏感,而且 Nb-IF 钢有较高的再结晶温度,其力学性能不如 Ti-IF 钢好。

③(Nb+Ti)-IF 钢。铌钛稳定的 IF 钢延伸率比 Ti-IF 钢低,但 r_m 值和 $r_{45°}$ 值都比较高,具有较强的可成形性。铌钛稳定的 IF 钢比钛稳定钢具有较好的涂层黏附性,具有良好的合金化及热镀锌钢板抗粉化,而且力学性能对工艺不敏感,整卷性能均匀,适合于在连续退火工艺下生产高强钢及热镀锌钢,是电镀锌 IF 钢和热镀锌 IF 钢基板的最佳选择。

(2)IF 钢的特点

与现在广泛使用的铝镇静低碳深冲钢相比,IF 钢板在性能上最明显的特点是优秀的成形性能和无时效性。

①优秀的成形性。表 3.4 为 IF 钢板(BSC2)与现用的深冲钢板(SPCEN)标准性能的对比情况。表 3.5 则是这两种钢板实测的性能对比情况。

表 3.4　IF 钢板与深冲钢板的标准性能

种类	钢号	σ_s/MPa	σ_b/MPa	δ/%	n	r	IE	标准
深冲	SPCEN	—	≥270	≥41°	—	—	11.2	GB/T 5213—2019
IF	BSC2	≤190	260~330	≥41°	≥0.21	≥1.8	—	GB/T 3531—2014

表 3.5　IF 钢板与深冲钢板的实测性能

种类	钢号	σ_s/MPa	σ_b/MPa	δ/%	n	r
深冲	SPCEN	168.8	318.7	46.1°	0.242	1.75
IF	BSC2	148.2	303.5	44.6°	0.23	2.1

注:表中数据为某汽车企业全年所有钢板的平均实测值。

②无时效性。一般钢板都具有时效性。所谓时效性,就是钢板的屈服应力和延伸率随时间的推移而变化,经过一段时间后钢板的拉延性能曲线上会出现明显的屈服平台,此时钢板的成形性能下降。钢板的这种时效性是由钢板中存在着碳、氮等间隙固溶原子造成的。尽管深冲钢板使用了铝镇静,其时效性已经不明显,但它的存在仍是一个客观事实。现在仍然有这样的规定,即轧制后的深冲钢板的时效期为 3 个月,也就是说,轧制后的深冲钢板必须在 3 个月内用完,否则成形性就会下降。

(3)IF 钢板的应用

IF 钢板具有优秀的成形性能和独特的无时效性,在汽车工业特别是轿车工业中得到了广泛的应用。其应用概括起来,有以下几个方面:

①用于形状复杂的冲压件。有些冲压件形状复杂,拉延较大,即使使用最好的铝镇静深冲钢也难以完全满足要求。例如,发动机的油底壳对钢板的拉延性要求很高,过去一直使用进口的深拉延级钢板,但效果不太理想。自从使用了国产的深冲 IF 钢板之后,这个问题便迎刃而解。用国产 IF 钢板取代进口的深冲钢板生产一些形状比较复杂的冲压件,效果很好,值得进一步推广。

②用于制造高强度的汽车车身覆盖件。为了节约能源和满足日益严格的环保要求,高强度钢板正在汽车工业中得到广泛的应用。例如,轿车车身的许多外覆盖件在原设计中就广泛地采用了高强度钢板,降低了钢板的厚度,从而降低了车身的质量,降低了汽车燃油消耗,也降低了汽车有害物质的排放。IF 钢板具有非常优秀的成形性,在此基础上通过固溶强化等方式开发出来的高强度 IF 钢板在获得了较高强度的同时仍然保留着较高的成形性。表 3.6 列出了目前使用的高强度钢板(铝镇静固溶强化钢板)与高强度 IF 钢板的性能对比情况。

表 3.6　铝镇静固溶强化钢板与高强度 IF 钢板的性能

钢种	级别	σ_s/MPa	σ_b/MPa	σ_s/σ_b	δ/%	n	r
铝镇静固溶强化钢板	340 MPa	245	372	0.66	38	0.21	1.6
	370 MPa	265	402	0.66	37	0.21	1.6
	390 MPa	274	421	0.65	36	0.21	1.5
	440 MPa	333	470	0.71	34	0.20	1.4
高强度 IF 钢板	340 MPa	206	353	0.58	40	0.21	1.9
	370 MPa	225	382	0.59	39	0.21	2.0
	390 MPa	245	412	0.59	37	0.21	1.9
	440 MPa	274	461	0.59	36	0.20	1.8

③作为高性能镀锌钢板的基板。镀锌钢板在汽车上的应用越来越广,如奥迪等欧洲车型和北美的一些车型中甚至整个车身都是用镀锌钢板制成的。镀锌钢板得到广泛应用的原因:一是北欧和北美等气候寒冷的国家,冬日雪后路面喷洒盐水对车身件腐蚀严重;二是为了提高汽车使用寿命,各国对汽车板材不发生锈蚀的年限一再延长,一般裸钢板不能满足这些要求,因此镀锌钢板受到了重视。

现在,一般都采用深冲钢板作为基板生产镀锌板,热镀锌时需要加热到 500 ℃ 左右的高温,基板发生严重时效而使成形性变坏,从而使镀锌板的应用产生了局限性,不能用于比较复杂的冲压件。IF 钢板的问世成功地解决了这个问题。IF 钢板本身具有很高的成形性,加之没有时效性,在热浸镀锌后仍能保持着很好的成形性。表 3.7 是两种以 IF 钢板为基板生产出来的钢板的实测性能,从中可知这两种钢板基本上保持了它原板的特点,具有很好的成形性。

表 3.7　IF 钢板热镀锌后的性能

镀锌板钢号	σ_s/MPa	σ_b/MPa	δ/% ($L_0 = 80$ mm)	n	r	备注
St06Z	185	308	43.5	0.22	1.95	一汽使用的 900 多 t
St07Z	176	305	44.5	0.223	1.983	钢材的实测值

另外,用钛作为微合金化的 IF 钢板平面上各向异性较大,以此种钢板为基板生产出来的镀锌钢板在冲压过程中,有可能因钢板各个方向的应变程度不同而发生粉化。以铌为微合金化元素时,情况要好得多,在实际生产中一般使用添加 Nb 或者 Ti+Nb 的 IF 钢板作为镀锌板的原板。

3.3.2　汽车用高强度钢板

为控制导致全球变暖的 CO_2 排放,汽车制造商以降低燃料消耗为目的,积极推进汽车车身轻量化的设计。20 世纪 90 年代初,汽车车身使用高强钢板的比例增加到 30%,减轻了车重。20 世纪 90 年代后期,出于碰撞安全性考虑,汽车车身增加了加强件的使用量,从而增加了车重。为确保车身碰撞安全性和轻量化,用于汽车车身的高强钢板强度从 440 MPa 级提高到 590 MPa 级,车身结构件使用 980 MPa 级超高强钢板,使用比例在 40% 以上。从提高车身缓蚀性能来看,合金化热镀锌钢板具有与冷轧钢板相同的高强度特性。

汽车用高强度冷轧钢板主要用于车身零部件,大致分为 3 类,即内外面板、结构件和加强件。表 3.8 列出了每一部件要求的钢板强度和特性及需解决的问题。

表 3.8　汽车零部件用高强度钢板

主要应用部件		部件需要的性能	适用材料	TS 级/MPa	进一步高强度化的材料技术课题
内外面板	门 挡泥板 侧板	拉延刚性 抗凹性 耐蚀性	BH 钢板 HF 型高强钢板	−340 −440	镀层表面质量 成形性(Ei, r 值) 表面精度(YS, n 值)
结构件	结构类部件	冲击强度 疲劳强度	固溶强化型钢板 析出强化型钢板	440 ~ 980	成形性
	支架类部件	刚性 耐蚀性	DP 钢板 TRIP 钢板	—	(Ei, n 值,扩孔率,弯曲性)
加强件	门撞击梁 结构 RF 薄板框架	冲击强度 疲劳强度	DP 钢板 贝氏体钢板 马氏体钢板	780 ~ 1 470	镀层适用性 耐滞后破坏特性

（1）外板用高强度钢板

汽车外板分为车门和侧面两类,车门外板的抗凹性要求很高,适用于车门外板等拉延成形主体部件,侧板适用于深冲成形性要求较高的部件。

①面板零部件用钢板。20 世纪 80 年代后期,车门外板等部件开始使用烘烤硬化钢板(BH),这种钢板在超低碳钢板基础上,添加 Nb、C 等元素,将固溶碳含量控制在很低的水平。到了 20 世纪 90 年代,采用 Mn、P 等元素固溶强化的 340 MPa 级 BH 钢板的抗凹性能得到了提高,并广泛应用于车门外板等部件。BH 钢的特点是对冲压形变的钢板进行烤漆高温时效处理,以提高屈服强度。在烘烤工序中,随着屈服强度的上升,抗凹性随之上升,这时可缓解冲压成形时的表面形变。但需要注意的是,随着常温时效的进行,产生了屈服强度的上升点,降低了面板的表面质量。近年来,随着炼钢技术的进步,对固溶碳进行了高精度控制,保证了 BH 钢板的耐时效性,从而满足了汽车制造商的全球化生产需求。另外,具有低屈服比的双相钢(DP)以及具有高 BH 值的钢种都在开发之中。

②外部侧板用高深冲钢板。汽车外部侧板的深冲成形性要求很高,广泛采用 r 值较高的 IF 钢板。IF 钢是在超低碳钢中添加 Nb 和 Ti 元素,以使 C 和 N 等固溶元素为零。即使在连退和合金化热镀锌工序中,能表现出稳定的非时效特性,其冲压成形性由此得到很大的提高。从材料角度看,IF 钢为外部侧板和三角面板的整体成形化作出了很大贡献。

20 世纪 90 年代前期,通过在 IF 钢中添加 Si、Mn 和 P 元素,开发出强度低于 440 MPa 级高深冲高强度冷轧钢板。20 世纪 90 年代后期,340 MPa 级 IF 合金化热镀锌钢板被用于汽车外部侧板。

近年来,经过铁素体细晶强化和 Nb 的 C、N 化合物的弥散强化,开发出深冲成形性和合金化热镀锌优良的新型高强度冷轧钢板。作为合金化热镀锌钢板,当固溶强化元素添加量减少时,可获得低于 440 MPa 级的强度,能满足汽车外板表面质量的要求。利用以前 IF 钢没有的微细组织,可获取较高 r 值,这对防止二次加工脆化很有效。如图 3.1 所示,在微细晶粒型高强度冷轧钢板的晶粒界面附近形成了铌碳化合物低量析出区域。图 3.1 箭头部分为晶粒界面附近析出量低的区域。加工时,从晶粒界面附近施加低应力后,出现屈服现象。与以前的 IF 高强钢板相比,能确保面板的表面精度。390 MPa 级和 440 MPa 级高深冲冷轧钢板目前已应用于汽车外部侧板。

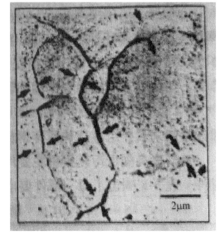

图 3.1　微细晶粒高强度 IF 钢板铌碳化合物析出形态

（2）车身结构件用高强钢板

车身结构件用
高强钢板

对于侧面结构件、支架和车身底框等主要结构件来说，要求具备耐形变等特性，如图 3.2 所示，即受撞击时能提高吸收冲击能量，且车身形变被抑制到最小范围。BH 效果好的 DP 钢板和 TRIP 钢板对角筒状轴冲压能量的吸收表现良好。20 世纪 90 年代后期以来，汽车制造商在 440 MPa 级冷轧板基础上研究开发 590 MPa 级冷轧钢板和防锈性能良好的合金化热镀锌钢。

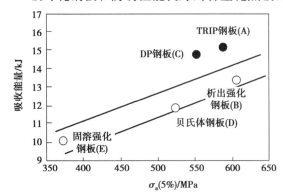

	YS /MPa	TS /MPa	Ei /MPa
A	426	721	31
B	476	635	25
C	443	599	28
D	467	556	25
E	310	394	36

角筒样品尺寸
70 mm × 70 mm × 320 mm
板厚2.0 mm

图 3.2　高强度冷轧钢板冲压吸收能量

①冷轧双相钢（DP 钢）。从相变组织来看，DP 钢板是把最硬的马氏体组织分散到铁素体基体中进行强化的钢板。DP 钢的软铁素体组织体积比高，是高强钢板获得高延伸性的有效方法，适用于形状复杂且强度要求高的车身零件。形变初期，低屈服比的钢板具有高加工硬化特性（n 值），随着形变量的增大，其强度也随之增强。如图 3.3 所示，铁素体的固溶碳含量较高，烘烤硬化时其强度随之上升。作为 590 ~ 980 MPa 级低屈服比的高强度冷轧钢板，DP 钢板适用于深冲型和拉延成形较难的成形部件。

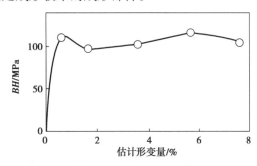

图 3.3　980 MPa 级冷轧钢板拉延形变量引起的 BH 量变化

②冷轧塑性变形诱导相变钢（TRIP 钢）。与 DP 钢板一样，在退火工序中经过铁素体和奥氏体的两相分离后，在冷却过程中，即 400 ℃ 左右时，在贝氏体相变区域进行奥氏体回火，使奥氏体分解成贝氏体和常温下稳定的残余奥氏体组织。残余奥氏体受到拉延形变时，则发生所谓的相变诱导塑性现象，在成形过程中残余奥氏体逐渐转变为硬度大的马氏体。如图 3.4 所示，由于 TRIP 效果，高形变区域的 n 值较高。与 DP 钢板相比，TRIP 钢板具有均匀延伸性较高的特性。目前，590 MPa 和 780 MPa 级 TRIP 冷轧钢板已被实用化。为了获得高塑性，TRIP 钢中的残余奥氏体需达到 10%，而 DP 钢的碳质量分数也要求高一点。使用 TRIP 冷轧钢板的零部件在点焊时必须充分考虑其焊点熔核直径和焊接压力等因素。

③980 MPa 级冷轧钢板。980 MPa 级以上的高强度冷轧钢板主要用于保险杠和门防撞大梁等汽车零部件,从 20 世纪 90 年代后期开始研究、推广并应用于深冲和拉延成形影响大的支架和薄板框架等零部件。在 980 MPa 级高强度冷轧钢板中,双相钢(DP 钢)占绝大部分。DP 钢具有以下特点:良好的强度和塑性组合;没有屈服延伸;低的屈强比;高的加工硬化率;高的均匀伸长率和总伸长率;较高的烘烤硬化性能和汽车在碰撞时车身具有更好的能量吸收性能,其安全性能比传统的碳钢高 50%。用 DP 钢生产的车门外板,在抗凹陷性能符合要求的情况下,可以减薄钢板的厚度,减轻汽车自重。近年来,开发出能使拉延法兰成形性得到提高的 980 MPa 级冷轧 DP 钢板。通过提高马氏体体积比,减少马氏体中碳质量分数并进行回火处理,可降低马氏体硬度,缩小两相间硬度差,提高拉延法兰成形性指标——扩孔率(A)(图 3.5)。弯曲型或者高拉延法兰型 980 MPa 级冷轧 DP 钢板在扩孔率方面较以前的高延型DP 钢板有了很大提高,能发挥与 590 MPa 级 DP 钢板相同的拉延法兰成形性。

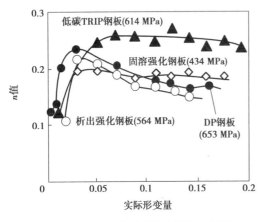 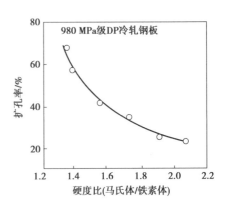

图 3.4　590 MPa 级冷轧钢板的加工硬化　　　图 3.5　马氏体与铁素体的硬度对比 980 MPa 级
　　　　　　　　　　　　　　　　　　　　　　　　　　DP 冷轧钢板扩孔率的影响

　　如图 3.6 所示为采用 TOX 法的机械焊接。机械焊接是指在冲压成形中同时焊接多个部位,从节省焊接工序和零部件成本来看,正日益受到人们的关注。若 980 MPa 级 DP 钢板采用TOX 方法,焊接部表面易断裂,在铁素体和马氏体界面出现细小裂纹,在 TOX 焊接处需要更为严格的局部形变能量控制。马氏体单相 980 MPa 级冷轧钢板的扩孔率相当高,几乎接近 100%。

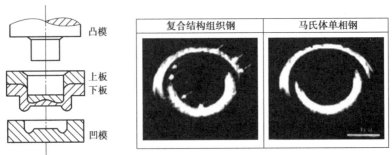

图 3.6　TOX 焊接机械焊接方法与 980 MPa 级冷轧钢板的机械焊接性

　　也就是说,使用 TOX 焊接法,能获得无裂纹的良好焊接性能,这适用于薄板结构。
　　然而,并非 980 MPa 级高强冷轧钢板都能满足所有成形样式的需要,通常需根据成形样式进行选择。今后,钢厂与汽车制造商和零部件厂商之间紧密合作的重要性将日益凸显。

④590~980 MPa 级合金化热镀锌(GA)钢板。随着汽车工业的发展,汽车的使用寿命不断提高,如何延长汽车的使用寿命已成为汽车制造业的一个重要问题。工业化的大气腐蚀、道路融雪盐和海洋气氛的侵蚀使得汽车尤其是轿车的有效寿命在很大程度上取决于车身的耐腐蚀能力。为提高车身缓蚀性能,用户要求车身底部结构零部件使用 GA 钢板的呼声越来越大。从镀层稳定性和如图 3.7 所示的冷却模型来看,GA 钢板的高强度化主要体现在与高强度冷轧钢板相比,其合金成分更高,在设计钢板成分时需考虑其点焊性。从可镀性来看,Si、Mn 作为金属氧化物在钢板表面富集,由此造成与镀层之间黏结性变差,质量下降。在 GA 钢板的成分设计上,需充分考虑这些钢板的成分设计。制造 GA 产品时,需在退火后的冷却过程中进行镀锌和合金化处理,从冷却热处理的操作规程来看,难以在连续退火工艺中灵活应用快速冷却技术。在这样的冷却速度限制下,在高强度冷轧 DP 钢板中添加 Mn、Cr、Mo 等淬火强化元素,可形成复合钢板。近年来,590 MPa 级 DP 型 GA 钢板开始广泛应用于结构件和加强件。780 MPa 和 980 MPa 级 GA 复合钢板开始用于底部车身加强件。对于 TRIP 型 GA 钢板来说,如何确保可镀性和合金化中的奥氏体回火处理是需要研究的课题,目前已开发出比 DP 钢板延伸性更高的 TRIP 型高强度 GA 钢板并开始投入使用。

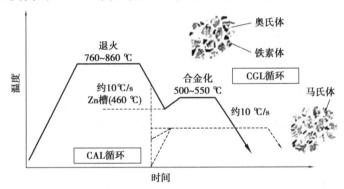

图 3.7　采用合金化热镀锌工序制造的复合钢板

⑤1 180 MPa 级以上部件用超高强度冷轧钢板。强度在 1 180 MPa 以上的超高强度冷轧钢板主要是马氏体组织,已有这样的应用案例(如 1 180 MPa 级钢板适用于门护栏,1470 MPa 级钢板加工成焊管后用于门撞击梁)。强度在 1 180 MPa 级以上的钢板由于腐蚀反应等因素,渗透在钢中的氢易延迟破坏,危险性极高,这就要求钢板具有良好的耐延迟破坏特性。如图 3.8 所示,为使弯曲加工性和耐延迟破坏特性同时存在,需降低淬火指标的碳质量分数($C+Si/24+Mn/6$)。在马氏体晶粒及晶粒界面,有效的方法是在不发生析出粗大碳化物的低温区域进行回火处理。在部件成形过程中,钢板加热到 900 ℃以上奥氏体区域后,用常温下的模具进行成形淬火处理,以提高钢板强度。近年来,强度超过 1 500 MPa 级部件的热冲压成形技术开始实用化。在热成形过程中,钢板与模具相接触的深冲加工较困难。为了在热成形阶段获得需要的零件强度,成形条件的管理显得尤为重要。在大气中对坯料进行加热处理时,钢板表面易产生氧化铁皮,需采取以下措施:在加热阶段实施防止脱碳和黏结及成形后进行喷砂清理的除鳞作业。为消除氧化铁皮,提高部件的耐腐蚀性,开发了热镀 10% Si-Al 的热成形用钢板。钢板成形后大都相变为马氏体组织,这类钢板的延展性低,若要将其用于撞击形变量较高的部件,则需进一步提高钢板的延展性。

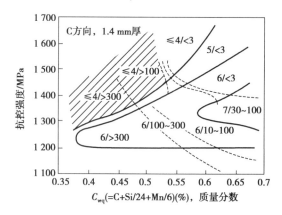

图 3.8　强度与碳质量分数对超高强度冷轧钢板弯曲性和耐延迟破坏性能的影响

3.3.3　激光焊接钢板

传统汽车车身零件有分离成形和整体成形两种成形方法。分离成形方法是利用不同的冲压模具分别成形单个零件,然后将各个零件通过夹具装配、焊接组成目标总成。这种方法虽然提高了材料选择的灵活性,但增加了冲压、装配和焊接成本以及形状配合误差,并且定位焊时需要材料的重叠额外增加了车身的质量。整体成形方法则是在一套冲压模具上将一块钢板同时成形几个零件(一个总成件)。从车身结构设计的观点来看,每个车身零件作用不同应具有不同的厚度和抗腐蚀性能要求,如果是单一板成形,必须对所有零部件的材料采用相同的等级、镀层类型和材料厚度,从而导致对某些零件的选材裕度过大,增加车身的质量,提高了成本,并且增大了成形难度。为了减轻车身质量,提高车身的装配精度,增加车身的刚度,降低汽车车身制造过程中的冲压和装配成本,减少车身零件的数目同时将其整体化是非常必要的。一种克服传统分离成形方法和整体成形方法缺点的生产形式——拼焊板冲压成形得以发展。以车门内板为例,为了保证功能的需要,车门内板的主体必须有一定的柔性,而门板的前后部需要有一定的强度。如果采用传统的冲压成形方法就需要另外设计加强板。而采用拼焊技术,先将 3 块不同厚度的钢板拼焊成一块整板,即可冲压成形。

(1)激光拼焊钢板的性能及优势

采用激光拼焊板可以给汽车制造业带来巨大的经济效益。以车身装配中的大量定位焊为例,定位焊搭接宽度需要 14 ~ 18 mm(参考),而激光拼焊板无须搭接,定位焊改为激光拼焊技术可以节省钢材。用传统定位焊焊接两个 0.8 mm 的钢板冲压件,平均是 20 点/mim,点距是 40 mm(通常情况),焊接速度则为 0.8 m/min,这会耗费大量工时,采用激光拼焊板替代定位焊工艺后可以节省工时,焊接质量得到质的提高。其优势如下:

①零件数量的减少,以及随之而来的生产设备和制造工艺简化,大大提高了生产效率,降低了整车制造及装配成本。

②产品的不同零件在成形前已通过激光连续焊接工艺焊接在一起,提高了产品的精度,大大降低了零部件的制造及装配公差。

③通过部件的优化减轻了车身质量,降低了油耗,有利于环保。

④不再需要加强板,没有搭接接缝,大大提高了零部件的抗腐蚀性能,减少了密封措施的使用。

⑤通过对材料厚度以及质量的严格筛选,在材料强度和抗冲击性方面给零部件带来本质上的飞跃,同时改良了结构。在撞击过程中,可以让更多的能量得到吸收,从而改善车身部件的防撞能力,提高车身的被动安全性。

⑥增加了产品设计的灵活性。

如图3.9所示为分离成形、整体成形和激光拼焊成形生产轿车侧围外板的示意图。与传统工艺方法相比,激光拼焊技术具有优异的性能。激光拼焊板与母材相比呈现出不同的性能特点,研究表明,激光对接焊缝比母材具有更高的强度和硬度值,这是由于在小的焊接熔池中激光焊缝得到了快速冷却。在大多数的激光焊接接头中,热影响区组织是由细晶、等轴晶组成。图3.10显示了激光焊缝和热影响区的纤维组织。有大量的实验数据表明,质量好的激光焊缝在冲压成形时并不产生失效。

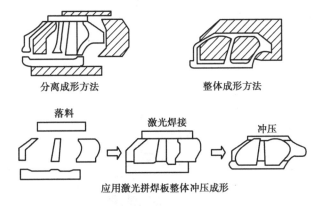

图3.9 轿车侧围外板成形方法比较

图3.10 激光焊接接头的纤维组织

从表3.9的数据可知,激光拼焊钢板的屈服强度、抗拉强度有所提高,而塑性指标略有降低。

表3.9 激光焊接与未焊接钢板样品拉延试验结果

试验样品	样品方向与轧制方向夹角/(°)	屈服强度 σ_s/MPa	抗拉强度 σ_b/MPa	缩颈前均匀伸长率/%	拉断后总伸长率/%	应变硬化指数 n	备注
08HS-IF	90	354.4	399.7	18.8	31.7	0.185	—
08;08HS-IF	90	364.8	467.3	17.5	30	0.131	激光焊接速度为5 m/min

(2)激光拼焊钢板在轿车车身制造中的应用

目前,激光焊接钢板毛坯已经广泛应用于汽车车身的生产中。如图3.11所示展示了激光焊接毛坯在白车身上的应用情况。

在汽车白车身结构件中,越来越多的典型结构件如纵梁、门内板、保险杠、加强板等在冲压工序中均使用激光拼焊板(图3.12)。据统计,在目前的新车身结构件设计中平均每辆车有2件或3件使用激光拼焊技术。尤其对那些价格比较昂贵的轿车,在其车身设计中使用了更多的拼焊板。通过使用激光拼焊板,整车的抗碰撞性能得到了大大提高。汽车设计师和汽车生产厂家已经意识到在汽车结构件中使用激光拼焊板可以大大简化生产工序、降低生产成本、提高整车的性能,从而在更多、更新的车身结构件中运用了激光拼焊板。

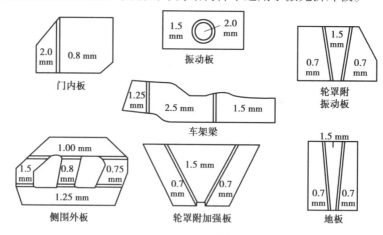

图3.11 可以用激光焊接钢板毛坯的汽车车身件

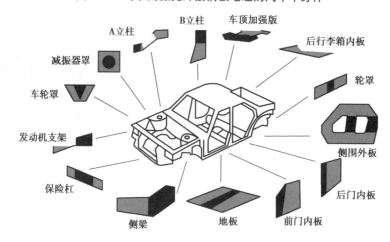

图3.12 由拼焊板生产的轿车车身零部件

任务3.4 选用冲压用热轧钢板

3.4.1 梁用热轧高强度钢板

热轧高强度钢板主要用于载货汽车车架纵梁和横梁、车厢的纵梁和横梁以及制动盘等受力结构件和安全件。载货汽车车架用钢如图3.13所示。目前,这些零件用热轧高强度钢板的抗拉强度分别为390 MPa和510 MPa,经过多年的开发和应用研究,人们对这些钢板的工艺性能和强度性能已有深入的了解,

梁用热轧高强度钢板

并建立了我国汽车用热轧高强度钢板系列,如锰钢和锰-稀土钢系列、硅-钒钢系列、含钛钢系列和含铌钢系列。

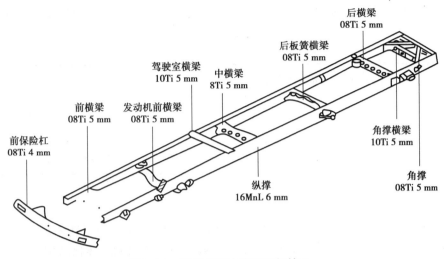

后横梁
08Ti 5 mm

后板簧横梁
08Ti 5 mm

驾驶室横梁
10Ti 5 mm

中横梁
8Ti 5 mm

前横梁
08Ti 5 mm

发动机前横梁
08Ti 5 mm

角撑横梁
10Ti 5 mm

前保险杠
08Ti 4 mm

角撑
08Ti 5 mm

纵撑
16MnL 6 mm

图 3.13　5T 载货汽车车架用钢情况

（1）锰钢和锰-稀土钢系列

我国载货汽车生产初期，汽车纵梁用退火的 30Ti 热轧钢板生产。退火后，30Ti 钢板的强度低，表面脱碳严重，致使钢板的强度低，汽车早期在行驶中出现断裂。改用 16MnL 热轧钢板后，其抗拉强度得到提高，疲劳性能得到了改善，使用寿命明显提高。

16MnL 和 30Ti 钢板的成分和性能见表 3.10。09MnREL 钢板的成分、性能和实冲效果见表 3.11。

表 3.10　16MnL 和 30Ti 钢板的成分和性能

钢号	供应状态	化学成分（质量分数）/%						σ_s /MPa	σ_b /MPa	δ/%	180° 弯曲试验	σ^{-1} /MPa
		C	Si	Mn	P	S	Ti					
16MnL	热轧	0.12 ~ 0.20	0.20 ~ 0.60	1.20 ~ 1.60	≤0.035	≤0.035	—	≥355	510 ~ 610	δ_5≥24	$d=a$	24.1
30Ti	退火	0.25 ~ 0.33	≤0.08	0.50 ~ 0.80	≤0.045	≤0.045	0.05 ~ 0.08	≥314	440 ~ 550	δ_{10}≥17	$d=a$	19.3

表 3.11　09MnREL 钢板的成分、性能和实冲效果

钢号	化学成分（质量分数）/%						σ_s /MPa	σ_b /MPa	δ_5 /%	实冲结果	
	C	Si	Mn	P	S	Re				零件名称	成品率/%
09MnREL	0.08 ~ 0.10	0.40 ~ 0.50	0.80	0.009 ~ 0.015	0.008 ~ 0.015	0.005 ~ 0.006	294 ~ 318.5	421 ~ 436	33 ~ 35	中横梁	100
										前横梁	100

（2）硅-钒系热轧钢

我国钒的资源非常丰富，开发钒钢系的研究很重要。20 世纪 60 年代，根据应用 Si-Cr 热轧钢板的情况，将 Si-Cr 钢调整为 Si-V 钢，并成功地应用于汽车生产。这种钢用于往复式轧制生产时，具有良好的性能和实冲结果。若用连轧机生产，其横向塑性的富裕度很大，且低温冲击韧度低于 16Mn 热轧钢板,在汽车上的应用存在着局限性。09SiVL 热轧钢板的成分和性能见表 3.12。

表 3.12　09SiVL 热轧钢板的成分和性能

| 钢号 | 化学成分(质量分数)/% | | | | | | σ_s /MPa | σ_b /MPa | δ_5/% | σ_s/σ_b | 180°弯曲试验 $d=a$ 合格率 ($b=35$) |
	C	Si	Mn	P	S	V					
09SiVL	0.09 ~ 0.13	0.77 ~ 0.93	0.47 ~ 0.71	0.010 ~ 0.015	0.008 ~ 0.017	0.05 ~ 0.08	375 ~ 490	525 ~ 620	26 ~ 32	0.71 ~ 0.79	84.61

(3)含钛系热轧钢板

含钛热轧钢板在汽车上的用量很大。含钛钢板强度高,实际冲压性能好,不仅可大幅度降低汽车自重,还可使汽车使用寿命成倍提高。钢中加入钛,既提高钢板的强度,又可改变钢中硫化物的结构和分布。含钛钢板的冲击韧度很高,但热轧含钛钢存在一些问题,如钛对温度很敏感,当终轧后冷却速度控制不当,会导致含钛钢板的头、中、尾的强度波动大,形成强度分布的盆形曲线。

(4)热轧含铌钢系列

为节约合金元素,降低钢的生产成本,目前,国内外大量应用热轧含铌钢板。铌的强化能力大于钛,钛优先与氮化合并与硫形成钛硫化合物,直接增加了钛在钢中的含量。铌只是强化元素,要获得同级强度的钢板,钢中含铌量仅为含钛量的 1/3 左右,这个特性显示了含铌的优越性。

(5)双相钢板

双相钢板主要添加元素为 Si、Mn、Nb、Cr,已形成 Si-Mn 系、Si-Mn-Cr 系和 Si-Mn-Mo 系,有 540 MPa、590 MPa 和 640 MPa 3 种强度级别材料,强度和延伸率都很高。其延伸率好、屈服强度较低,更易变形,具有良好的冷成形性,它最重要的特性是具有优良的翻边性能,很适合冲压翻边性能良好的部件。

(6)TRIP 钢

TRIP 钢是含有残余奥氏体的低碳、低合金高强度钢,主要化学成分为 C、Si、Mn,强度级别为 500 ~ 700 MPa,强度和塑性配合良好,用于生产汽车的零部件。在冷轧条件下,Nb 有利于残余奥氏体的形成。

3.4.2　滚型车轮用钢板

车轮是汽车重要的安全构件,它由钢板经过滚压和拉延成形或由异形断面型钢经滚圆、焊接、喷漆处理等一系列严格制造工艺而制成。无内胎滚型车轮具有精度高、质量轻、良好的动平衡性、高的疲劳寿命以及可靠的安全性等

滚型车轮用钢板

优点,得到广泛应用。随着国内汽车特别是轿车生产的扩大,滚型车轮用钢的用量越来越大,厢式车、小吨位轻型货车也采用滚型车轮,中吨位载货汽车车轮的轮辋用异形断面型钢滚圆成形,轮辐用钢板冲压成形但有采用钢板滚压成形的趋势。滚型车轮用钢板将成为汽车用钢板的重要品种,有的钢厂如宝钢已将车轮用钢板列入汽车零配件钢板标准之中。

1）滚型车轮的生产工艺和对钢板的性能要求

车轮主要由轮辐和轮辋两个零件组成，它们的生产工艺不同，图 3.14 和图 3.15 分别为它们的生产工序。从图中可知，轮辐生产的关键工序是 3 次拉延成形，要求钢板有良好的拉延成形性能；而轮辋生产的关键工序是对焊和焊后的 3 道滚压成形及随后的扩张，要求基体金属、焊缝和热影响区有良好的滚压成形性能。

这两种零件所用的钢材对工艺性能有不同的要求，要分别选用或开发轮辐用钢与轮辋用钢。

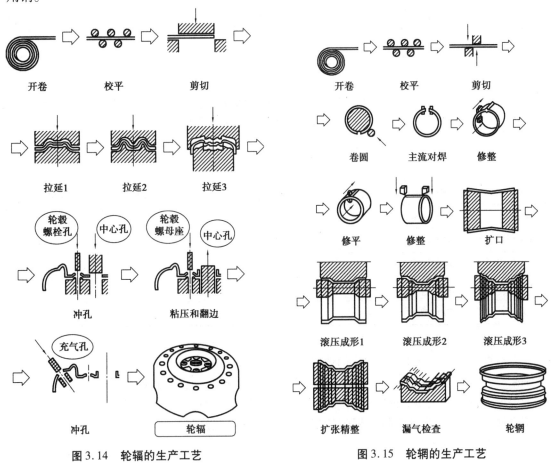

图 3.14　轮辐的生产工艺　　　　图 3.15　轮辋的生产工艺

2）滚型车轮用钢板标准

（1）钢的牌号表示方法

钢的牌号由代表最小抗拉强度值和车轮的汉语拼音的首位字母"CL"两部分组成。

例如：380CL，其中，380 为规定抗拉强度最小值，单位为 N/mm²；CL 为车轮汉语拼音的首位字母。

（2）技术要求

①牌号和化学成分。表 3.13 为改善钢材的性能，可加入铝、钒、铌、钛等细化晶粒元素，其含量应在质量保证书上标明。钢中的残余元素镍、铬、铜含量应各不大于 0.3%，供方若能保证可不作分析。经供需双方协商，并在合同中注明，可供应其他牌号和化学成分的钢板和钢带。

表 3.13　车轮用钢的牌号和化学成分

牌号	化学成分(质量分数)/%				
	C	Si	Mn	P	S
330CL	≤0.12	≤0.05	≤0.50	≤0.030	≤0.025
380CL	≤0.16	≤0.30	≤1.20	≤0.030	≤0.025
440CL	≤0.16	≤0.35	≤1.50	≤0.030	≤0.025
490CL	≤0.16	≤0.55	≤1.70	≤0.030	≤0.025
540CL	≤0.16	≤0.55	≤1.70	≤0.030	≤0.025
590CL	≤0.16	≤0.55	≤1.70	≤0.030	≤0.025

②力学性能和工艺性能。钢板和钢带的力学性能和工艺性能应符合表 3.14 中的要求。

表 3.14　车轮用钢的力学性能和工艺性能

牌号	抗拉强度 $R_m/(N \cdot mm^{-2})$	抗拉强度 $R_d/(N \cdot mm^{-2})$	断后伸长率 $A/(N \cdot mm^{-2})$	冷弯180° $B = 35$ mm
		≥		
330CL	330 ~ 340	225	33	$d = 0.5a$
380CL	380 ~ 480	235	28	$d = 1a$
440CL	440 ~ 550	290	26	$d = 1a$
490CL	490 ~ 600	325	24	$d = 2a$
540CL	540 ~ 660	355	22	$d = 2a$
590CL	590 ~ 710	420	20	$d = 2a$

③表面质量。钢板和钢带表面不得有裂纹、结疤、折叠、拉裂、气泡、夹杂和压入氧化铁皮等缺陷存在。钢板和钢带不得有分层。如有上述表面缺陷,允许清理,其清理深度不得超过钢板厚度允许公差之半。同时,应保证钢板和钢带的最小厚度,清理处应平滑无棱角。其他缺陷允许存在,但应保证钢板和钢带的最小厚度。钢带允许带缺陷交货,但有缺陷部分不得超过每卷总长度的8%。

小结:

1.汽车冲压材料的性能要求:强度高,成形性好,质量轻,可焊性好,表面光洁,质量均匀,板厚均匀。

2.汽车冲压材料的两大种类:冷轧薄钢板和冲压用热轧钢板。其中冷轧薄钢板常用种类有铝镇静钢板、IF 钢板、TRIP 钢板、DP 双相钢板、BH 钢板、镀层钢板、激光拼焊钢板;冲压用热轧钢板主要有梁用热轧高强度钢板和滚型车轮用钢。

3.汽车冲压材料的选用原则:所选材料首先应满足零件的使用性能要求,所选材料要有较好的工艺性能,所选材料要有较好的经济性。

项目 4
汽车覆盖件冲压工艺设计

学习目标

1. 掌握汽车覆盖件表示方法。
2. 会设计汽车覆盖件拉延工艺。
3. 会设计汽车覆盖件修边工艺。
4. 会设计汽车覆盖件翻边工艺。

任务 4.1　汽车覆盖件表达

　　如图 4.1 所示,汽车覆盖件多为复杂的空间曲面,不能用几个视图或剖面就把覆盖件各点的位置和尺寸表达清楚,必须辅以主模型或者直接利用 CAD 中的计算机几何造型技术,用解析数学式和坐标数据信息来表示汽车覆盖件的完整形状尺寸,进行模具设计和制造。

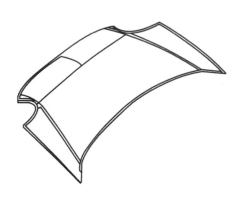
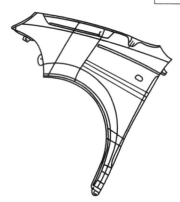

(a)发动机盖外板　　　　　　　　　　　　　　(b)右翼子板

图 4.1　汽车覆盖件简图

4.1.1　覆盖件图与主模型

(1)汽车线

　　覆盖件及汽车车身(包括飞机、船体)的图形都是以 3 组互相正交的直线为基准来绘制的,这 3 组基准线在汽车制造行业称为汽车线(图 4.2),它们包括水平线、纵线及横线。

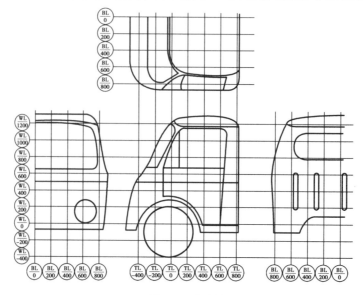

图 4.2　汽车线

①水平线(Waterline):常简写为 WL。水平线是以底盘表面为零点 WL0,向上方向是100、200、300、…,向下为-100、-200、-300、…。

②纵线(Bowline):常简写为 BL。纵线是以车身中心为零点 BL0,向两侧是 100、200、300、…。

③横线(Transverseline):常简写为 TL。横线是以前轴(轮)中心为零点 TL0,向前方向是-100、-200、-300、…,向后为 100、200、300、…。

以汽车线为基准绘图,尺寸线较简单,便于表明零件的坐标位置和安装位置,并且车身零件在制造过程中常以汽车线为基准,这样就为设计、绘图与制造的统一提供了很大的方便。另外,以汽车线为基准,有时要把某些零件的形状表达清楚会增加标注的复杂性,因此会要求生产者进行一些尺寸的换算。

(2)覆盖件图

覆盖件图是以汽车线为基准,仅表示一些主要投影关系,标注覆盖件的外轮廓尺寸及某些孔凸包的特征尺寸的图样。它不能将覆盖件所有相关点的位置都表示出来,否则将使图形繁乱、尺寸线过多而模糊不清,难以使用。

(3)覆盖件的主模型

覆盖件的主模型(简称主模型)是覆盖件图的补充,它是能够真正完整地表示覆盖件的立体模型。主模型是按主图板上的投影图和剖视图做出单个覆盖件内表面形状的立体模型。为了满足制造模具的需要,主模型都是按覆盖件内表面形状制作,如要按覆盖件外表面形状制作主模型,必须特别提出并加注说明。主模型既是制造覆盖件冲模、焊装夹具和检验夹具的标准,还是覆盖件检查、焊装夹具和检验夹具调整的不可缺少的标准样品。一般由容易加工、具有一定硬度和不易变形的材料来制造,常用的主模型材料有木材和塑料两类。

4.1.2　计算机几何造型(数据模型)

随着计算机辅助技术(CAD/CAE/CAM)的不断发展,利用几何造型技术来设计和表示汽车覆盖件已成为主流发展趋势,它将逐步取代传统的设计方法和图样。该方法的要点就是利用计算几何学原理,通过解析数学方程式和坐标来描述几何元素,生成曲线和曲面。覆盖件形状复杂,必须利用曲线、曲面的处理技术来准确地表达其形状。常用的规则曲线有直线、圆弧、椭圆、抛物线等,不规则曲线有 Bezier 曲线、B 样条曲线等。常用的曲面可用曲面生成方法得到,也可用一些拟合、倒圆、修剪、延伸等方法来间接生成曲面。

4.1.3　DL 图

DL 图(DIELAYOUT)即冲压工艺流程图,是指对某汽车覆盖件产品的形状、尺寸进行科学分析后,制订出最合理的冲压工艺方案,并对各工序模具设计提出总布置的一种先进方法。它冲破了传统的单工序各自设计、制造、调试的生产方式,避免了此生产方式带来的各种弊病。DL 图中的通用符号如图 4.3 所示。

如图 4.4 所示,DL 图包括工序简图、模具布置图和附注。

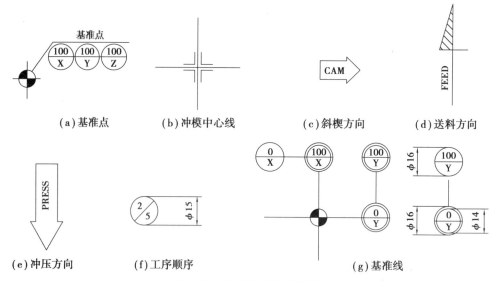

图 4.3　DL 图中的通用符号

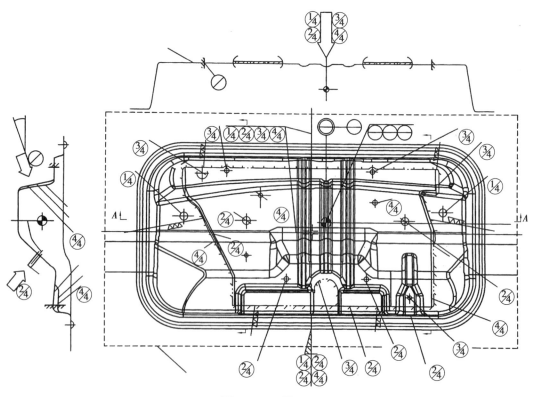

图 4.4　DL 图

任务 4.2　工艺设计表达

工艺设计表达

（1）原始材料准备

工艺设计前除需准备常规设计的有关工艺手册（如冲模设计手册、机械制造工艺手册、技术标准等）外，还需要查阅的资料及实物主要有：

①汽车覆盖件图、主模型或者实物。

②生产批量和交货期。

③生产线有关设备型号、参数和附属装置情况。

④所收集、整理的类似覆盖件的成形性能和生产情况。

⑤原材料的性能、规格及纤维方向等。

（2）汽车覆盖件图、模型或实物的分析研究

首先，应该了解该汽车覆盖件的作用、质量要求及其与相关零件的装配关系等。其次，应分析以下问题：

①汽车覆盖件的工艺性，即汽车覆盖件有无成形困难的局部形状（急剧变化、负角面等）。

②汽车覆盖件的重点，即作为覆盖件表面，要求外表面连续，并与相邻表面均匀过渡，如果外表面存在不连续状，表面质量将恶化，经喷涂装饰后尤其明显。

③局部细节（如孔、孔距、凸凹、凸缘、加强筋等）的精度，修边、压弯、成形的边缘圆角半径是否适当，压弯成形角部分是否多料。

④料厚公差应在保证该汽车覆盖件精度的范围内。

⑤有无关于飞边高度及飞边方向的要求。

⑥是否需要考虑材料的纤维方向及板材利用率。

⑦可否成对成形。

任务 4.3　认识工艺设计方法

4.3.1　工艺设计需要研究的主要问题

汽车覆盖件的DL图和冲压工艺方案

工艺设计需要研究的主要问题如下：

①研究冲压成形性能及加工方法、加工性能。

②设计工序最少且能满足汽车覆盖件性能要求的方案。

③初步确定模具结构影响强度、寿命的尺寸。

④根据汽车覆盖件的大小计算冲压力，决定各工序所使用的设备。

⑤以冲压为主重新讨论工艺设计。

⑥进行经济分析，以降低成本、提高效率为目的。

4.3.2 加工工艺和工序设计的基本原则

加工工艺和工序设计的基本原则如下：

①外覆盖件的同一表面尽可能一次成形。

②汽车覆盖件上的焊接面不允许存在皱折、回弹等成形质量问题。

③汽车覆盖件在主成形工序（拉延）之后，一般为修边、翻边等工序。

④汽车覆盖件上的孔一般应在零件成形之后冲出，以防先冲制的孔在成形过程中发生变形。

⑤要尽量避免制件在工序之间的旋转和反转。

4.3.3 工艺方案

汽车覆盖件的冲压工艺方案编制依据是产品的生产纲领。工艺方案应保证产品的高质量、生产的高效率和低成本。

（1）小批量生产的汽车覆盖件冲压工艺方案

小批量生产是指月产量小于 1 000 件，此时的生产稳定性极差，形状改变可能性大，模具选择只要求拉延和成形工序使用冲模，模具寿命在 5 万件以下。其他工序如落料、修边可在通用设备上剪裁，翻边使用简易胎模，冲孔用通用冲孔模或钻床手工钻孔。如果过多地选用冲模，虽然对保证质量有益，但对提高生产效益并无意义，且会使成本骤增。

（2）中批量生产的汽车覆盖件冲压工艺方案

当月产量大于 1 000 件，且小于 10 000 件（货车）或 30 000 件（轿车）时，被视为是中批量生产。其生产特点是比较稳定地长期生产，生产中形状改变时有发生。模具选择除要求拉延模采用冲模外，其他工序如果影响质量和劳动量大也要相应选用冲模，模具寿命要求在 5 万件到 30 万件。模具选择系数为 1∶2.5，即一个覆盖件平均选择 2.5 套冲模。

（3）大批量生产的汽车覆盖件冲压工艺方案

当月产量大于 10 000 件（货车）或 30 000 件（轿车），且小于 100 000 件时，属于大批量生产。其特点是生产处于长期稳定状态，工件形状改变的可能性小，工艺难易程度为困难。工艺方案要为流水线生产提供保证，每道工序都要使用冲模，拉延、修边冲孔和翻边模同时安装在一条冲压线上。至于工序间的流转，20 世纪 50 年代基本是人工送料和取件，工业化国家实现机械化和自动化，20 世纪 60 年代以后进入全自动化时期。多工位压力机的出现，更加提高了生产效率和工件质量。

任务 4.4 汽车覆盖件拉延工艺设计

4.4.1 拉延工艺的特点

与简单零件相比，汽车覆盖件的拉延工艺的特点有：

①简单零件（形状对称、深度均匀）可用拉延系数研究拉延次数和工序尺寸；汽车覆盖件大多由复杂的空间曲面组成，成形时坯料各部分的变形状态差别很大，而且较为复杂，各处应力不均匀。

拉延工艺的特点

②简单零件的压边面积比其余部分面积大,只要压边力调节合适,便能防止起皱。

③简单零件拉延时,变形区(凸缘区)的变形拉力超出传力区的(侧壁与底部过渡区)危险断面强度而导致破裂是主要问题,而有些汽车覆盖件拉延深度浅(如车门外板),拉延时材料得不到应有的伸长变形,容易起皱,且刚性不够,需采用拉延槛来加大压边圈下板料的流动阻力,从而使其主要以胀形的方式变形,增大塑性变形程度,保证零件在修边后弹性畸变小、刚性好,避免汽车在运动时零件发生颤抖和噪声。

④为了保证汽车覆盖件在拉延时能经受最大限度的塑性变形而不致产生破裂,对原材料的力学性能、金相组织、化学成分、表面状况和厚度精度等都有很高、很严的要求。

⑤拉延时需要较大和较稳定的压边力,广泛采用双动压力机,除可得到约为主滑块拉延力60%以上的压边力外,还可根据需要在压边圈四角对压边力进行调节。

4.4.2　拉延方向的设计

拉延方向的设计

拉延方向是确定拉延方案时首先遇到的问题。它不但决定能否拉延出满意的汽车覆盖件,而且影响工艺补充部分的多少,以及拉延后各个工序(如整形、修边、翻边)的方案,必须慎重考虑拉延方向。

(1)拉延方向对拉延成形的影响

汽车覆盖件拉延成形时,所选择的拉延方向是否合理,将直接影响凸模是否能进入凹模、毛坯的最大变形程度、是否能最大限度地减小拉延件各部分的深度差、是否能使各部分毛坯之间的流动方向和流动速度差比较小、变形是否均匀、是否能充分发挥材料的塑性变形能力、是否有利于防止破裂和起皱等质量问题的产生等。也就是说,只有选择了合理的拉延方向,才能使拉延成形过程顺利实现。

(2)选择拉延方向的原则

①保证能将拉延件的全部空间形状(包括棱线、筋条和鼓包等)一次拉延出来,不应有凸模接触不到的"死区",即要保证凸模能全部进入凹模,如图4.5所示。

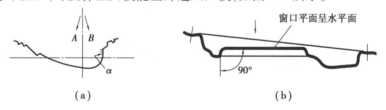

(a)　　　　　　　　　　　　　(b)

图4.5　拉延方向确定的实例

②如图4.6,图4.7所示,尽量使拉延深度差最小,以减小材料流动和变形分布的不均匀性。

③如图4.8所示,保证凸模与毛坯具有良好的初始接触状态,以减少毛坯与凸模的相对滑动,有利于毛坯的变形,并提高冲压件的表面质量。

a.凸模与毛坯的接触面积应尽量大,保证较大的面接触,避免点接触或线接触造成局部材料胀形变形太大而发生破裂[图4.8(a)]。

b.凸模两侧的包容角尽可能保持一致($\alpha=\beta$),即凸模的接触点处在冲模的中心附近,而不偏离一侧,这样有利于拉延过程中法兰上各部位材料较均匀地向凹模内流入[图4.8(b)]。

c.凸模表面与毛坯的接触点要多而分散,且尽可能均匀分布,以防止局部变形过大,毛坯与凸模表面产生相对滑动[图4.8(c)]。

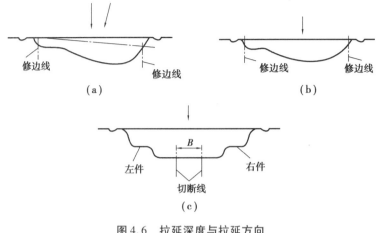

图4.6 拉延深度与拉延方向

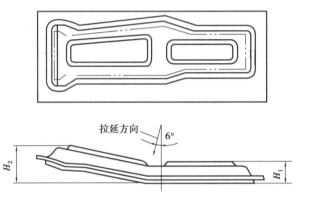

图4.7 某汽车立柱拉延方向的确定

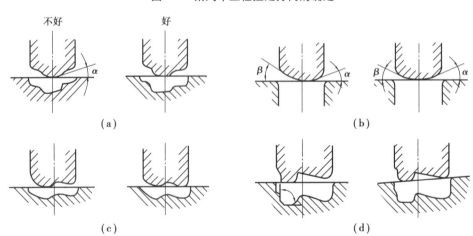

图4.8 拉延时凸模与坯料的接触状态

d. 在拉延方向没有选择余地,而凸模与毛坯的接触状态不理想时,应通过改变压料面来改善凸模与毛坯的接触状态。

如图4.8(d)所示,通过改变压料面,使凸模与毛坯的接触点增加,接触面积增大,能保证零件的成形质量。如图4.9所示,货车顶盖的拉延方向的确定,选用方向2可以增加接触面积。

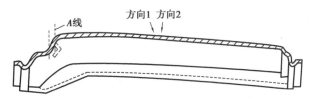

图 4.9　某货车顶盖的拉延方向的确定

④有利于防止表面缺陷。

4.4.3　压料面的设计

（1）压料面的作用与对拉延成形的影响

压料面是工艺补充的一个重要组成部分，对汽车覆盖件的拉延成形起着重要作用。根据冲压零件的不同设计出拉延件后，有的拉延件的压料面全部为工艺补充部分，有的拉延件的压料面则由零件的法兰部分和工艺补充部分共同组成。

（2）压料面的设计原则

压料面有两种情况：一种情况是压料面的一部分就是拉延件的法兰面，这种拉延件的压料面形状是已定的，一般不改变其形状，即使是为了改善拉延成形条件而作局部修改，也要在后续工序中进行整形矫正；另一种情况是压料面全部属于工艺补充部分，在这种情况下，主要以保证良好的拉延成形条件为主要目的进行压料面的设计，同时要考虑这部分材料在拉延工序后的修边工序被切除，应尽量减少这种压料面的材料消耗。几种常用的压料面形状如图 4.10 所示。

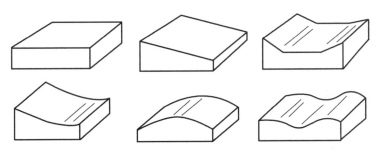

图 4.10　几种常用的压料面形状

①压料面形状尽量简单化，以水平压料面为最好。

②水平压料面[图 4.11（a）]应用较多，其阻力变化相对容易控制，有利于调模时调整到最有利于拉延成形所需要的最佳压料面阻力状态。倾斜压料面[图 4.11（b）、图 4.11（c）]应用较少。

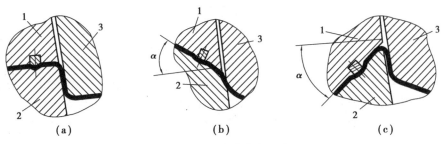

图 4.11　压料面与冲压方向的关系
1—压边圈；2—凹模；3—凸模

③压料面任一断面的曲线长度要小于拉延件内部相应断面的曲线长度,如图 4.12 所示。

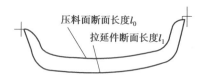

图 4.12 压料面内断面长度与拉延件断面长度的关系

④压料面应使成形深度小且各部分深度接近一致,如图 4.13、图 4.14 所示。

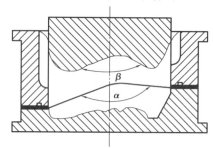

图 4.13 压料面仰角与凸模仰角的关系

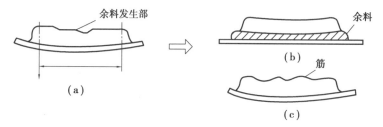

图 4.14 防止余料的对策

⑤压料面应使毛坯在拉延成形和修边工序中都有可靠的定位,并考虑送料和取件的方便。

⑥当覆盖件的底部有反成形形状时,压料面必须高于反成形形状的最高点(图 4.15)。

⑦不在某一方向产生很大的侧向力。

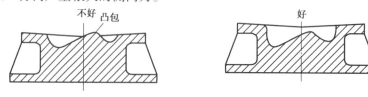

图 4.15 底部有反成形形状时的压料面

4.4.4 工艺补充部分的设计

工艺补充是指为了顺利拉延成形出合格的制件,在冲压件的基础上添加的那部分材料。这部分材料是成形需要而不是零件需要,在拉延成形后的修边工序中要将工艺补充部分切除。工艺补充是拉延件设计的主要内容,不仅对拉延成形起着重要影响,而且对后面的修边、整形、翻边等工序的方案设计也有影响。

工艺补充部分
的设计

1)工艺补充的作用与对拉延成形的影响

如图4.16所示为工艺补充示意图。

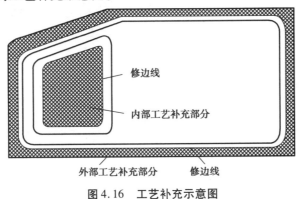

图4.16　工艺补充示意图

2)工艺补充的设计原则

(1)内孔封闭补充的原则

对零件内部的孔首先进行封闭补充,使零件成为无内孔的制件;对内部的局部成形部分,要进行变形分析,如图4.17所示。

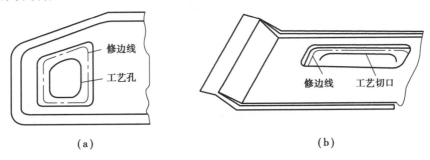

(a)　　　　　　　　　　　(b)

图4.17　工艺补充上预冲孔或工艺切口示意图

(2)简化拉延件结构形状的原则

拉延件的结构形状越复杂,拉延成形过程中的材料流动和塑性变形就越难控制,如图4.18、图4.19所示,进行工艺补充简化。

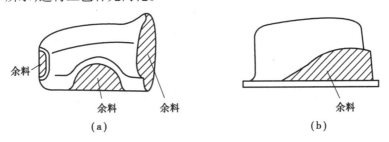

(a)　　　　　　　　　　(b)

图4.18　工艺补充简化拉延件结构形状的实例

(3)保证良好的塑性变形条件原则

对于某些深度较小、曲率较小的汽车覆盖件来说,必须保证毛坯在成形过程中有足够的塑性变形量,才能保证其有较好的形状精度和刚度,如图4.20所示。

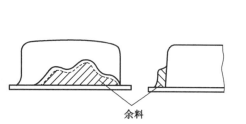

余料

图 4.19 简化压料面形状的工艺补充

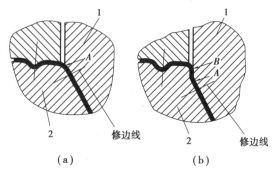

（a）　　　　　　　　（b）

图 4.20 工艺补充对变形的影响示意图
1—凸模;2—凹模

（4）外工艺补充部分尽量小的原则

由于外工艺补充不是零件本体,以后将被切掉变成废料,因此在保证拉延件具有良好的拉延条件的前提下,应尽量减小这部分工艺补充,以减少材料浪费,提高材料利用率,如图4.21所示。

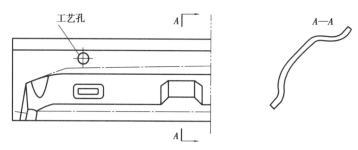

工艺孔　　　　　A　　　　　A—A

A

图 4.21 某汽车前窗内侧板拉延时冲工艺孔的例子

（5）对后续工序有利的原则

设计工艺补充时要考虑对后续工序的影响,要有利于后续工序的定位稳定性,尽量能够垂直修边等。

（6）双件拉延工艺补充原则

有的零件进行拉延工艺补充时,会出现需要增加很多的材料或冲压方向不好选择或变形条件不容易控制等问题,如图4.22所示,可进行对称处理。

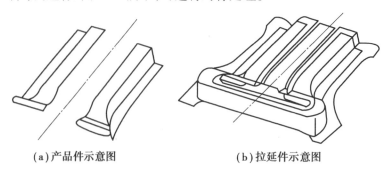

（a）产品件示意图　　　　　　（b）拉延件示意图

图 4.22 双件拉延工艺补充

3) 常见的工艺补充类型

如图 4.23 所示是常用的几种工艺补充类型。图中有关尺寸主要考虑：

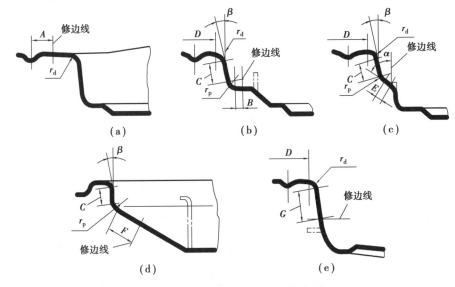

图 4.23　工艺补充部分的几种类型

①在进行模具压料面或拉延筋槽的修理时不能影响到修边线。

②保证修边模的凸模和凹模能有足够的强度。

③凸模圆角 r_p 和凹模圆角 r_d 的大小要有利于毛坯的变形和塑性流动等。

如图 4.24 所示为最大的工艺补充部分示意图,表 4.1 为工艺补充部分各部分的作用和尺寸。

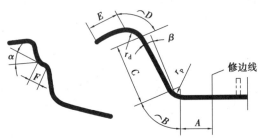

图 4.24　最大的工艺补充部分示意图

表 4.1　工艺补充部分各部分的作用和尺寸

区域	名称	性质	作用	尺寸/mm
A	底面	从零件的修边线到凸模圆角	1. 调试时,不致因为 Rt 修磨变大而影响零件尺寸 2. 保证修边刃口的强度要求 3. 满足定位结构要求	用拉延槛定位时,$A \geq 8$; 用侧壁定位时,$A \geq 5$
⌒B	凸模圆角面	凸模圆角处的表面	降低变形阻力	一般拉延件:$Rt = (4 \sim 8)t$;复杂覆盖件,$Rt \geq 10t$

续表

区域	名称	性质	作用	尺寸/mm
C	侧壁面	使拉延件沿凹模周边形成一定的深度	1. 控制零件表面有足够的拉应力,保证毛坯全部拉延,减少起皱问题 2. 调节深度,配置较理想的压料面 3. 满足定位和取件要求 4. 满足修边刃口强度要求	$C = 10 \sim 20$ $\beta = 6° \sim 10°$
⌒D	凹模圆角面	拉延材料流动面	Rt 的大小直接影响毛坯流动的变形阻力,Rt 越大,则阻力越小,容易拉延,Rt 小则反之	$Rt = (4 \sim 10) t$,料厚或深度大时取大值,允许在调试中变化
E	法兰面	压料面	1. 控制拉延时进料阻力大小 2. 布置拉延筋(槛)和定位	$E = 40 \sim 50$
F	棱台面	—	水平修边改成垂直修边,简化冲模结构	$F = 3 \sim 5$ $\sigma \leqslant 40°$

4)工艺补充实例

图 4.25(a)、(b)所示分别为某汽车顶盖中段的零件图和拉延件图。由于该零件要与顶盖前段、后段搭接,所以其前端和后端为敞开的不封闭状态。为使零件以拉延方式而不是拉弯方式成形,将前、后两端进行工艺补充,增添侧壁,使其成为盒形件轮廓。如图 4.26—图 4.29 分别为几件汽车零件图的拉延件及工艺补充图。

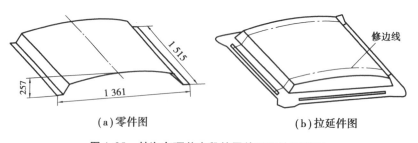

(a)零件图　　　　　　　　　　　　　　(b)拉延件图

图 4.25　某汽车顶盖中段的零件图和拉延件图

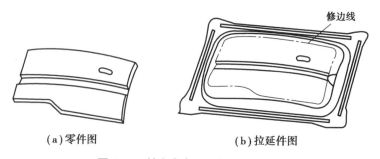

(a)零件图　　　　　　　　　　　(b)拉延件图

图 4.26　某汽车车门外板的工艺补充

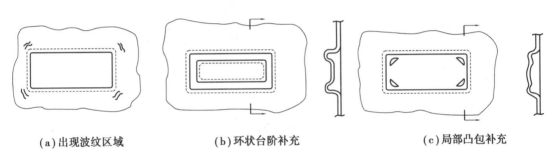

（a）出现波纹区域　　　　（b）环状台阶补充　　　　（c）局部凸包补充

图 4.27　窗口周围产生波纹时的工艺补充

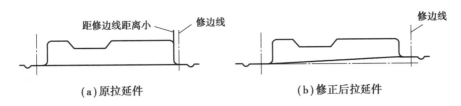

（a）原拉延件　　　　　　　（b）修正后拉延件

图 4.28　改变侧壁高度工艺补充

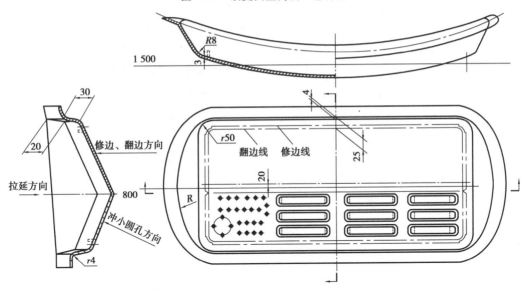

图 4.29　某汽车零件的拉延件图

注：图中标出的 1 500 线和 800 线分别表示该位置在前轮中心前 1 500 mm 处和车架上翼面的上方 800 mm 处。

4.4.5　拉延筋的作用、种类及设计

拉延筋在汽车覆盖件的拉延成形中占有非常重要的地位。这是由于在拉延成形过程中，毛坯的成形需要一定大小且沿周边适当分布的拉力，这种拉力来自冲压设备的作用力、法兰部分毛坯的变形抗力和压料面的作用力。而压料面的作用力只靠在压边力作用下模具和材料之间的摩擦力来提供往往是不够的，需要在压料圈上设置能产生很大阻力的拉延筋以满足毛坯塑性变形和塑性流动的要求。同时，利用拉延筋可以在较大范围内控制变形区毛坯的变形大小和变形分布，抑制破裂、起皱、面畸变等多种冲压质量问题的产生。可以说，在很多情

况下,拉延筋设置得是否合理甚至决定着冲压成形的成败。设计拉延筋是汽车覆盖件冲压成形模具设计的重要内容,在冲压工艺设计时必须考虑是否需要布置拉延筋、怎样布置、采用哪种形式布置等问题。

1)拉延筋在汽车覆盖件拉延成形中的作用

在汽车覆盖件拉延成形中,广泛采用拉延筋(或拉延槛)。它是调节和控制压料面作用力的一种最有效和实用的方法,在拉延过程中起着重要作用。

(1)拉延筋的作用

拉延筋的作用力在压料面作用力中占有较大的比例,且可以通过改变拉延筋的参数很容易地改变这种作用力的大小。

①增大进料阻力。

②调节进料阻力的分布。

③可以在较大范围内调节进料阻力的大小。

④降低对压料面的要求。

⑤拉延筋能够产生相当大的阻力,降低了对压边力的要求,容易调节到冲压成形所需的进料阻力分布,同时降低对模具刚度、设备吨位等的要求。

⑥拉延筋外侧已经起皱的板料通过拉延筋时可得到一定程度的矫平。

(2)拉延筋对成形性的影响

①影响成形极限。拉延筋对角锥形零件成形极限的影响如图4.30所示。

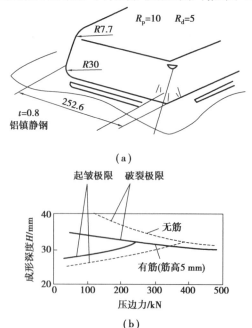

图 4.30 拉延筋对角锥形零件成形极限的影响

②控制变形状态。拉延筋使应变状态发生变化,如图4.31所示。

③调节毛坯流入量。油底壳拉延件如图4.32所示,拉延筋尺寸与多料量的关系如图4.33所示。

④影响预拉件效果。

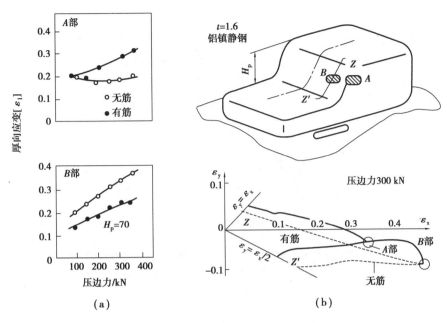

图 4.31 拉延筋使应变状态变化的例子

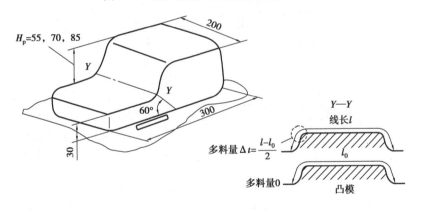

图 4.32 油底壳拉延件示意图

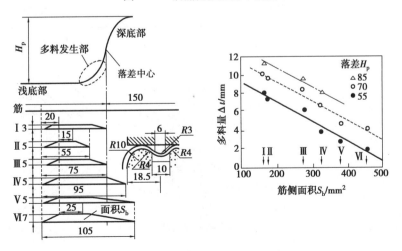

图 4.33 拉延筋尺寸与多料量的关系

2)常用拉延筋

(1)拉延筋的种类及其用途

根据实际应用中的分布情况可将拉延筋分为单筋和重筋两大类。常用拉延筋的断面形状及主要用途见表4.2,拉延筋的断面形状及尺寸如图4.34所示。

表4.2　常用拉延筋的断面形状及主要用途

种类		断面形状	用途	特点
圆筋	单筋	$h=3\sim5$ $r_1=2\sim5$ $b=8\sim10$ $r_2=3\sim5$	法兰流入量大时的拉延	修磨容易,便于调节拉延筋阻力
	重筋		法兰注入量很大时的拉延	为了控制筋的磨损,加在筋槽圆角半径R,随着R的增加,附加拉力减小,用双筋来弥补
矩形筋		$h=4\sim6$ $b=8\sim10$ $r_1=2$ $r_2=2$	法兰注入量小时的拉延或胀形	与圆筋相比能提供更强的附加拉力
拉延槛（阶梯筋）		$h=4\sim6$ $r_1=2$ $r_2=2$　　$h=4\sim6$ $r_1=2$ $r_2=2$	法兰注入量小时的拉延或胀形	材料利用率高,同样的圆角半径R和高度h下,比矩形筋的附加拉力小
三角形筋			胀形	为了抑制筋的磨损,材料完全没有流入

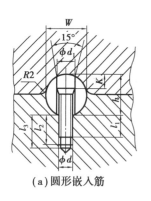

(a)圆形嵌入筋

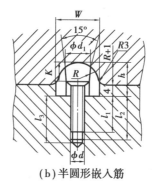

(b)半圆形嵌入筋

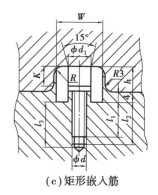

(c)矩形嵌入筋

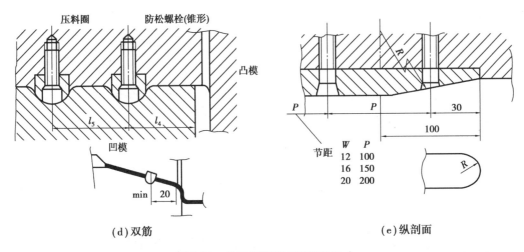

图 4.34　拉延筋的断面形状及尺寸

（2）拉延筋的固定方式

拉延筋一般嵌入在压边圈的下表面，其常用固定方式如图 4.35 所示。

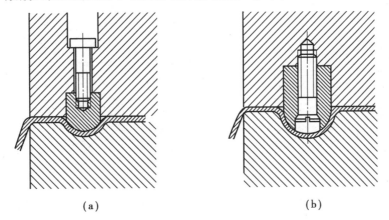

（a）　　　　　　　　　　　　　（b）

图 4.35　拉延筋的固定方式

（3）拉延槛结构

拉延槛与圆形拉延筋相比，能提供更大的附加拉力，即具有更强的阻止法兰上的材料流入凹模的能力。拉延槛结构图如图 4.36 所示。嵌入式拉延槛如图 4.37 所示。

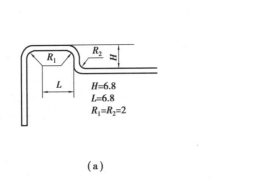

（a）

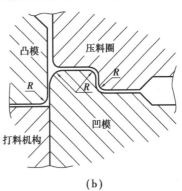

（b）

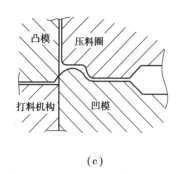

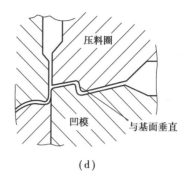

图 4.36　拉延槛结构图

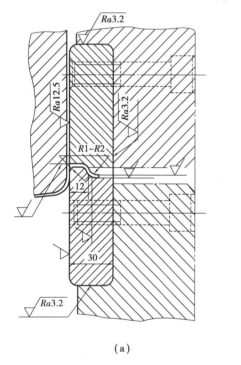

（a）

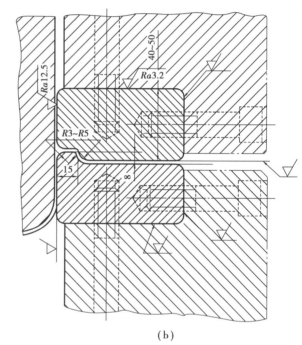

（b）

图 4.37　嵌入式拉延槛

3）拉延筋的设计

（1）设计拉延筋时应考虑的因素

设置拉延筋，最根本的目的是为成形板材提供足够的拉力。

拉延筋的设计

①对于单筋来说，其结构简单，便于加工和模具调试时拉延筋参数的修正。

②在拉延筋的使用寿命方面，相同拉延筋阻力条件下，单筋的断面圆弧半径和拉延筋槽的圆角半径相对较小，板材与其接触的表面压力大，易产生磨损，使用寿命相对较短。

③在对压料面的精度要求方面，重筋所占面积相对较大，以满足拉延筋的精度要求为主，可相对降低压料面上其他部位的精度要求。而单筋则不然，既要满足拉延筋的精度要求，也要满足压料面的精度要求。

④在保证冲压件表面质量方面，相同筋阻力的条件下，重筋的圆弧半径和筋槽的圆角半径均可相应增加，高度减小，从而可减小板材在拉延筋处的变形程度和硬化程度，减小畸变，

避免划伤冲压件表面。

⑤在毛坯变形不需要特别大的拉延阻力,且修边线不在压料面部位时,可在凹模口部设置拉延槛,既能保证拉延成形所必需的拉延阻力,又可以减小毛坯尺寸和模具尺寸。

(2)拉延筋几何参数的设计

改变拉延筋几何参数,以适应冲压件成形的需要,是模具设计和调试过程中最常用的办法。拉延件轮廓形状与拉延筋布置如图4.38所示。

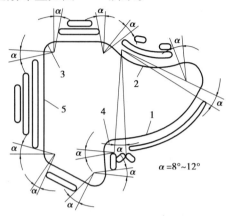

图 4.38 拉延件轮廓形状与拉延筋布置

①确保冲压件成形所需的拉延筋阻力。

②保证冲压件成形质量和表面质量。

③提高拉延筋的使用寿命。

④有利于拉延筋的加工和修整。

(3)拉延筋的布置

设计拉延筋的数目及位置时,必须根据拉延件的形状特点、拉延深度及材料流动特点等情况而定。拉延筋布置的主要原则见表4.3。根据拉延件轮廓形状进行拉延筋布置的方法见表4.4。

表 4.3 拉延筋布置的主要原则

序号	使用和要求	布置原则
1	增加进料阻力,提高材料变形程度	放整圈的或间断的1条拉延槛或1~3条拉延筋
2	增加径向拉应力,降低切向压应力,阻止毛坯起皱	在容易起皱的部位设置局部的短筋
3	调整进料阻力和进料量	1.拉延深度大的直线部位,放1~3条拉延筋 2.拉延深度大的圆弧部位,不放拉延筋 3.拉延深度相差较大时,在深的部位不设拉延筋,在浅的部位设筋

表 4.4　根据拉延件轮廓形状进行拉延筋布置的方法

部位	轮廓形状	要求	布置原则
1	大外凸圆弧	补偿变形阻力不足	设置深长筋
2	大内凹圆弧	1. 补偿变形阻力不足 2. 控制拉延时相邻的外凸圆弧部分的材料向此部分流动的量,避免起皱	设置 1 条长筋和两条短筋
3	小外凸圆弧	塑性流动阻力大,应让材料有可能向直线区进行一定的分流	1. 不设拉延筋 2. 相邻筋的位置与凸圆弧保持 8°～12° 的夹角
4	小内凹圆弧	将两相邻侧面挤过来的多余材料延展开,保证压料面下的毛坯处于良好状态	1. 沿凹模口不设拉延筋 2. 在离凹模口较远的位置设两条拉延筋
5	直线	补偿变形阻力不足	根据直线长短设置 1～3 条拉延筋(长者多设并呈塔形分布,短者少设)

①凹模内轮廓的曲率变化不大时,冲压成形中压料面上各部位的变形差别不很大,但为了补偿变形力的不足,提高材料变形程度,可沿凹模口周边设置封闭的拉延筋。

②凹模内轮廓的曲率变化较大时,冲压成形中压料面上各部位的变形差别会比较大。

③若为了增加径向力,减小切向拉应力,防止毛坯起皱,可只在容易起皱的部位设置局部的短拉延筋。

④为了改善压料面上材料塑性流动的不均匀性,可在材料流动速度快的部位设置拉延筋。

⑤使拉延筋的长度延伸到接近深度大的区域,并且拉延筋的高度逐渐减小。

⑥对拉延深度大的圆弧部位可以不设拉延筋。

4)拉延筋布置实例

如图 4.39 所示为发动机油底壳拉延件图,该零件拉延度相差较大,在需要进料少的部位设置拉延筋,以控制该部分不要向凹模内流入过多的材料;在拉延深度大的部位不设拉延筋,以便该部位能有较多的材料流入凹模内,达到成形要求。如图 4.40(a)所示为汽车外门板拉延筋布置实例,如图 4.40(b)所示为顶盖拉延筋布置实例,如图 4.40(c)所示为上后围拉延筋布置实例。

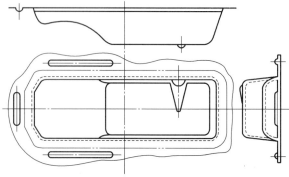

图 4.39　油底壳拉延件上的拉延筋布置

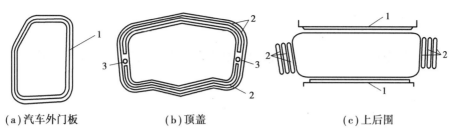

（a）汽车外门板　　　　　（b）顶盖　　　　　（c）上后围

图4.40　拉延筋布置实例

1—拉延槛;2—拉延筋;3—工艺孔

4.4.6　工艺孔和工艺切口的设计

工艺孔和工艺
切口的设计

（1）工艺孔和工艺切口的作用

当需要在覆盖件的中间部位反成形出某些深度较大的局部凸起窗口或鼓包时,往往加大过渡圆角,并使侧壁有斜度,形成良好的成形条件,以避免圆角处破裂,并在以后的适当工序中,将大圆角或侧壁整形回复。而当上述措施仍不能满足反成形深度的需要时,往往不能从毛坯的外部得到材料补充而导致零件的局部破裂,这时则应考虑在局部凸起变形区的适当部位冲出工艺切口或工艺孔,改善材料的流动情况,使容易破裂的区域从变形区内部得到补充材料,这就是工艺切口和工艺孔的作用。

（2）工艺孔和工艺切口的设置

工艺孔和工艺切口必须设置在拉延件修边线以外的多余材料上,以便在修边工序中切除,而不影响零件的形状。工艺孔和工艺切口应设在容易破裂的区域附近,其具体数量应视情况而定。工艺孔和工艺切口应保证不因拉应力过大而产生径向裂口从而波及覆盖件表面,又不因拉应力过小而形成波纹,工艺孔和工艺切口必须设置在拉应力最大的拐角处。一般切口工艺的时间、位置、形状、大小和数量都应在调整拉延模时通过试验确定。

①切口应与局部凸起周缘形状相适应,以使材料能合理流动。

②切口之间应留有足够的搭边,以使凸模能张紧材料,保证成形效果,避免波纹等缺陷,而且修边后可获得良好的窗口翻边孔缘质量。

③切口的切断部分在邻近凸起部位的边缘或易破裂区域,如图4.41所示。

④切口数量应保证凸起部位各处材料变形趋于均匀,以防止裂纹产生。

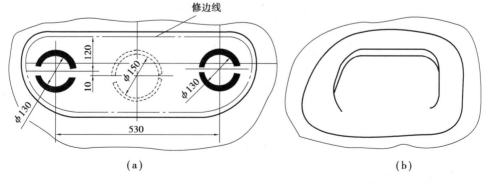

图4.41　工艺切口布置

任务 4.5　汽车覆盖件修边及冲孔工艺设计

4.5.1　修边方向

所谓修边方向是指修边凸(凹)模的运动方向,它与压力机上滑块的运动方向不一定一致,如图4.42所示。

汽车覆盖件修边及冲孔工艺设计

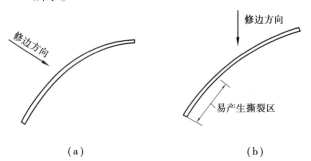

图 4.42　修边方向与撕裂现象

①保证修边质量。

②尽量使模具结构简单。

③对汽车覆盖件修边时,不同的部位可能需要不同的修边方向。

④拉延件的定位可靠,操作者操作方便,生产安全。

⑤在选择修边方向时,要确定拉延件是开口朝上放置还是朝下放置,即通常说的"仰"着放置和"趴"着放置)。

⑥充分考虑模具强度。

⑦废料处理的好坏对冲压作业速度有很大影响,在工艺设计时要进行妥善处理。外边缘修边废料处理示意图如图4.43所示。

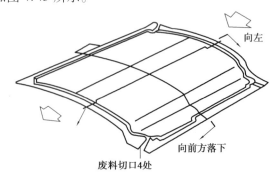

图 4.43　外边缘修边废料处理示意图

4.5.2　修边形式

如图4.44所示,按修边方向分类,修边类型有垂直修边、水平修边、倾斜修边3种。

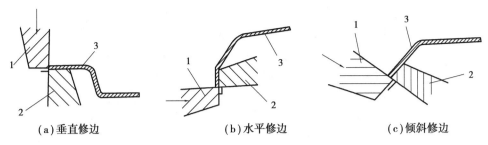

（a）垂直修边　　　　　（b）水平修边　　　　　（c）倾斜修边

图 4.44　按修边方向分类的修边类型

1—修边凹模;2—修边凸模;3—修边件

（1）垂直修边

修边刃口随压力机滑块作垂直运动,这样的模具结构简单、操作方便,应优先采用。

（2）斜楔修边

修边刃口作水平或倾斜运动,这种修边需采用斜楔机构,模具结构复杂,工作部分占用面积较大。

（3）垂直、斜楔修边

这类修边方法是上述两种方法的组合,模具结构更为复杂。

4.5.3　冲孔

汽车覆盖件上的孔不多,外覆盖件上的孔更少,其中多数孔能够合并在修边或其他工序中加工,这样不但可以减少工序数,而且孔位准确。冲孔能否与其他工序合并以及一个工序中能否同时冲所有的孔主要取决于孔位,实际上就是凸模运动方向和冲孔表面的关系。

1）冲压方向的选择

（1）垂直型面冲孔

在压力机滑块运动方向上进行冲孔（简称垂直冲孔）,模具结构较简单,容易保证冲孔质量,应首先选择。

（2）保证覆盖件的整体要求

覆盖件上的有些孔是产品设计时某些功能或外形美观性要求,要求冲孔的方向必须在某一既定的方向。汽车覆盖件冲孔示意图如图 4.45 所示。

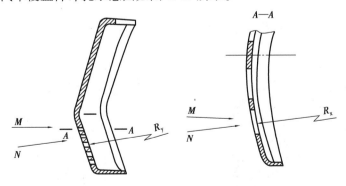

图 4.45　某汽车覆盖件冲孔示意图

（3）斜面上冲孔

产品要求或模具强度要求不得不采取斜面上冲孔时,一般的要求为:当冲孔直径 $d \leqslant$

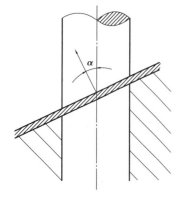

图 4.46　斜面上冲孔

5 mm 时,冲孔方向与型面法线方向的夹角(图 4.46)$\alpha<5°$;当 5 mm$<d\leqslant$15 mm 时,$\alpha<15°$;当 15 mm$<d<$20 mm 时,$\alpha<20°$;当 $d\geqslant$20 mm 时,$\alpha<25°$,但最大的 α 不大于 30°。

(4)倾斜冲孔和水平冲孔

当采用垂直冲孔不能保证冲孔质量或根本就不能进行冲孔加工时,应考虑采用斜楔机构进行倾斜方向冲孔和水平方向冲孔,也可采用在模具上以最合适的方向安装压力缸进行冲孔加工。

2)冲孔废料的处理

在安排冲孔工序时,要考虑保证在凹模体上可以方便地开出排废料的漏料槽,并保证凹模的强度。应考虑的因素主要有冲孔数量、冲孔部位、冲孔方向等。

3)冲孔工序的安排

汽车覆盖件上的孔位多是安装其他附件或连接不同的零件用的。为保证孔位的位置准确和孔的精度,要在冲压工艺中合理安排冲孔工序。

①大孔和小孔接近时,把小孔安排在冲大孔之后的工序。

②孔和孔、孔和边缘的最小距离受工件翘曲、孔边变形及模具强度等限制,应在工序安排上和模具结构(如加较大的压料力等)等方面采取措施。

③当孔所在的部分型面需要进行弯曲、翻边、整形时,会影响孔的精度,因此有精度要求的孔要放在最后一道工序加工。

④如果孔的位置离凸缘边缘或者凸缘曲线部分有足够的长度,即使后面有成形工序,在不影响其位置精度和孔的本身尺寸精度的前提下,可以安排在靠前的工序中加工,如在修边工序中冲孔,在翻边工序中冲孔等。

⑤在必须采用变薄弯曲或变薄翻边时,即使不要求孔的精度,也应在成形工序之后冲出。

⑥有相互关联尺寸的孔要尽量在一道工序中冲出;当相关联的孔太多,受模具强度及冲压方向等原因而不能一次冲出时,要充分注意制件的加工基准,必须考虑保证孔及孔之间公差的措施。

⑦在同时冲多孔时要考虑模具的强度和布置,如图 4.47 所示。

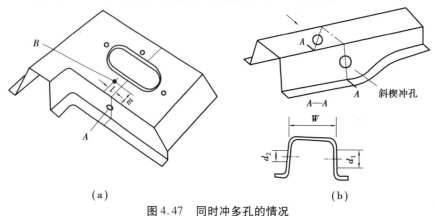

(a)　　　　　　　　　　　　(b)

图 4.47　同时冲多孔的情况

任务 4.6　汽车覆盖件翻边工艺设计

4.6.1　翻边形式

作为一个大型汽车覆盖件,其零件结构复杂,边界多样,在一个零件上可能包含多种翻边形式。

（1）内凹形外缘翻边

如图 4.48(a)所示,它属于伸长类变形,边缘材料受拉延变形而变薄,超过延伸率限度时就产生裂口,因此翻边高度不宜过大。

（2）外凸形外缘翻边

如图 4.48(b)所示,它属于压缩类变形,边缘材料受压缩变形而增厚,失去稳定时形成皱纹,因此翻边高度不宜过大。

（3）内孔翻边

覆盖件上的内孔有两种类型:圆孔及非圆异形孔。

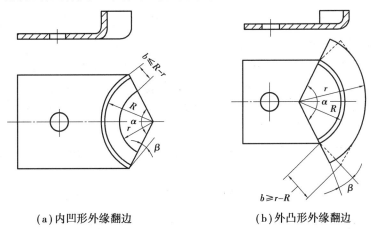

(a)内凹形外缘翻边　　　　　(b)外凸形外缘翻边

图 4.48　外缘翻边

4.6.2　翻边方向

与修边相类似,弯曲和翻边方向要尽可能地垂直于凸模弯曲方向,这样工件受力状态好,受侧压力小,不易窜动。当无法保证垂直时,可采用斜楔机构,如图 4.49 所示。

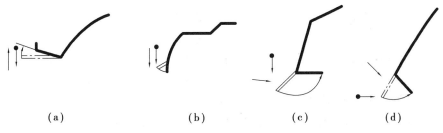

(a)　　　　　　(b)　　　　　　(c)　　　　　　(d)

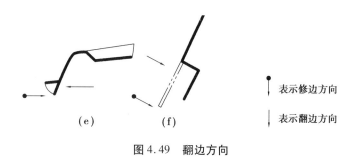

表示修边方向

表示翻边方向

图 4.49　翻边方向

任务 4.7　工艺设计训练

4.7.1　翼子板工艺设计

翼子板是遮盖车轮的车身外板,其结构简图如图 4.50 所示。该零件存在多处翻边和冲孔,且翻边和冲孔不在同一面上,不能一道工序冲压成形。该零件的成形工艺如下:

汽车覆盖件冲压工艺设计实例

①落料。落料工序中,将毛坯料冲裁出与零件相仿的形状(图 4.51),有效地保证材料在拉延工序中均匀地流动,提高了材料的利用率。

②拉延。拉延工序中,除了正确地布置拉延筋和增加工艺补充外,还应将翻边的形状预先在拉延工序中压出(图 4.52),并确保零件的拉伤痕保留在翻边线以外。

③修边和冲孔。修边、冲孔工序中,采用直冲和斜楔冲修去零件所有边并冲所有上表面孔。

④整形、翻边、冲孔。该工序中,将拉延工序中压出的形状翻出,并在另一翻边中同时冲孔。

⑤翻边、冲孔。该工序中,将未翻到位置的边翻出,冲出剩余的孔。

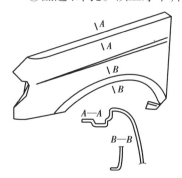

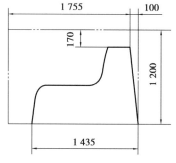

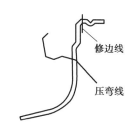

修边线

压弯线

图 4.50　翼子板结构简图　　　图 4.51　零件毛坯　　　图 4.52　预弯曲

4.7.2　前门框工艺设计

前门框零件简图如图 4.53 所示。前门框的成形较复杂,需要 6 道工序来完成,即落料工序→拉延工序→切边、冲孔工序→冲孔、切断工序→斜楔翻边工序→切断工序。

1)落料工序工艺分析

落料工序中所采用的坯料为 1 575 mm×1 700 mm 的 1.0 mm 厚的 08F 钢板。落料工序简图如图 4.54 所示。落料工序完成后,落下的料将分别作为制作前后排地板、支承角板、踏脚板、踏板和踏脚支承板的坯料。考虑后续的拉延工序,设置了工艺辅料和工艺切口(将在拉延工序工艺分析中详述)。落料后整个材料的利用率较高。

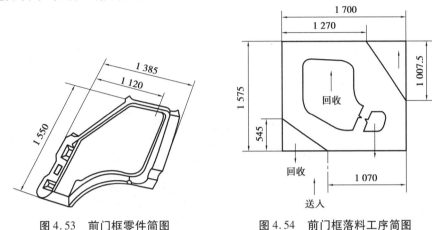

图 4.53　前门框零件简图　　　　图 4.54　前门框落料工序简图

2)拉延工序工艺分析

覆盖件冲压工艺的关键工序是拉延工序,它关系到零件能否顺利制造出来,直接影响产品质量、材料利用率、生产率和制造成本,研究覆盖件的工艺主要是研究拉延工艺。

(1)拉延筋的设置

如图 4.55 所示为前门框拉延工序简图,有关原则从图中可知。

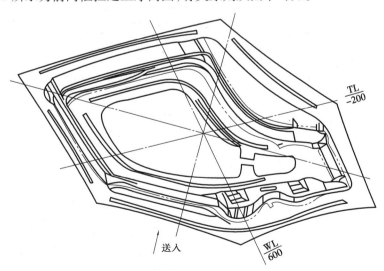

图 4.55　前门框拉延工序简图

(2)工艺辅料分析

为了实现拉延或形成良好的拉延条件,除了要认真确定拉延方向外,还应考虑工艺辅料的设计,以满足拉延、压料面和修边工序等方面的要求,如图 4.56 所示。

图 4.56 落料件的工艺辅料

（3）前门框拉延件的展开

为了便于拉延以后的修边、翻边等工序,首先将翻边展开,然后加上必需的工艺辅料来构成拉延件。

3）切边、冲孔工序及冲孔、切断工序的工艺分析

两工序的加工要领如图 4.57、图 4.58 所示。切边、冲孔工序所冲孔为 $3×\phi5$ mm（图 4.57）、$8×\phi12$ mm 和两个 8 mm×8 mm 方孔,这都是垂直冲出的水平孔。切边将外围分成 9 块,其中两段不切断,内圈切分成 11 块,有 5 段切留。冲孔、切断工序为斜楔冲孔,并把上一工序切留的外围 1 段,内圈 5 段切断,所冲孔的位置及尺寸如图 4.58 所示。

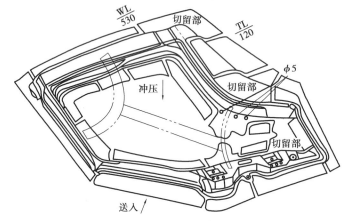

图 4.57 前门框切边、冲孔工序

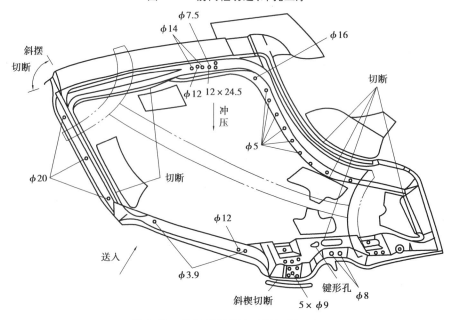

图 4.58 前门框斜楔冲孔及切断工序

4）翻边工序分析

零件的翻边对焊接及装配有重要的意义。前门框上要装前门外板、前门内板等零件,其

装配面是翻边后的翻边凸缘,若装配面起皱,一般就装配不好,有回弹则表面位置不准、装配困难或出现装配后精度不良的情况,不规则的形状翻边后,有良好的翻边面才能解决焊接和装配问题,而且还可以增加刚性和强度,使零件边缘光滑、整齐和美观。翻边线就是主模型轮廓线,只有翻边后才能得到零件精确的外形轮廓。根据需要,前门框外围翻边有三处,两处为垂直翻边,一处为曲线的斜楔翻边;内围翻边有一处为垂直翻边,同时外围有一处小边需折叠,如图4.59所示。

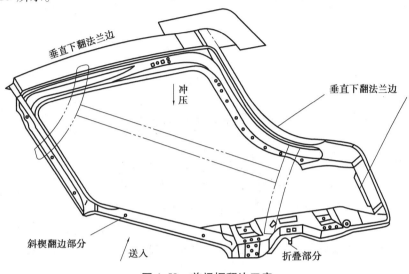

图4.59　前门框翻边工序

5)切断工艺分析

该工序的工作内容如图4.60所示。至此工序,产品基本成形,考虑该类型双排座车驾驶室门框和后立柱上外板两个外覆盖件的使用,沿汽车线 TL190—TL120 切断,一部分作为门框,另一部分作为后立柱上外板,剩下一段为废料。左、右门框同在该工序的一套模具中完成切断,但它们有不同的定位。同类型单排座车驾驶室门框则不需切断,省略此道工序。

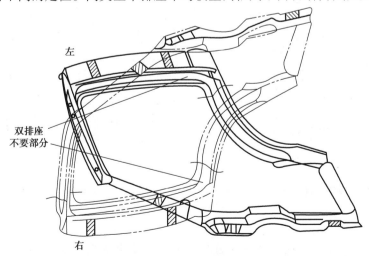

图4.60　前门框切断工序

4.7.3 发动机盖工艺设计

发动机盖结构简图如图 4.61 所示。

①落料。该工序中,将毛坯料冲裁成矩形件。

②拉延工序。在拉延件的周边设置拉延筋,并在两锐角附近将拉延筋断开,以防止这两处在拉延时出现拉裂现象。其工序简图如图 4.62 所示。

③修边、冲孔工序。采用直冲和斜楔冲修去零件所有边并冲上表面通风孔,其工序简图如图 4.63 所示。

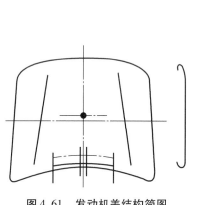

图 4.61　发动机盖结构简图

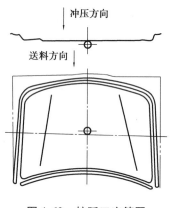

图 4.62　拉延工序简图

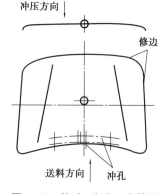

图 4.63　修边、冲孔工序简图

④周围翻边。其工序简图如图 4.64 所示。

⑤前后翻边。其工序简图如图 4.65 所示。

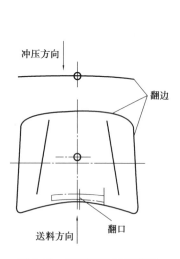

图 4.64　周围翻边工序简图

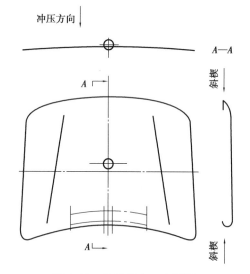

图 4.65　前后翻边工序简图

小结:

1.汽车覆盖件表达方式包括覆盖件图与主模型、计算机几何造型(数据模型)、DL 图。

2.工艺设计表达包括两步,第一步是原始材料准备,即工艺设计前除需准备常规设计的有关工艺手册(如冲模设计手册、机械制造工艺手册、技术标准等)外,还需要查阅资料及实物;第二步是汽车覆盖件图、模型或实物的分析研究。

3. 工艺设计方法主要包括加工工艺和工序设计的基本原则、按照大中小批量制订的工艺方案。

4. 汽车覆盖件冲压工艺设计主要包括拉延工艺设计、修边及冲孔工艺设计、翻边工艺设计。拉延工艺是汽车覆盖件冲压成形的最重要的工艺,成形难度大,主要包括拉延方向设计、压料面和工艺补充部分设计、工艺孔和工艺切口的设计等。

项目 5
汽车覆盖件冲压模具设计

学习目标

1. 能认知汽车覆盖件模具。
2. 会设计汽车覆盖件拉延模具。
3. 会设计汽车覆盖件修边模具。
4. 会设计汽车覆盖件翻边模具。

任务 5.1　认识汽车覆盖件冲压模具

某车型汽车覆盖件发动机罩机盖内板在冲压过程中,涉及 3 道重要工序,分别是第一序拉延,第二序修边冲孔,第三序整形,对应有 3 套模具来实现这 3 道工序,分别是拉延模、修边冲孔模、整形模。

5.1.1　认识拉延模

如图 5.1 所示为某车型发动机罩机盖内板第一序拉延模。如图 5.2 所示为发动机盖内板拉延模上模(凹模)。如图 5.3 所示为发动机机盖内板拉延模下模。其结构特点如下:

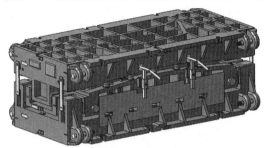

图 5.1　发动机罩机盖内板第一序拉延模

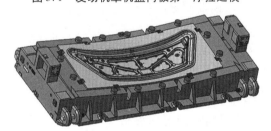

图 5.2　发动机盖内板拉延模上模(凹模)

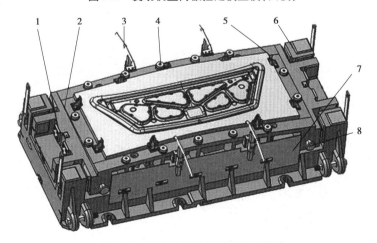

图 5.3　发动机机盖内板拉延模下模

1—导板;2—压边圈;3—托料架;4—平衡块;5—定位器;6—下模座;7—安全防护板;8—铸入式起重棒

（1）采用薄壁轻型的铸造结构

大、中批量生产条件的拉延模均采用铸造结构,其中拉延凸模、凹模、压边圈三大件均为 Mo-Cr 铸铁,可保证其使用总寿命在 100 万次以上,还能保持制件的精度要求。对中等批量生产条件,可采用 HT250、HT300 灰铸铁制造。

采用铸造结构,尽量减小壁厚,是为了排除废料、起吊、加工紧固、安装零件、配套等多种用途设计各种型芯孔,以减小模具质量。

（2）可靠的导向结构

上、下模之间采用导板导向,压边圈和凹模之间有导柱、导套导向,压边圈与凸模之间则采用内导板。这种多重导向可以保证模具间隙的均匀性及拉延凸模、凹模型面的贴合性,从而保证拉延的可靠及制件的质量。

（3）拉延筋结构

覆盖件拉延模需要设置拉延筋,且方向应与材料流动方向垂直。位置设置在上压料面上,拉延筋的槽设置在下压料面上,这样便于材料安放和定位。设置拉延筋能增加压料面上各部位的进料阻力,调整毛坯金属的流向。

（4）排气装置

随着拉延过程的进行,凹模内及制件与凸模间的空气不排出就会影响制件的质量。压边圈将毛坯压紧在凹模压料面上,如果凹模内的空气不能排出压缩的空气就会把工件顶瘪,因此凹模内需要设置通气孔。拉延后凸模首先向上运动,但压边圈仍停留在原有位置,若空气不能及时流入工件和凸模之间,工件将紧贴凸模,并随凸模向上运动,使拉延件沿轮廓向上鼓起而使工件形状破坏,因此在凸模上需要设置排气管。

（5）送出料装置

大型覆盖件料薄尺寸大,送料很不方便,工件表面极易碰伤,工人劳动强度大,影响工作效率的提高。因此覆盖件拉延模通常设置送出料装置。

5.1.2 认识修边冲孔模

如图 5.4 所示为某车型发动机罩机盖内板第二序修边冲孔模。如图 5.5 所示为发动机盖内板修边冲孔模上模,图 5.6 所示为发动机盖内板修边冲孔模上模（拆去压料板）,图 5.7 所示为发动机盖内板修边冲孔模下模,图 5.8 所示为发动机盖内板修边冲孔模实物照片。

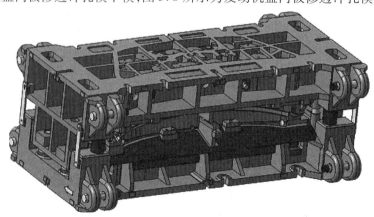

图 5.4　发动机盖内板修边冲孔模装配图

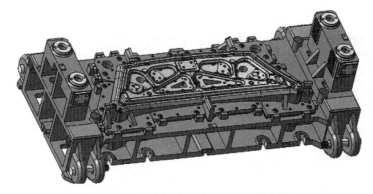

图 5.5　发动机盖内板修边冲孔模上模

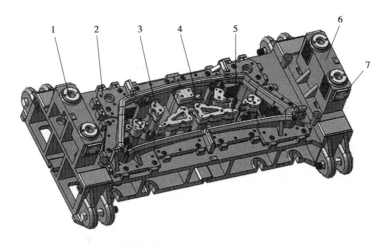

图 5.6　发动机盖内板修边冲孔模上模(拆去压料板)

1—导套及导套盖板;2—修边凹模;3—冲孔凸模;4—工作侧销;5—限位螺栓;6—上模座;7—导板

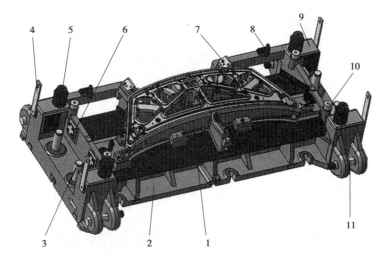

图 5.7　发动机盖内板修边冲孔模下模

1—修边凸模;2—下模座;3—导柱;4—连模板;5—缓冲胶;6—导板;
7—废料刀;8—定位器;9—下模安全区;10—限位器;11—起重棒

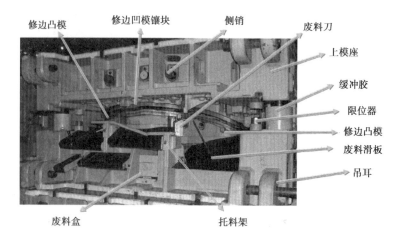

图 5.8　发动机盖内板修边冲孔模实物

修边冲孔模是为实现外部修边工序、内部冲孔工序而设计的一套模具。一般情况下,修边和冲孔会合并在一道工序完成。

修边工序是指为保证拉延成形而在冲压零件的周围增加的工艺补偿工序。该工序是保证汽车覆盖件零件尺寸的一道重要工序,修边线的确定是该工序的关键。

5.1.3　认识整形模

如图 5.9 所示为某车型发动机盖内板第三序整形模。如图 5.10 所示为发动机盖内板冲孔整形模上模,图 5.11 所示为发动机盖内板整形模下模,图 5.12 所示为发动机盖内板整形模上模(拆去压料板),图 5.13 所示为发动机盖内板整形模上模压料板。

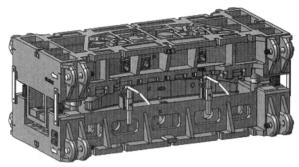

图 5.9　发动机盖内板整形模装配图

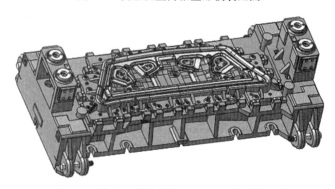

图 5.10　发动机盖内板第三序冲孔整形模上模

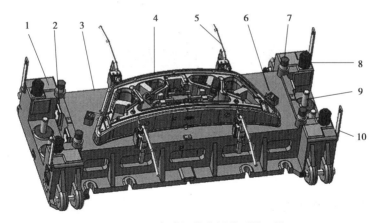

图 5.11　发动机盖内板整形模下模

1—下模安全区;2—导板;3—下模座;4—整形凸模;5—托料架;6—定位器;
7—限位器及存放块;8—缓冲胶;9—导柱;10—连模板

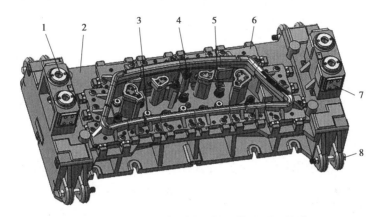

图 5.12　发动机盖内板整形模上模(拆去压料板)

1—导套及导套盖板;2—上模座;3—到底垫块;4—冲孔凸模;5—弹簧;6—整形凹模;7—导板;8—起重棒

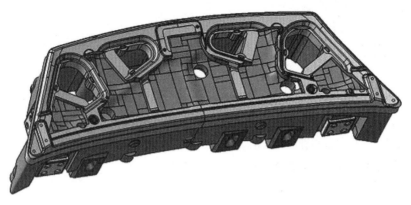

图 5.13　发动机盖内板整形模上模压料板

整形模是将半成品调整尺寸轮廓以提高尺寸精度和表面光洁度的冲模。

任务 5.2 拉延模设计

汽车冲模设计依据:生产批量或者生产纲领是选择模具结构(简单或复杂)的依据,而划分汽车覆盖件的生产批量并无统一的、明确的界限,一般可分为小批量、中批量和大批量三类。其中,年产量 5 000 件以下为小批量,年产量 10 000 件以上为大批量,年产量 5 000 ~ 10 000 件为中批量。

5.2.1 拉延模的设计要点

拉延模的设计要点

汽车覆盖件冲压模具不但体积大、质量大、制造成本高,而且结构复杂,且有许多其本身的特点:

①结构尺寸大。除汽车覆盖件本身比较大以外,覆盖件冲模的制件定位,模具的安装结构,上下模的导向,模具的起吊、翻转和运输装置等要求都要增大冲模的结构尺寸。

②基础件为框架结构。为减轻模具的质量和提高制造工艺性,一般都将其设计成由两块板状构件构成水平的两层,中间用立筋连接成的框架结构。

③标准化程度低。一般冲模设计的标准化程度和标准件选用量要比覆盖件冲模的大得多。

④模具材料质量要求相对低。对寿命为 40 万次以下的覆盖件拉延模的工作零件(凸模、凹模、压边圈)材料,一般使用强度高一点的铸铁就可以,而一般冲模的工作零件多为工具钢。

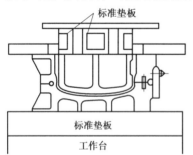

图 5.14 小批量生产模具的示意图

(1)小批量生产模具的设计要点

如图 5.14 所示为小批量生产模具的示意图。其设计要点如下:

①尽量减小模具闭合高度,在设备上使用时,高度不足可采用标准垫板。

②对上、下模的导向,侧压力小时设置导柱、导套;导向部件若采用导块结构,可设置单个可换防磨板。

③制件的取出不采用自动装置。

④坯料采用简单的定位销或挡块定位。

(2)中批量生产模具的设计要点

如图 5.15 所示为中批量生产模具的示意图。其设计要点如下:

①上、下模的导向采用导板结构,使用单个防磨板。

②坯料用手工放入。

③制件用手工取出。

④制件采用气缸顶起。

⑤坯件的定位:后面用可升降的定位板,侧面用定位销或定位板,必要时可安装前定位板。

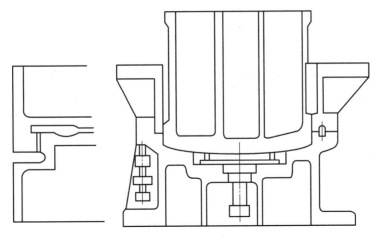

图 5.15 中批量生产模具的示意图

（3）大批量生产模具的设计要点

如图 5.16 所示为大批量生产模具的示意图。其设计要点如下：

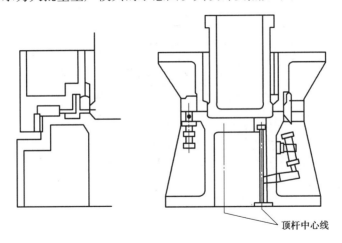

顶杆中心线

图 5.16 大批量生产模具的示意图

①上、下模的导向和凸模、压边圈的导向采用双面防磨板。

②坯件的放入使用薄板送料器。

③坯件的定位采用后定位板、导板、板式导正器和前定位板。

④制件的取出使用机械手。

⑤制件的顶起使用气缸，采用连杆或顶起（杠杆式）结构。

⑥模具材料选用火焰淬火的合金铸铁。

⑦各滑动部分要加润滑油，采用动力加油或分油器集中加油。

5.2.2　拉延模的典型结构

1）单动拉延模

一些中小型覆盖件拉延时，所需要的压边力相对较小，常采用单动拉延模。

（1）单动拉延模的工作原理

汽车覆盖件单动拉延模的工作原理与一般冲压件拉延模的工作原理大体上是相同的。

其工作过程如下：

①将毛坯放在模具压料面上，并准确定位。

②压力机上滑块下行带动上模下行。

③上模和下模的压边部分首先与毛坯接触，将毛坯压住，使压边部分毛坯受到的变形阻力增大。

④上模继续下行，开始拉延成形过程。

⑤在拉延成形的后期成形内部的局部形状。

⑥压力机上滑块到达下死点时，拉延成形过程结束。

⑦压力机上滑块回程，带动上模上行。

⑧顶出装置将拉延件顶出，取出拉延件。

单动拉延模的
典型结构

（2）单动拉延模的典型结构

汽车覆盖件拉延成形所采用的单动拉延模与一般冲压件所用的拉延模相比，主要是上、下模的导向方式有较大区别。常见的典型结构有导板导向拉延模（图5.17），导块导向拉延模（图5.18），箱式背靠块压边圈导向拉延模（图5.19），箱式背靠块上、下模导向拉延模（图5.20）等。

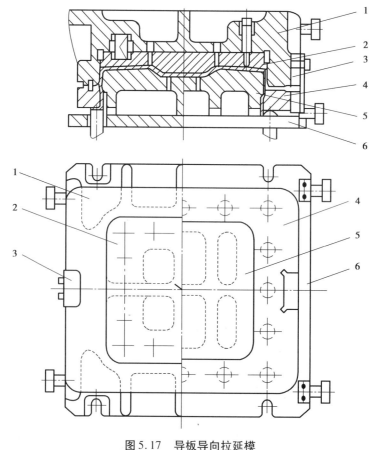

图5.17　导板导向拉延模

1—凹模；2—卸料板；3—导板；4—压边圈；5—凸模；6—下模板

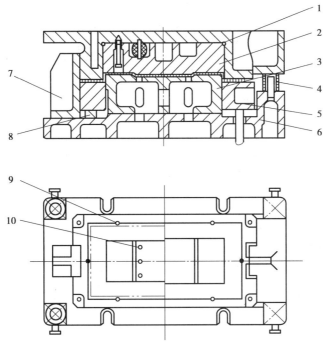

图 5.18　导块导向拉延模

1—凹模;2—卸料板;3—凸模;4—模具存放用管子;5—压边圈;
6—下模板;7—导块;8—限位块;9—定位销;10—气孔

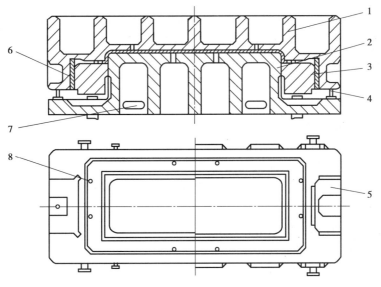

图 5.19　箱式背靠块压边圈导向拉延模(单动)

1—凹模;2—凸模;3—压边圈;4—限程销;5—箱式背靠块;
6—防磨板;7—叉车起落架叉孔;8—定位销

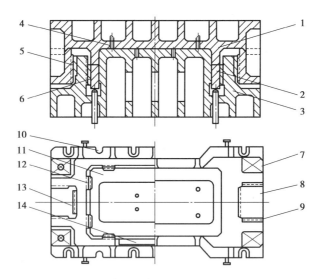

图 5.20 箱式背靠块上、下模导向拉延模

1—凹模;2、11—压边圈;3—凸模;4—气孔;5、9、13—防磨板(背靠块部);

6、12—防磨板(压边圈部);7—安全垫安装座;8—背靠块;10—模具安装用定位键槽;14—安全保护板

2)双动拉延模

(1)双动压力机拉延成形的优点

在拉延成形形状复杂的大型汽车覆盖件时,一般采用双动压力机,其原因主要如下:

①压边力大。单动压力机的压边力较小,一般有气垫的单动压力机,压边力等于压力机压力的 20% ~25%;而双动压力机的外滑块的压边力为内滑块压力的 65% ~70%,这对于需要很大的压边力的覆盖件拉延成形来说是非常重要的。

②压边力稳定。单动拉延模的压边圈不是刚性的,对于三维曲面的压料面来说,在开始预弯成压料面形状时,压料面形状的不对称会导致压边圈偏斜,严重时失掉压边作用;而双动压力机则是由外滑块提供压边力,拉延模的压边圈是刚性的,可以产生较稳定的压边力,可以避免单动拉延模压边不稳定的缺陷。

③压边力的分布可调节。单动压力机的压边力只能整体调节,而双动压力机的外滑块的压边力可通过调节螺母(或压边圈上的液压缸压力)来调节外滑块 4 个角的高低,使外滑块呈略微倾斜状态,以达到调节拉延模压料面上各部位压边力的目的,从而控制压料面上材料的流动。

④行程大。双动压力机比单动压力机的行程大,可拉延深度更大的深拉延件。

(2)双动拉延模的工作原理

如图 5.21 所示为双动拉延模示意图。

①将毛坯放在凹模压料面上,并准确定位。

②压力机外滑块首先向下运动至下死点,通过压边圈将毛坯压紧在凹模的压料面并在整个拉延成形过程中保持压边。

③在压力机外滑块压住毛坯的同时,内滑块已带动凸模向下运动。

④内滑块带动凸模继续向下运动,并在压边圈压住毛坯一个时间间隔后与毛坯接触开始拉延成形过程。

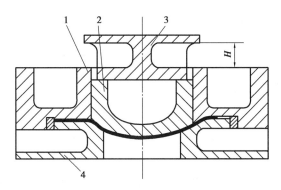

图 5.21 双动拉延模示意图

1—压边圈;2—凸模;3—凸模固定座;4—凹模

⑤内滑块到达下死点,将毛坯拉延成凸模的形状,拉延成形过程结束。

⑥压力机内滑块先带动凸模上行,而外滑块不动,使压边圈停留瞬间,将拉延件由凸模上退下。

⑦外滑块开始回程,完成压边作用。

⑧由凹模内的下顶出装置将拉延件顶出。

（3）双动拉延模的典型结构

双动拉延模的典型结构

根据导向方式的不同,双动拉延模主要有凸模与压边圈导向的双动拉延模（图 5.22）、凹模与压边圈导向的双动拉延模（图 5.23）、凸模与压边圈和凹模都导向的双动拉延模等。

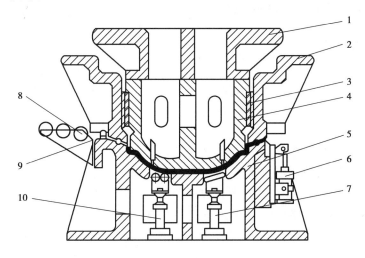

图 5.22 凸模与压边圈导向的双动拉延模

1—凸模固定板;2—压边圈;3—防磨板;4—凸模;5—凹模;6—隐式定位器;

7—毛坯导向装置;8—送料用辊式滑槽;9—前定位装置;10—提升器

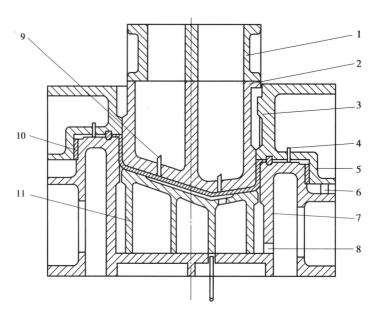

图 5.23　凹模与压边圈导向的双动拉延模

1—凸模固定板;2—凸模;3—压边圈;4—侧定位装置;5—背靠块;6—限程块;
7—凹模;8—排油孔;9—气孔;10—防磨板(背靠块部);11—顶件板

5.2.3　拉延模工作零件的结构

拉延模工作零件的结构

1)凸、凹模的结构

（1）凸模结构

汽车覆盖件单动拉延模的凸模结构与一般拉延模的凸模结构差不多,也是固定在模板上,模板再与上滑块或工作台连接。

（2）凹模结构

由于覆盖件上的装饰棱线、装饰筋条、装饰凹坑、加强筋、装配凸包、凹坑等,一般都是在拉延模上一次成形,覆盖件的反成形形状也是在拉延模上成形,因此凹模结构除凹模压料面和凹模圆角外,在凹模里还装有局部形状成形用的凸模或凹模,它们也属于凹模结构的一部分。如图5.24所示为无活动顶出器的闭口式凹模的一般结构。

①闭口式凹模结构。如图5.25所示,这种凹模内腔底部不开通,常用于拉延形状不太复杂的覆盖件。

②通口式凹模结构。如图5.26所示,这种凹模内腔是贯通的,其优越性表现在便于制造。

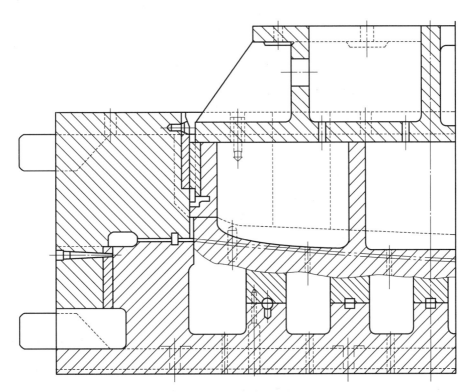

图 5.24　无活动顶出器的闭口式凹模的一般结构

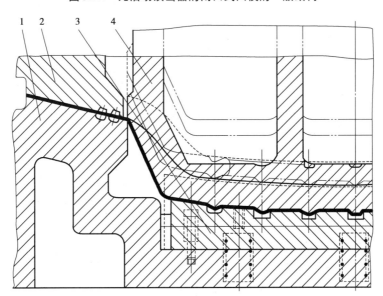

图 5.25　带活动顶出器的闭口式凹模结构

1—凹模;2—压边圈;3—顶出器;4—凸模

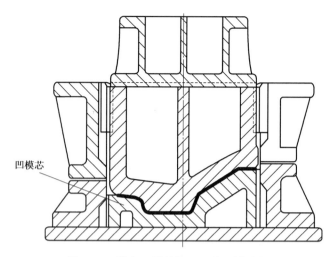

图 5.26　带有凹模芯的通口式凹模结构

2)凸、凹模及压边圈的结构尺寸

拉延模的凸模、凹模、压边圈和固定座都采用铸件,要求既要减轻质量又要有足够的强度和刚度。因此,铸件上非重要部分应为空心形状,在影响强度和刚度的部位应设加强筋。如图 5.27 所示为双动拉延模的结构尺寸图。为减少凸模轮廓面的加工量,轮廓面上部应有15 mm 毛坯面。压边圈内轮廓上部为减少加工量,应留有向外 15 mm 的毛坯面。凹模和压边圈上的压料面一般应保证 75 ~ 100 mm。压料面宽度 K 值按拉延前毛坯的宽度再加大 40 ~ 80 mm 确定,其值一般为 130 ~ 240 mm。

凸、凹模及压边圈结构尺寸设计详见表 5.1。

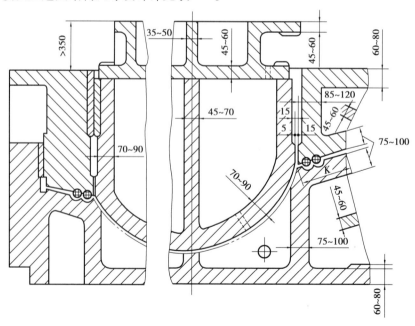

图 5.27　双动拉延模结构尺寸参数

表 5.1 拉延模壁厚尺寸

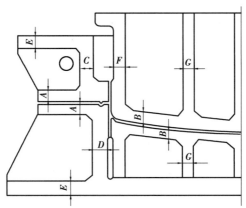

模具大小	A	B	C	D	E	F	G
中小型	40 ~ 50	35 ~ 45	35 ~ 45	30 ~ 40	35 ~ 45	30 ~ 35	30
大型	70 ~ 120	60 ~ 80	50 ~ 65	45 ~ 65	50 ~ 65	40 ~ 50	30 ~ 40

双动压力机上安装冲模所用垫板示意图如图 5.28 所示。

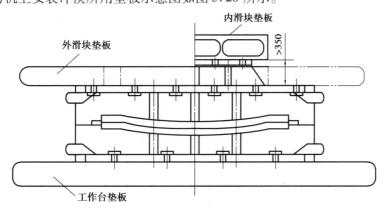

图 5.28 双动压力机上安装冲模所用垫板示意图

5.2.4 拉延模的导向零件

大中型模具导向形式见表 5.2。

表 5.2 大中型模具导向形式

模具类型	大小	小批量生产	中、大批量生产
拉延模	中型	导板或导块	
	大型	无导柱的背靠块	
弯曲模	中型	导板、导块、导柱	
翻边模、校形模	大型	无导柱的背靠块	带导柱的背靠块
修边模、剪切模	中型	导柱	
穿孔模	大型	带导柱的背靠块	

1)单动拉延模的导向

单动拉延模
的导向

单动拉延模中经常采用的导向方式主要有导柱、导套导向,导板导向,导块导向,背靠块导向4种。

(1)导柱、导套导向

导柱、导套导向不能承受较大的侧向力,常用于中小型模具的导向。

(2)导板导向

导板导向常用于中型件的拉延、弯曲、翻边等成形模具的上、下模导向。导板材料通常为T8A,淬火硬度为52~56HRC。中型单动拉延模导向所用的导板形式如图5.29所示。

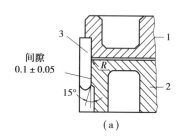
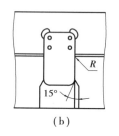
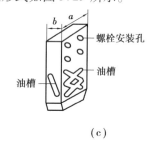

图 5.29　导板形式及导板结构
1—凹模;2—压边圈;3—导板

(3)导块导向

导块导向与导板导向的使用方式相同。当导块设置在模具对称中心线上时,导块应为三面导向,如图5.30(a)所示。如设置在模具的转角部位时,导块应为两面导向,如图5.30(b)所示。导块结构形式如图5.30(c)所示。

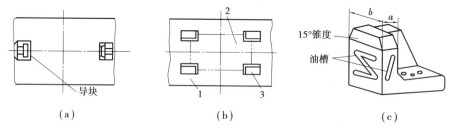

图 5.30　导块设置方式及导块结构
1—下模座;2—压边圈;3—导块

(4)背靠块导向

背靠块导向主要用于大型模具的导向。对大型单动拉延模,凸、凹模的合模精度要求不太高,只用背靠块进行导向。而对大型复合模之类的模具,凸、凹模的合模精度要求比较高,模具的导向可采取背靠块与导柱并用的导向形式。

①背靠块的数量与平面布置。一般情况下,根据模具的平面尺寸决定所采用的背靠块数量,如果采用导柱,还要确定其数量及布置。背靠块的平面布置如图5.31所示。

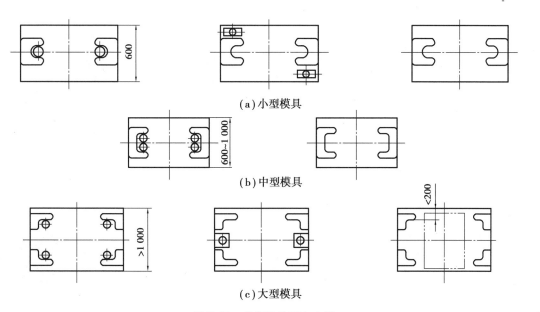

(a)小型模具

(b)中型模具

(c)大型模具

图 5.31　背靠块的平向布置

a.模具宽度尺寸(前后方向)小于 600 mm 时,采用两个箱式背靠块。

b.模具宽度尺寸为 600~1 000 mm 时,采用两个箱式背靠块。

c.模具宽度尺寸大于 1 000 mm 时,采用 4 个箱式背靠块。

②背靠块的结构。背靠块有箱式背靠块(图 5.32)和角式背靠块(图 5.33)两种形式。防磨板结构如图 5.34 所示。

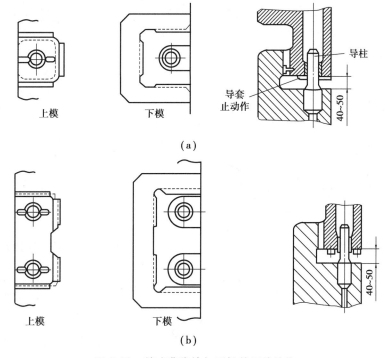

图 5.32　箱式背靠块与导柱并用的结构

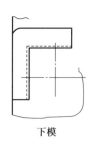
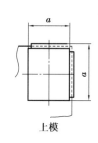
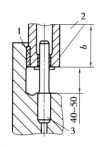

下模　　　　　　　　　　上模

图 5.33　角式背靠块与导柱并用的结构
1—防磨板;2—角式背靠块;3—导柱

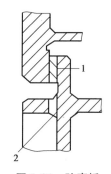

图 5.34　防磨板
1—防磨板;2—窥视孔

2)双动拉延模的导向

双动拉延模的导向主要有凸模与压边圈导向、凹模与压边圈导向、压边圈与凸模和凹模都导向等方式。防磨板形式与安装方式如图 5.35 所示。

双动拉延模的导向

(1)凸模与压边圈导向

凸模与压边圈导向的双动拉延模中,凹模与压边圈之间没有导向,因此这种模具仅适用于断面形状比较平坦的浅拉延件。

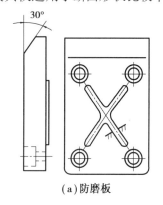
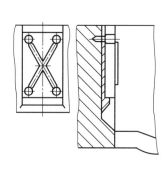
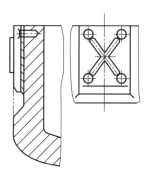

(a)防磨板　　　　　(b)防磨板装在压边圈上　　　　(c)防磨板装在凸模上

图 5.35　防磨板形式与安装方式

①防磨板的宽度。导向面应选在被导向滑动零件轮廓的直线或最平滑的部位,一般取 4~8 处,且前后左右对称分布。

②防磨板的长度。防磨板的长度只能长,不能短。大中型拉延模上的防磨板长度,最小不能小于 150 mm。上模下降接触毛坯之前,要预先有一定的长度。开始接触毛坯时最小预先导向量与凸模长度的关系可按表5.3选取。

③防磨板材料。防磨板材料一般用优质工具钢如 T8A,其硬度为 52~56HRC。

表 5.3　最小预先导向量

凸模长度/mm	最小导向量/mm	凸模长度/mm	最小导向量/mm
<200	30	1 200~1 800	70
200~400	40	1 800~2 500	80
400~800	50	2 500~3 200	90
800~1 200	60	>3 200	100

（2）凹模与压边圈导向

凹模与压边圈导向的双动拉延模多用于拉延断面形状复杂、模具型面极易产生侧向力的情况。

（3）压边圈与凸模、凹模都导向

凸模与压边圈、压边圈与凹模之间都设有导向的双动拉延模，导向精度高，目前国内普遍采用这种双动拉延模。

5.2.5 拉延模的压边零件

拉延模的压边零件

1）单动拉延模的压边

单动拉延模所采用的压边方式主要有弹簧或橡皮压边形式和气垫或液压垫压边形式两种，如图5.36所示。

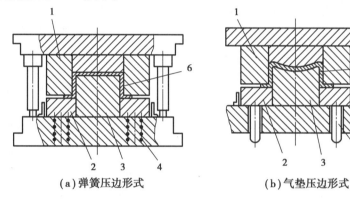

（a）弹簧压边形式　　　　（b）气垫压边形式

图5.36　单动拉延模压边形式
1—凹模；2—压边圈；3—凸模；4—弹簧；5—托杆；6—拉延制件

（1）弹簧或橡皮压边

弹簧和橡皮的弹性曲线都是直线，其弹力随压下行程的增大而增大，在用弹簧或橡皮进行压边时，压边力是随拉延行程而变化的。随着凸（凹）模行程向下，压边力逐渐增大。但从冲压过程对压边力的要求来看，冲压开始时，法兰上的毛坯面积大，需要较大的压边力防止起皱；随着冲压过程的进行，法兰上的毛坯面积逐渐减小，所需的防止起皱的压边力也减小。利用弹簧或橡皮作压边产生的压边力的变化规律与冲压工艺要求正好相反，压边防皱的效果不好。弹簧或橡皮压边一般只用于形状简单的浅拉延件。

（2）气垫或液压垫压边

气垫、液压垫的动力来源是气缸或液压缸的压力，通过托杆作用于压边圈上。当所使用的压缩空气的气压或液压的压力比较稳定时，压边力的大小基本上可以保持不变，并可以在拉延加工生产前根据冲压工艺对压边力的要求调节压缩空气或液压缸压力的大小。图5.36（b）所示是这种压边方式的单动拉延冲模示意图。

2）双动拉延模的压边

双动拉延模的压边是刚性的，它的动力来源是压力机外滑块，其压边力稳定可靠。在进行形状复杂的汽车覆盖件拉延模调试时，可以针对试冲出现的问题，通过调节外滑块的调节螺母（有的压力机是通过调节外滑块的压力缸压力）方便地调节压料面上不同部位的压边力的大小，以适合拉延成形中毛坯变形和流动的需要。

5.2.6 拉延模的出件及退件装置

1)出件装置

(1)顶件器

顶件器结构如图5.37所示。一套拉延模上的顶件器一般为3~5个,相互间距离应尽量大。顶起拉延件时要平稳且不产生移位。顶件器顶面和工件形状一致,最好设在平整型面处,拉延时顶件器处的材料不产生流动,或流动甚小。如图5.37所示,筒7可从下方螺纹旋入。

拉延模的出件、退件、限位及起吊装夹装置

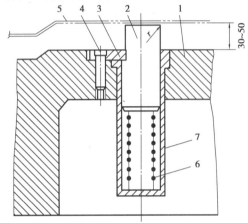

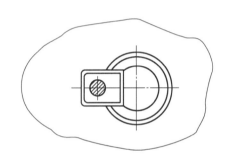

图5.37 顶件器结构示意图

1—凹模;2—顶件器;3—压料板;4—螺钉;5—拉延件;6—压簧;7—筒

(2)爪式出件器

爪式出件器(图5.38)用在对称拉延件的拉延模上,装在左右件对合的工艺补充位置。

2)退件装置

活动退件器装在凹模型腔内,如图5.39所示,它一般靠机床顶出缸顶起达到退件作用。退件器上型面如果成形棱线,一定要到底,此时要设置观察口,以观察是否到底。

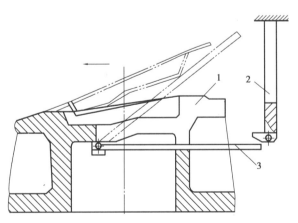

图5.38 爪式出件器结构示意图

1—凹模;2—爪杆;3—出件杆

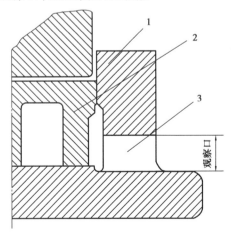

图5.39 退件器及观察口

1—凹模;2—退件器;3—观察口

5.2.7　拉延模的限位装置及起吊装夹装置

1)限位装置

(1)合模限位块

合模限位块又称调整块,所有拉延模必须装 4 块调整块,装在压料圈 4 个角上,通过试验使压料圈周围保持均匀合模间隙,从而保证均匀的压料力(图 5.40)。

(2)存放限位块

存放限位块是拉延模在不工作时,为了使弹性元件不失去弹力而必须设置的零件(图5.40),其厚度要保证弹簧不受压缩而处于自由状态。

(3)压料圈限位螺钉

倒装拉延模的压料圈套在凸模上,在拉延开始时,压料圈通过顶杆顶起,使压料面超过凸模最高点。考虑顶杆顶起时有跳动的可能,压料圈应设置限位螺钉(图5.41)。

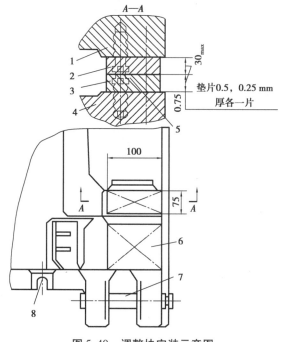

图 5.40　调整块安装示意图

1—上模;2、3—上、下调整块;4—下模;5—垫片;
6—存放限位块;7—吊挂;8—装模夹紧缺口

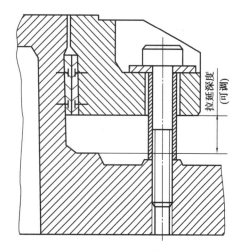

图 5.41　压料圈限位螺钉

2)起吊装置

起吊装置如图 5.42 所示,在模具加工、组装、安装、卸模和搬运等情况下使用,它是模具使用安全的重要部分,设计时必须特别慎重。

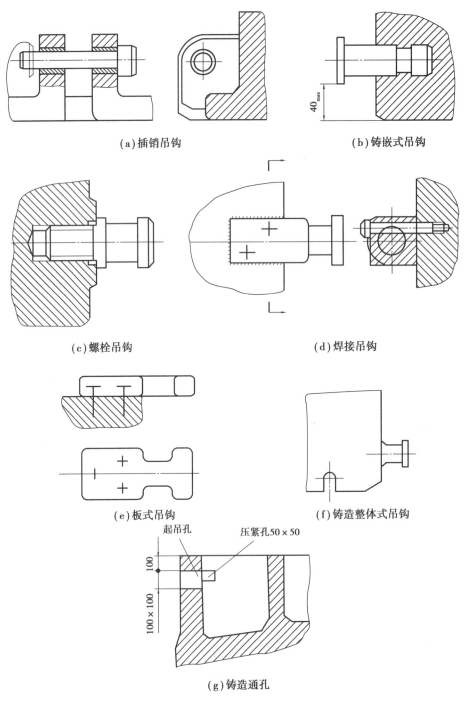

(a)插销吊钩　　　　　　　　(b)铸嵌式吊钩

(c)螺栓吊钩　　　　　　　　(d)焊接吊钩

(e)板式吊钩　　　　　　　　(f)铸造整体式吊钩

(g)铸造通孔

图 5.42　起吊装置

5.2.8　拉延模的排气孔

拉延模的排气孔如图 5.43 所示。拉延时,压料圈首先行程往下到下死点,将拉延毛坯压紧在凹模压料面上,然后停在下死点保持不动。这时运动着的凸模行程往下,开始拉延直到下死点将拉延毛坯拉延成凸模形状,这时凹模里的空气一定要排出去,否则凹模里的空气受到压缩。拉延以后,凸模首先行程向上,而在压料圈还处于停止不动的时间内,凹模里受到压缩的空气就有可能将拉延件顶瘪。因此,必须在凹模非工作表面或以后要修掉的废料部位钻直径为 20～30 mm 的排气孔 2～6 个,相应地在凹模底面铣出空气槽,使空气从左、右面排出,如有可能也可在凹模两侧铸出排气孔。

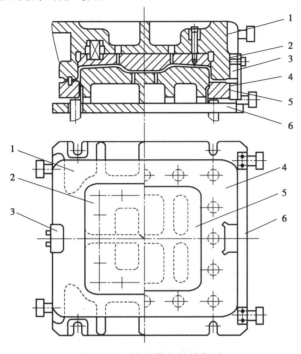

图 5.43　拉延模上的排气孔

1—凹模;2—卸料板;3—导板;4—压边圈;5—凸模;6—下模板

拉延以后,在凹模首先行程向上,而压料圈停止的一段时间内,从凸模上退下拉延件的时候,空气一定要流入拉延件内表面和凸模外表面之间的空间,否则拉延件内表面贴紧凸模外表面,随着凸模行程往上而压料圈停止一段时间压紧拉延件压料面的时候,拉延件就有可能沿其轮廓向上鼓起,必须在凸模上钻排气孔。

为了不在拉延件表面上留下明显的排气孔痕迹,应尽量在以后要修掉废料部位的凸模上钻直径为 20～30 mm 的气孔 2～6 个,或铸直径为 60～120 mm 的排气孔 2～4 个。如果在凸模工作表面上钻排气孔,其直径应小于 6 mm,按圆周直径 50～60 mm 均布 4～7 个成一组。同时,相应地在固定座上钻直径为 20～30 mm 的排气孔,或者在凸模侧壁毛坯面上铸直径为 100～200 mm 的排气孔 2～6 个。这样的孔有减轻凸模质量的作用。

板厚 0.7～1.0 mm 的通气孔直径见表 5.4。

表 5.4　板厚 0.7～1.0 mm 的通气孔直径

部位特征	通气孔直径 ϕ/mm
曲率大,外观要求严的部位	3～4
曲率小,外观要求严的部位	4～6
近似平面部位	6～8
不接触材料的部位	8～12

任务 5.3　修边模设计

5.3.1　修边模的分类

（1）垂直修边模

修边镶块的运动方向与压力机滑块运动方向一致的修边模称为垂直修边模。在设计汽车覆盖件拉延工艺时，要尽量为垂直修边创造条件。垂直修边模结构简单，制造容易，是优先考虑的结构形式（图5.44）。

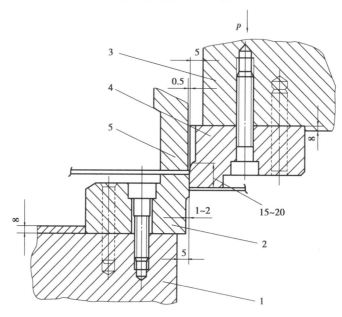

图5.44　垂直修边模示意图
1—下模；2—凸模镶块；3—上模；4—凹模拼块；5—卸件器

（2）斜楔修边模

修边镶块作水平或倾斜方向运动的修边模称为斜楔修边模。修边镶块的水平运动或倾斜运动是靠斜楔的驱动而实现的，斜楔安装在上模上，由压力机带动，斜楔是将压力机压力方向改变的机构。这种修边模的工作部分占据较大面积，模具外廓尺寸大，结构复杂，制造比较困难（图5.45）。

（3）垂直斜楔修边模

修边镶块的一部分作垂直方向运动，另一部分作水平或倾斜方向运动，这类修边模称为垂直斜楔修边模（图5.46）。它有以下两种情况：

①垂直方向运动和水平或倾斜方向运动的修边镶块为简单的合并。

②垂直方向运动和水平或倾斜方向运动的修边镶块为相关的交接。

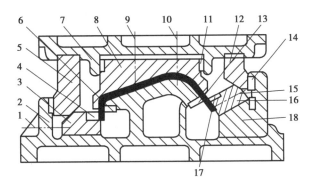

图 5.45　斜楔修边模示意图

1、15—复位弹簧;2—下模;3、16—滑块;4、17—修边凹模镶块;5、12—斜楔;

6、13—凸模镶块;7—上模座;8—卸料器;9—弹簧;10—螺钉;11、14—防磨板;18—背靠块

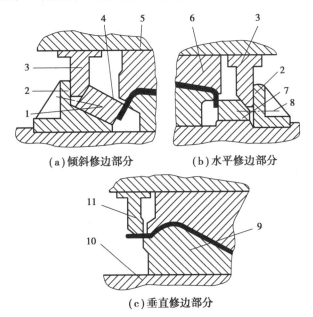

（a）倾斜修边部分　　（b）水平修边部分

（c）垂直修边部分

图 5.46　垂直斜楔修边模简图

1、8—复位弹簧;2—背靠块;3—斜楔;4、7—倾斜及水平修边凹模镶块;5—上模座;

6—压件器;9—垂直修边凸模;10—下模座式;11—垂直修边凹模

5.3.2　修边镶块

修边镶块

1）结构形式

（1）整体式

整体式即修边刃口和模体不分开,主模体上直接堆焊出修边刃口,如图 5.47 所示。

（2）板块式

板块式修边镶块用板状模块拼接,主要用于修边线曲率和高低起伏变化不大的情况。如图 5.48(a)所示为采用普通碳素结构钢 Q235 作模块,刃口堆焊。如图 5.48(b)所示为采用合金工具钢或高碳工具钢作模块。板块式是最常用的形式,但不宜用在刃口上、下方向急剧变化的情况。

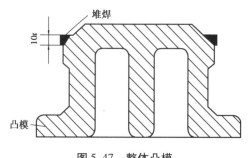

图 5.47　整体凸模

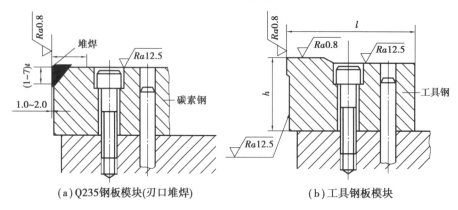

（a）Q235钢板模块（刃口堆焊）　　　　（b）工具钢板模块

图 5.48　板块式镶块

（3）角式

对高度变化大、平面平滑的修边线，上、下模均可采用角式修边镶块，如图 5.49 所示。

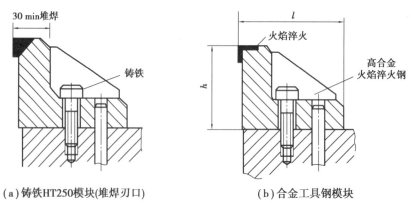

（a）铸铁HT250模块（堆焊刃口）　　　　（b）合金工具钢模块

图 5.49　角式修边镶块

（4）组合式

组合式焊接结构用于高度变化大、平面平滑的修边线，上、下模均可采用，如图 5.50 所示。镶块用普通结构钢焊接而成，刃口堆焊。

（5）刀片式

刀片式修边镶块主要用在高度变化大的下模，如图 5.51 所示。

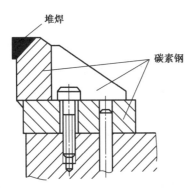
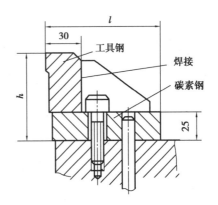

图 5.50　组合式修边镶边

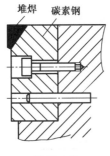
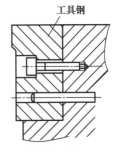

（a）堆焊刀片　　　　　　　　　　（b）固定在模体上的工具钢刀片

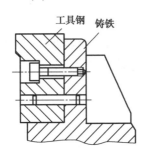
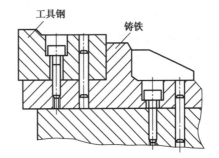

（c）固定在角式座上的工具钢刀片　　（d）固定在角式座上的工具钢刀片

图 5.51　刀片式修边镶块

修边刃口的形状及结构尺寸如图 5.52 所示。

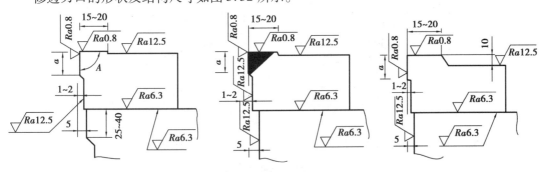

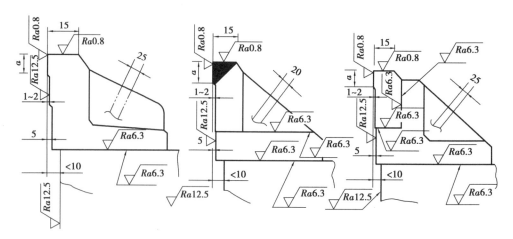

图 5.52　修边刃口的形状及结构尺寸

修边刃口高度 a 与料厚的关系见表 5.5。

表 5.5　刃口高度 a 与料厚的关系　（单位：mm）

修边件料厚	≤1.2	3.2	4.5	6.0
刃口高度 a	8.0	10.0	11.0	12.0
镶块长度	200～250，最大不超过 300			

2）斜楔面垂直修边

垂直修边时，修边面大多是一个水平面。但有时修边面呈倾斜状态，修边面和刃口面之间存在一个角度，该角度有时为锐角，有时为钝角。修边时要想获得较好的断面质量，该角度必须限制在一定范围内，模具结构必须相应增加压件机构。

（1）锐角修边

如图 5.53 所示为修边面和凸模刃口垂直面为锐角的情况。倾斜角为 15°以下可直接垂直修边，不需要采取特殊措施，如图 5.53（a）所示；倾斜角大于 15°时，要考虑在凸、凹模刃口处设 2 mm 宽的平台，如图 5.53（b）所示。倾斜角最大不得超过 30°，以免影响刃口强度。

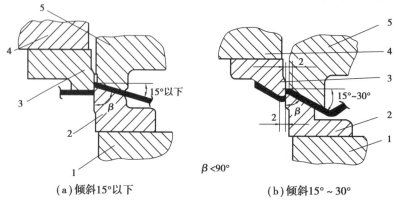

（a）倾斜15°以下　　　　　　　（b）倾斜15°～30°

图 5.53　锐角修边法

1—下模；2—凸模；3—凹模；4—上模；5—退件器

（2）钝角修边

如图 5.54 所示为修边面与凸模刃口面为钝角的情况。图 5.54（a）所示为修边面倾斜 30°以下，修边刃口不需要特殊处理，冲裁间隙要取小一些，一般取正常间隙的 50% 为宜。图 5.54（b）所示为修边面倾斜 30°～60°，此时刃口很钝不易冲裁，凸模刃口需要制出空刀形成局部平刃口。空刀量取 3 倍料厚，但不得超过 5 mm，冲裁间隙要尽量小，甚至要配成零间隙。

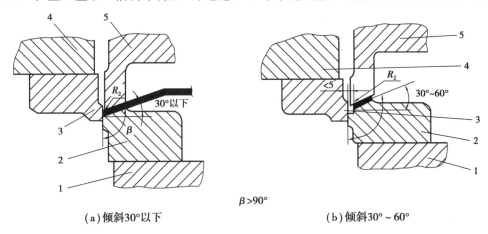

（a）倾斜30°以下　　　　　　　　　（b）倾斜30°～60°

图 5.54　钝角修边法

1—下模;2—凸模;3—凹模;4—上模;5—退件器

3）立边修边刃口形状

驾驶室前后立柱的端头修边和修边线在立边以内的拉延件废料切断，都属于立边修边特点。立边修边是剪切性质，刃口和被修立边应形成一个角度，如图 5.55 所示。

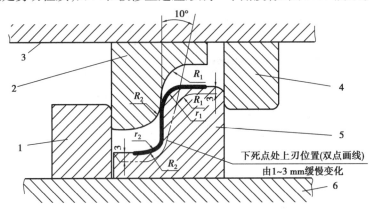

图 5.55　修立边时刃口形状

1、4—导向块;2—修边上刃口;3—上模;5—修边下刃口;6—下模

①修边镶块刃口圆角应比被修工件圆角大 3 mm，尺寸关系为

$$R_1 = r_1 + 3$$
$$R_2 = r_2 + 3$$

②刃口立边与修边件立边呈 10°夹角。

③刃口受侧向力,需增加导向块消除它。

4)修边镶块接缝

相邻两个修边镶块的对合接缝,原则上应取修边线的法线方向;如果接缝倾斜,最大倾角不得超过30°,如图5.56所示。板块式与板块式镶块安装如图5.57所示。

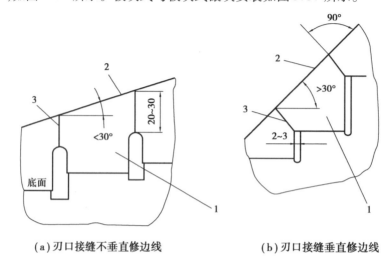

（a）刃口接缝不垂直修边线   （b）刃口接缝垂直修边线

图5.56 修边刃口接缝

1—修边镶块;2—修边线;3—刃口接缝

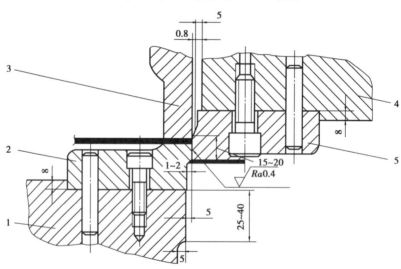

图5.57 板块式与板块式镶块安装

1—下模;2—凸模修边刃口镶块;3—退件器;4—上模;5—凹模修边刃口镶块

5)修边镶块的安装固定

修边镶块的固定用M16螺钉3~5个,定位用两个直径为6 mm的圆柱销。圆柱销距离应尽量大,并远离刃口。当修边件料厚度大于1.5 mm时,镶块需嵌入模体或用支承件固定;小于1.2 mm时平装,如图5.57—图5.60所示。

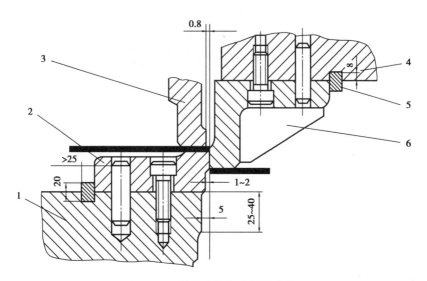

图 5.58 板块式与角式镶块安装

1—下模;2—板块式下刃口镶块;3—退件器;
4—上模;5—支承键;6—角式上刃口镶块

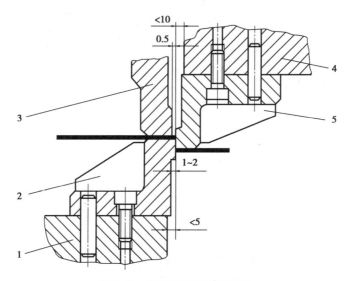

图 5.59 角式与角式镶块安装

1—下模;2—角式下刃口镶块;3—退件器;4—上模;5—角式上刃口镶块

水平修边镶块安装如图 5.61 所示,倾斜修边镶块安装如图 5.62 所示。

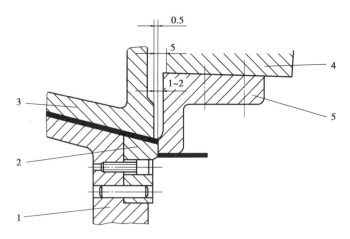

图 5.60　刀片式和角式镶块安装

1—下模;2—刀片式下刃口镶块;3—退件器;4—上模;5—角式上刃口镶块

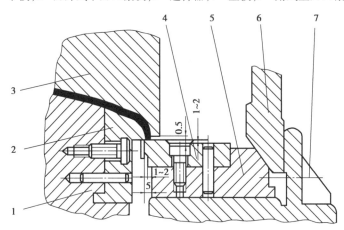

图 5.61　水平修边镶块安装

1—凸模体;2—凸模修边刃口镶块;3—退件器;

4—凹模修边刃口镶块;5—滑块;6—斜楔;7—复位弹簧

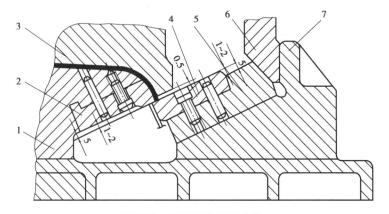

图 5.62　倾斜修边镶块安装

1—凸模体;2—凸模修边刃口镶块;3—退件器;4—凹模修边刃口镶块;

5—滑块;6—斜楔;7—背靠块

5.3.3　斜楔机构

1)斜楔机构与斜楔图

如图 5.63 所示为一种常见的斜楔机构,它主要由斜楔传动器(简称"斜楔")3,斜楔滑块(简称"滑块")2,防磨板 1,复位组件 4、5、6、7、8、9、10、11 等组成。当斜楔传动器 3 随下模向下运动时,与滑块 2 接触并迫使其沿水平方向向左运动,完成水平方向的加工动作;当斜楔传动器回程向上运动时,滑块在弹簧调整螺栓 4、弹簧 6 等复位组件的作用下沿水平方向向右运动,复位到原来的状态。斜楔机构运动示意图及斜楔图如图 5.64 所示。

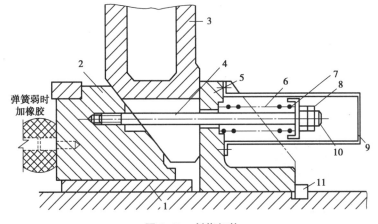

图 5.63　斜楔机构

1—防磨板;2—斜楔滑块;3—斜楔传动器;4—弹簧调整螺栓;5—后挡块;
6—弹簧;7—弹簧座;8—双螺母;9—外罩;10—开口销;11—键

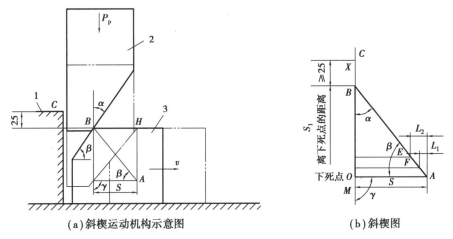

(a)斜楔运动机构示意图　　　　　(b)斜楔图

图 5.64　斜楔机构运动示意图及斜楔图

1—挡块;2—斜楔;3—滑块

2)斜楔机构的设计程序

(1)滑块移动距离 S 的确定

$$S = L_1 + Z_C$$

其中,L_1 为在运动方向上加工所需的行程量;Z_c 为考虑取出和放入制件时操作所必需的最小操作间隙。

（2）滑块倾角 β 的确定

如果滑块行程一定,随着滑块倾角 β 变大,斜楔的运动距离随之增大;反之,β 变小,斜楔的运动距离也减小,但滑块上所承受的垂直载荷变大。β 值不能太小,水平运动斜楔一般取 β =50°～60°;当冲压加工行程不够时,可取 β=45°;正向倾斜斜楔和反向倾斜斜楔一般取 $\alpha=\beta$ =（180°-γ）/2。

（3）根据滑块行程 S 和滑块倾角 β 作斜楔图

图 5.65—图 5.67 所示分别为水平运动斜楔、正向倾斜斜楔、反向倾斜斜楔的斜楔机构和斜楔图。

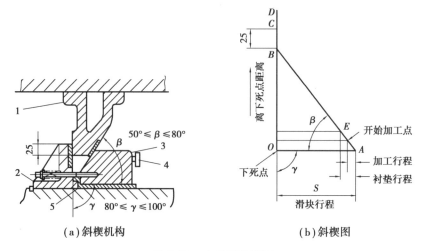

图 5.65　水平运动斜楔

1—后挡块;2—斜楔;3—滑块;4—衬垫;5—限位器;
A—加工完成点;B—斜楔在滑块上的接触点;C—斜楔和挡块的接触点;
D—上、下模导向接触点;E—垫板（卸料板）开始压制件

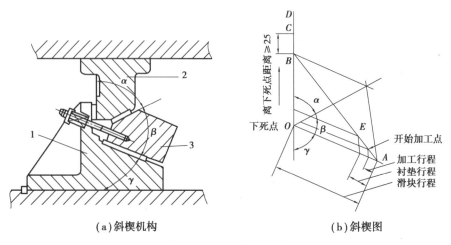

图 5.66　正向倾斜斜楔

1—后挡块;2—斜楔;3—滑块

①确定斜楔与滑块的开始接触点 B。

②确定后挡块与斜楔的开始导向点 C。

③确定卸料板位置 E 点。

④综合分析斜楔模的动作关系后,如有问题,须对滑块行程 S 及滑块倾角 β 作适当调整。

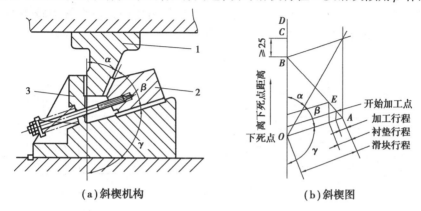

(a)斜楔机构　　　　(b)斜楔图

图 5.67　反向倾斜斜楔

1—斜楔;2—滑块;3—后挡块

3)斜楔机构的形状与尺寸设计

(1)滑块的尺寸确定方法

图 5.68 所示为斜楔及滑块的形状与尺寸以及滑块在开始动作前的初始状态。

①滑块长度 W_2。滑块长度 W_2 应根据滑块与斜楔接触面上力的作用情况确定。

$$H_2 : W_2 = 1 : (1.5 \sim 2.0)$$

②滑块高度 H_2。滑块高度 H_2 最高与其长度相等。

$$H_2 : W_2 = 1 : 1$$

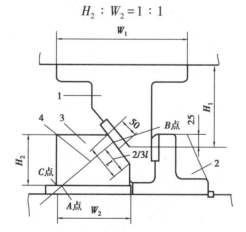

图 5.68　斜楔与滑块接触的初始状态

1—斜楔;2—后挡块;3—滑块;4—滑块力的作用线

③滑块宽度 L_2。滑块的宽度 L_2 不能比滑块长度大,否则稳定性不好。

④滑块的斜面尺寸。斜楔滑块开始动作时,斜楔和滑块接触面长度不小于 50 mm,而且接触面应为 2/3 以上。

(2)斜楔形状与尺寸

斜楔形状及尺寸如图 5.69 所示。一般小件使用的斜楔模及侧向推力较小的斜楔模,可不采用后挡块;而大件使用的斜楔模及承受较大的侧向推力时,则需采用后挡块。

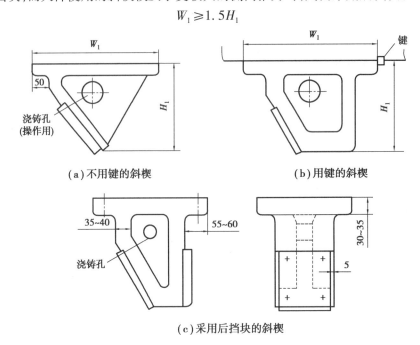

图 5.69　斜楔形状与尺寸

4)滑块复位方式

滑块复位时靠弹性元件获得复位力,斜楔传动器在滑块复位时不起作用。具体结构如下:

①复位弹簧安装在滑块下面,俗称暗簧,如图 5.70 所示。

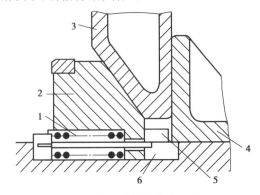

图 5.70　复位弹簧安装在滑块下面
1—压簧;2—滑块;3—传动器;4—下模座;5—防磨板;6—槽

②复位弹簧装在凸模和滑块之间,如图 5.71 所示。

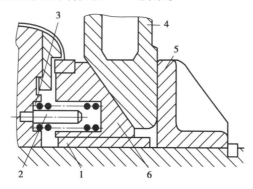

图 5.71　弹簧安装在凸模和滑块之间

1—防磨板;2—弹簧安装销;3—压簧;4—传动器;5—后挡块;6—滑块

③用气动元件代替弹簧复位,如图 5.72 所示。

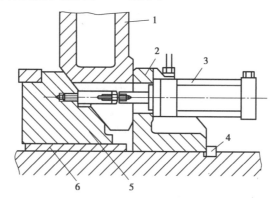

图 5.72　气缸装在外部

1—传动器;2—后挡块;3—气缸;4—键;5—滑块;6—防磨板

5.3.4　修边废料的处理

1)废料分块与废料刀的配置

废料分块与废料刀的配置如图 5.73—图 5.78 所示。

修边废料的处理

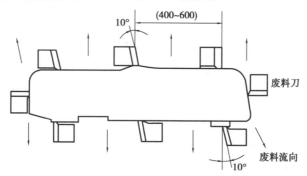

图 5.73　废料刀的布置

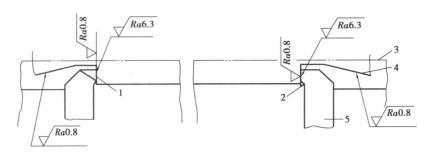

图 5.74　废料刀相对配置时的处理方法

1—垂直壁;2—后角(用于让料);3—下模凸模修边刃口;

4—上模凹模修边刃口;5—废料刀

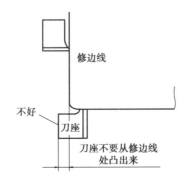

图 5.75　转角处废料刀座位置

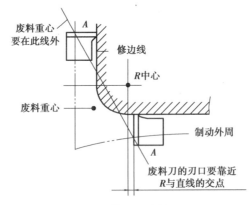

图 5.76　转角处废料重心

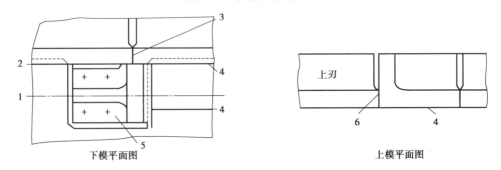

图 5.77　废料刀与修边刃口接缝的位置关系

1—拉延件外边缘线;2—修边线;3—修边刃口接缝;4—修边刃口;5—废料刀;6—废料刀刃

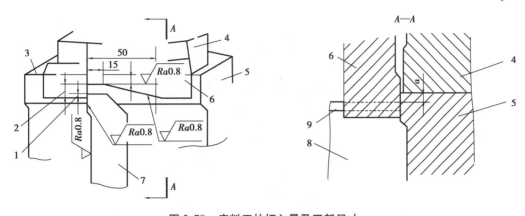

图 5.78   废料刀的切入量及刃部尺寸

1—切刀吃模量;2—切入深度;3—修边刃口;4—卸料板;5—下模(修边凸模);
6—上模(修边凹模);7—切刀;8—废料刀;9—切刀刃口

2)修边废料刀的结构

(1)镶件式废料刀

丁字形废料刀(图 5.79)是镶件式废料刀常采用的一种形式。这种切刀不需要自动化,常用于小批量生产及较薄的废料(厚度在 1.6 mm 以下)切断。废料刀刃口长度应比预计的废料宽度多 5 ~ 10 mm 以上(图 5.80)。

镶件式废料刀如图 5.81 所示。

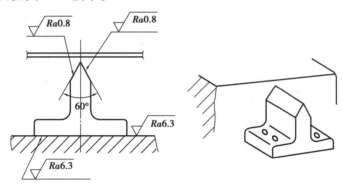

图 5.79   丁字形废料刀结构

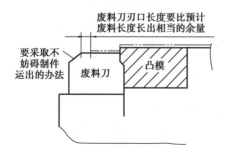

图 5.80   废料刀刃口长度

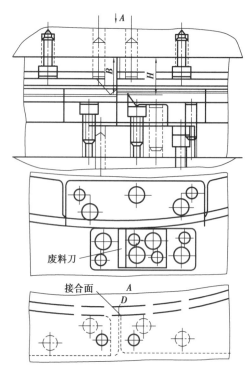

图 5.81　镶件式废料刀

（2）组合式废料刀

如图 5.82 所示的组合式废料刀,是一种应用较多的废料刀形式。它利用凹模镶件组成凹模刃口,废料刀为凸模刃口,通过切下一小块废料,将修边废料断开。废料刀高度与凸模镶件高度一致。废料刀镶件的夹角一般取 60°,使凹模镶件的夹角也是 60°,能保证刃口强度。这种废料刀适用于较平直的修边形状。

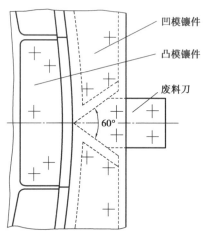

图 5.82　组合式废料刀

5.3.5　修边冲孔模

1)修边冲孔模的类型

(1)垂直修边冲孔模

修边和冲孔均采取垂直方向冲压,这是经常采用的方案。冲孔表面不一定处于水平位置,但倾斜角度应有一定的限制。倾斜超过30°时,不能垂直冲孔。垂直修边冲孔模如图5.83所示。

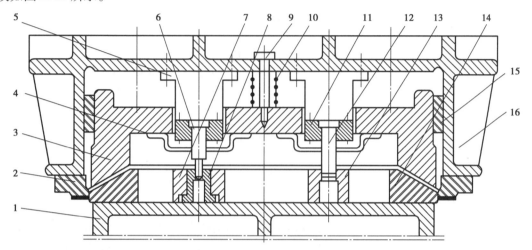

图 5.83　垂直修边冲孔模

1—下模座;2—修边凹模;3—卸料板;4—可拆卸料板;5、11—凸模座;6、12—冲孔凸模;7—凹模座;
8、13—冲孔凹模;9—卸料螺钉;10—弹簧;14—修边凸模;15—内导板;16—上模座

(2)斜楔修边冲孔模

冲孔采用斜楔结构,冲孔凸模装在斜楔的滑块上,冲孔凹模装在修边凸模座上,在冲孔凸模上增加小卸料板。其结构如图5.84和图5.85所示。

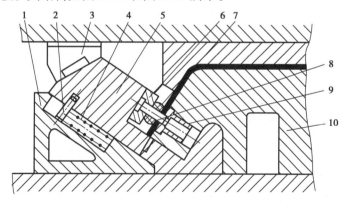

图 5.84　斜楔修边冲孔模

1—背靠块;2—销;3—斜楔传动器;4—弹簧;5—滑块;
6—凸模座;7—卸件橡胶;8—冲孔凸模;9—冲孔凹模;10—修边凸模座

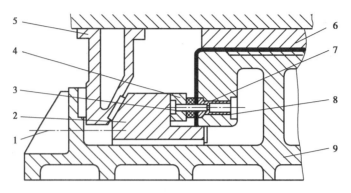

图 5.85　水平斜楔修边冲孔模

1—复位弹簧;2—滑块;3—卸件橡胶;4—凸模座;5—传动器;
6—压件板;7—冲孔凸模;8—冲孔凹模;9—修边凸模座

（3）垂直斜楔修边冲孔模

这类修边冲孔模结构复杂,既有垂直方向的冲孔,又有水平或倾斜方向的冲孔,尽量少采用。

2）冲孔模

（1）汽车覆盖件修边冲孔模的结构

如图 5.86 所示为一垂直修边冲孔模,其导向一般需采用导柱导套结构,也经常采用导柱导套与导向块（导板）结构同时使用。修边冲孔模的主体构件有铸件和钢板结构两种形式,可根据具体情况选用。

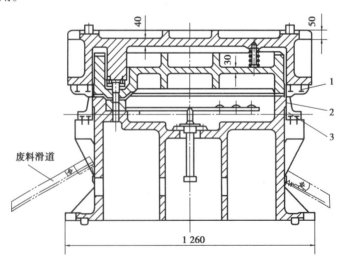

图 5.86　垂直修边冲孔模

1—修边凹模;2—修边凸模（焊接刃口）;3—废料刀

（2）汽车覆盖件冲孔模零件结构

冲孔凸模优先采用凸肩式,当凸模固定板的安装位置紧张时,也可采用如图 5.87 所示的钢球锁紧式,即在冲直径在 7 mm 以下的圆孔及冲长度在 25 mm 以下的异形孔（长孔、方孔、键形孔等）时采用钢球锁紧式。

为简化卸料面的制造,卸料板的接触面可以削减,一般以距冲裁线 15 mm 的范围作为接触面就可以了,但对预计冲裁部位有回弹时,应具体分析结构后再决定接触面的大小。铸造结构的卸料板在冲孔部位的结构如图 5.88 所示。对钢球锁紧式凸模可配用聚氨酯卸料板。

为了便于操作时观察、安装及更换凸模,应如图 5.89 所示在铸件壁部的适当位置开设通孔,若不便设置通孔,可考虑采用镶块式切刃结构,凸模采用钢球锁紧式。

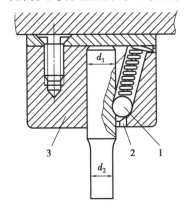

图 5.87　钢珠锁紧式
1—钢珠;2—钢珠压入孔;3—小压板

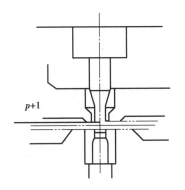

图 5.88　冲孔部位的卸料板结构

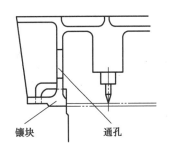

图 5.89　开通孔示意图

任务 5.4　翻边模设计

5.4.1　翻边模典型结构

1)翻边模的类型

根据翻边凸模或翻边凹模的运动方向及特点,翻边模主要有以下几类:

①垂直翻边模:凸模或凹模作垂直方向运动,其结构简单。

②凹模单面向内作水平或倾斜方向运动斜楔翻边模:翻边后制件能够取出,凸模是整体的。

③凹模对称的两面向外作水平或倾斜方向运动的斜楔翻边模:翻边后制件可以取出。

④凹模对称的两面向内作水平或倾斜方向运动的斜楔翻边模:翻边之后制件包在凸模上,无法取出。

⑤凹模三面或封闭向内作水平或倾斜方向运动的翻边模:翻边之后制件包在凸模上,无法取出。

⑥汽车覆盖件窗口封闭向外翻边的斜楔翻边模:翻边后制件包在凸模上,无法取出,必须将凸模做成活动可分的,翻边时缩小成翻边形状,而翻边凹模是扩张向外翻边的。

2)翻边凸模的扩张结构

汽车覆盖件向内的翻边一般都是沿着覆盖件的轮廓,翻边加工结束后翻边件是包在凸模上的,无法取出,必须将翻边凸模做成活动可分的。在压力机滑块行程向下翻边以前,利用斜

翻边模典型结构

楔的作用将缩着的翻边凸模扩张成翻边形状后即停止不动,在压力机滑块行程继续向下时翻边凹模进行翻边。翻边以后凹模在弹簧的作用下回程,然后翻边凸模靠弹簧的作用返回原位,取出制件。翻边凸模的扩张行程以能取出翻边制件为准,这种结构称为翻边凸模的扩张结构,俗称翻边凸模的开花结构。

3)修边件翻边时的定位

汽车覆盖件翻边成形时,修边件多数是水平放置的。外形定位用弹簧挡料销,如图5.90所示。

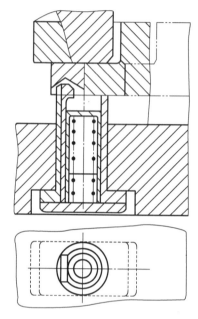

图5.90　外形定位用弹簧挡料销

4)翻边时的压料

翻边时的压料部位如图5.91所示。

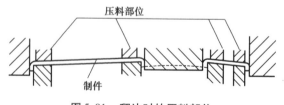

图5.91　翻边时的压料部位

5)翻边模的导向

根据翻边过程中翻边力和侧向力的大小,翻边模的导向方式可选择导柱、导套导向,导板导向,导块导向等方式。

6)翻边模的退件

制件翻边后包在凸模上,退件时需推动翻起的竖边,因此退件必须各处同时进行,否则会造成退件后制件的变形。当制件厚度较小时,还需要在凸模上增加退件机构(图5.92)。斜楔翻边模加工的翻边件举例如图5.93所示。

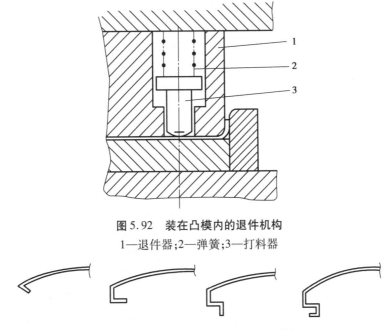

图 5.92　装在凸模内的退件机构
1—退件器;2—弹簧;3—打料器

图 5.93　斜楔翻边模加工的翻边件举例

①用气缸直接连接退件器,如图 5.94 所示。

②退件器与活动定位装置连接在气缸上顶出制件,如图 5.95 所示。

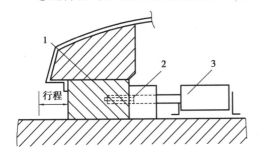

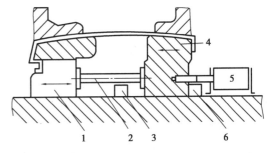

图 5.94　气缸退件器简图

1—退件器;2—制动螺钉;3—气缸

图 5.95　退件器与定位装置连接在气缸上退件

1—退件器;2—连接器;3—衬垫;4—活动定位装置;
5—气缸;6—限位器

③退件器固定在活动定位装置上退出制件,如图 5.96 所示。

④使用双斜楔进行退件。

7)翻边模典型结构示例

图 5.97 所示为一种通过向下倾斜运动进行单面翻边的斜楔翻边模。当压力机滑块下行时,斜楔传动器 10 向下运动,推动斜楔滑块 20 作向下倾斜运动,完成翻边加工。压力机滑块回程后,由复位弹簧 5 和辅助弹簧 21 使斜楔滑块 20 回到初始状态。手工将翻边件向前上方推出,从翻边凹模镶件上退下来,最后取出。

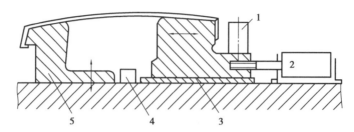

图 5.96 退件器固定在活动定位装置上退件

1—退件器;2—气缸;3—防磨板;4—限位器;5—凹模

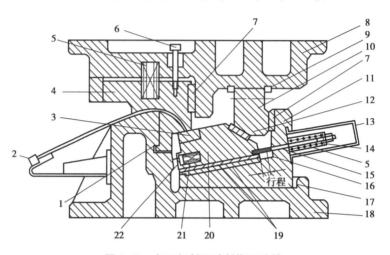

图 5.97 向下倾斜运动斜楔翻边模

1—凹模(工具钢嵌入);2—定位装置;3—凸模(工具钢嵌入);4—压料器;5、14—复位弹簧;
6—定位螺栓;7、19—导板(防磨板);8—上模座;9—键;10—斜楔传动器;11—后挡块;
12—传动板(防磨板);13—弹簧罩;15—双头螺栓;16—停止器;17—垫板;18—下模座;
20—斜楔滑块;21—辅助弹簧;22—弹性销

图 5.98 所示为单向斜楔和上模滑动斜楔组合的斜楔结构,图 5.99 所示为后围上盖板翻边压圆角模翻边凸模镶件的扩张结构,图 5.100 所示为修边翻边模刃口部位结构。

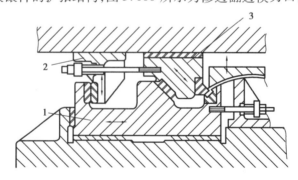

图 5.98 单向斜楔和上模滑动斜楔组合的斜楔结构

1、3—斜楔滑块;2—斜楔传动器

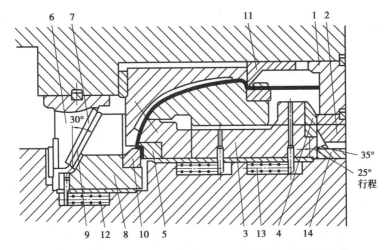

图5.99　后围上盖板翻边压圆角模翻边凸模镶件的扩张结构

1—斜楔座;2、6—斜楔;3、8—滑块;4—楔形块;5—翻边凸模镶件;7、9—防磨板;
10—翻边凹模镶件;11—凸模镶件;12、13—弹簧;14—限位块

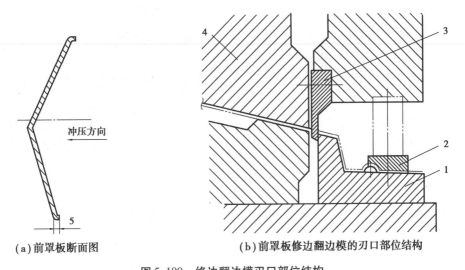

(a)前罩板断面图　　　**(b)前罩板修边翻边模的刃口部位结构**

图5.100　修边翻边模刃口部位结构

1—内形定位块;2、4—弹性压件板;3—修边翻边镶件

5.4.2　翻边镶件

1)翻边轮廓

凹模镶件端面轮廓与凸模镶件端面轮廓的关系如图5.101所示。

(1)凸模镶件组成的翻边轮廓

翻边件的翻边轮廓是由覆盖件的形状和尺寸决定的。在翻边过程中不产生变化的凸模镶件,直接组成覆盖件所要求的形状尺寸;在翻边过程中产生变化的凸模镶件,在进行翻边工作时所组成的翻边轮廓形状要与覆盖件所要求的形状和尺寸一致。

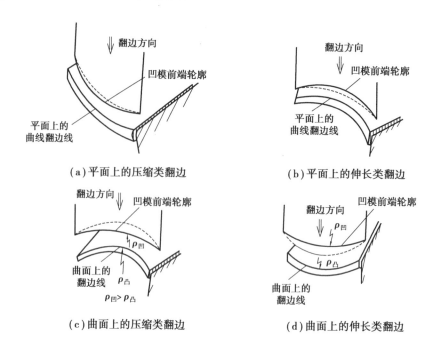

（a）平面上的压缩类翻边　　　　　　（b）平面上的伸长类翻边

（c）曲面上的压缩类翻边　　　　　　（d）曲面上的伸长类翻边

图 5.101　凹模镶件端面轮廓与凸模镶件端面轮廓的关系

（2）凹模镶件组成的端面轮廓

在制件的翻边轮廓变化较大时，往往需要从几个不同方向进行翻边，即不同的凹模镶件的运动方向是不同的。根据翻边轮廓变化的大小，可以通过在修边工序中修出几个缺口或不同方向的翻边凹模镶件先后进行翻边等方式来提高翻边质量，也可以通过凹模镶件前沿的轮廓线与翻边轮廓线不重合，使不同部位的翻边顺序进行，改变材料的流动情况，达到提高翻边质量的目的。

2）镶件的分块

翻边凸、凹模镶件分块时，参考修边模刃口镶件的分块原则。避开毛坯变厚部分的接合面如图 5.102 所示。

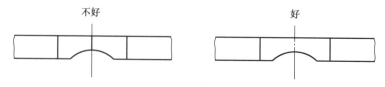

不好　　　　　　　　　　　好

图 5.102　避开毛坯变厚部分的接合面

3）凸、凹模镶件尺寸

翻边凸、凹模镶件的尺寸，参考修边模刃口镶件的结构尺寸比例，同时还要注意：

①翻边凸模镶件的形状尺寸，在保证镶件的强度和刚度的同时，要保证在凹模镶件离开后，能顺利地取出翻边件。

②设计翻边凹模镶件的前端形状尺寸时，要考虑翻边部分毛坯的变形特点。

③在交接部位的翻边凹模镶件应有足够的运动空间。

4)凸、凹模镶件的交接

当翻边轮廓是连续的,如外缘轮廓形状的翻边、窗口封闭内形的翻边等,一般由一个方向运动来完成翻边是不可能的,而是由两个或两个以上不同的运动方向的翻边凹模镶件进行翻边,这就需要考虑不同方向运动的凹模镶件的交接问题。空开法凹模镶件交接实例如图5.103 所示,重复法凹模镶件交接实例如图5.104 所示。

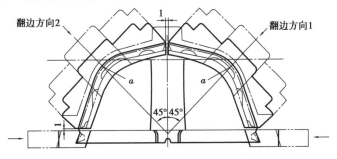

图 5.103　空开法凹模镶件交接实例

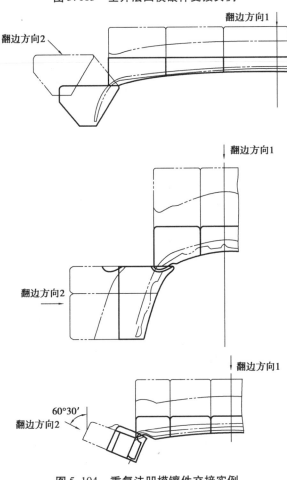

图 5.104　重复法凹模镶件交接实例

5）凸、凹模镶件材料

（1）翻边凸模的材料

翻边凸模在翻边时受力较小，磨损也较小，可根据具体结构和具体产量，选择适当的材料来制造。

（2）翻边凹模的材料

翻边凹模在翻边时受力较大，磨损较大，尤其在曲线轮廓翻边处磨损更严重，在大批量生产中，应设计成镶块结构。通常，翻边凹模镶块材料采用 T10A（产量小时）或 Cr12MoV（产量大时或曲线轮廓处），热处理硬度为 58~62HRC。

小结：

拉延模设计需要确定拉延模设计要点和典型结构，对拉延模工作零件、导向零件、压边零件、出件和退件装置、限位和起吊装置等进行设计。

修边模设计首先要确定修边模类型，然后对修边镶块、斜楔机构、修边废料的处理、修边冲孔模等进行设计。

翻边模设计在明确模具类型的基础上，对翻边模的扩张结构、定位、压料、导向、退件等结构和翻边镶件进行设计。

项目 6
汽车覆盖件冲压模具的制造与调试

学习目标

1. 会使用汽车覆盖件模具制造设备。
2. 会进行生产技术准备。
3. 会制造汽车覆盖件拉延模。
4. 会制造汽车覆盖件修边模。
5. 会制造汽车覆盖件翻边模。

任务 6.1　汽车覆盖件模具制造特点及设备

6.1.1　汽车覆盖件模具制造特点

汽车覆盖件模具的制造特点如下：

①工作型面复杂，精度要求高。

②轮廓尺寸大。

③生产准备工作繁重。

④制造周期长。

⑤汽车覆盖件模具调整工作复杂。

汽车覆盖件模具制造特点及设备

6.1.2　汽车覆盖件模具制造设备

（1）基准面加工设备

汽车覆盖件模具的基准面要求较高，如凸模上、下面的安装基准面应与冲压方向垂直，导板的安装基准面应与冲压方向平行。一般上、下底板的平行度要求：冲裁类不大于 0.05 mm/300 mm，拉延类不大于 0.07 mm/300 mm。要求在不用翻转模具的情况下加工出几个基准面和基准孔来减少制造误差，加工基准面的设备应选择至少具有二维任意联动的数控龙门铣床，其床面尺寸大小根据模具零件而定。

（2）型面加工设备

传统的加工设备是仿形铣床。数控铣床/加工中心与仿形铣床相比较有以下明显优点：

①精度高，大大减少了钳工精修工作量。

②能与 CAD 接口。

③可实现不下机检测（加工中心）。

a. 主机技术参数：

• $X \times Y \times Z$（行程）$\geqslant 4\ 000$ mm×2 400 mm×1 500 mm；

• 工作台承重 $\geqslant 150$ kN；

• 快速进给速度 $\geqslant 10\ 000$ mm/min；

• 主轴功率 $\geqslant 20$ kW；

• 主轴转速范围 $10 \sim 3\ 200$ r/min；

• 能铣、镗、钻、铰、攻螺纹、锪孔。

b. 控制系统应具有数控功能和数据化功能；软盘为读入介质；有快速扫描随即生成程序的软件；有 DNC 接口；与其他系统能兼容；内存容量不少于 1 MB。

（3）研配设备

研配设备是汽车覆盖件模具制造中保证模具协调的不可缺少的设备。对研配压力机的工艺要求如下：

①工作台面的尺寸能够满足模具外形尺寸的要求（台面可满足绝大多数大中型汽车覆盖件模具的需要）。

②上、下台面之间距离足够,保证模具放入和推出。

③提升力要足够,即保证将上模部分提起。

④上滑板上下移动平稳,与下平台保持平行,要求机床精度为 2 级。

⑤下工作台为移动式,便于模具安装及研合,上滑板可翻转 180°,便于打磨操作。

⑥具有安全装置。

（4）打磨工具

为保证质量和效率,必须配备先进的打磨工具,如采用研磨抛光机比采用软轴砂轮机效率高 10 倍以上。

（5）测量设备

汽车覆盖件冲模上有各种型孔、凹模、基准线、基准点等,采用常规测量工具来保证上、下模尺寸协调一致是比较困难的,必须配备三坐标划线机和测量机,尤其是要采用主模型和工艺模型作实物数字传递时。三坐标划线机和测量机可完成汽车覆盖件模具的划线、测量、计算等功能,使得实物、检验夹具、拉延模及模型等被测点的坐标显示并打印出来,为设计新型车、改型车,以及各类翻边模、修边模和冲孔模提供依据。

（6）调试设备

因为浅拉延、冲裁、修边、翻边、冲孔等工序模具常使用单动压力机,而深拉延工序模具常使用双动压力机,所以要同时配备单动压力机与双动压力机。对调整试冲用的压力机的工艺要求如下:

①工作台面尺寸、闭合高度能够满足模具外形尺寸的要求。

②压力机吨位满足冲压力的需要。

③下工作台为移出式。

④压力机的制造精度为 2 级。

⑤安全装置可靠。

（7）激光切割设备

在调试过程中,经常要制造各工序件,用手工方法不仅劳动强度大、效率低,也不准确。若采用激光机床专门来切割各工序件外形,当需要改变工序件外形尺寸时,只需对输入数据进行修改就可解决,这样不仅节约调试时间,还可以为修边模提供精确的外形数据。

任务 6.2　生产技术准备

生产技术准备

6.2.1　铸件的准备

汽车覆盖件冲模的底座、底板以及凸模、凹模、压边圈等大型零件,还有部分镶块,虽然尺寸大,但受力并不太大,为了既满足强度要求,又减轻模具质量,这些大型零件均采用空心铸件。传统的铸造工艺存在尺寸精度低、生产周期长等缺点,很多场合正在被实型铸造法所代替。汽车覆盖件冲模的铸件大多用实型铸造法生产。实型铸造与普通铸造工艺过程如图 6.1 所示。

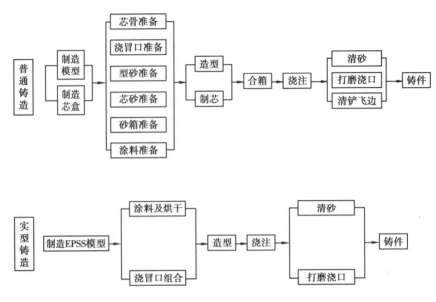

图 6.1 实型铸造与普通铸造工艺过程示意图

1)实型铸造的特点

（1）主要优点

①铸件精度高(加工余量可控制到 5 mm)；模样不必从铸型中取出，没有分型面，省去了配箱、组芯等工序，避免了在普通铸造中拔模和配箱所导致的尺寸偏差，提高了铸件的尺寸精度。

②减轻了劳动强度，改善了制模和造型工的操作条件。

③节省木材。

④简化工序，缩短生产周期，提高生产率。

⑤零件的设计制造自由度大。

⑥投资少，上马和见效快，经济效果显著。

（2）实型铸造的缺点

①一般认为这种方法只适用于单件小批量的大中型铸件的生产；能否适用于大量生产以及批量生产，是否经济合理值得探讨。

②泡沫塑料的强度低，热稳定性差，势必对造型材料和造型方法提出新的要求。

③泡沫塑料在浇注时要热分解，产生大量的黑烟和有害气体，易污染环境和影响铸件质量。

2)模具铸件生产流程

实型铸造用的泡沫塑料模型可以手工加工，也可以机械加工，加工方法如图 6.2 所示。

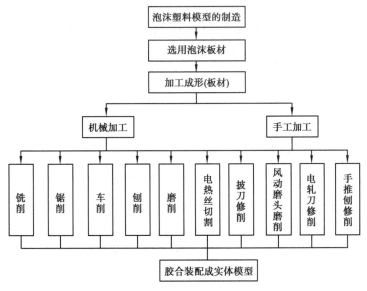

图 6.2　泡沫塑料模型加工方法

6.2.2　模型和样板的制造

模型和样板的种类及其派生关系如图 6.3 所示。

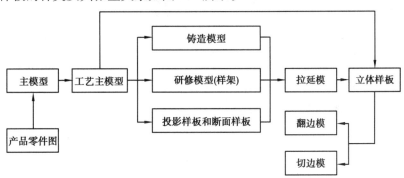

图 6.3　模型和样板的种类及其派生关系

1)主模型(有时缩写为 M/M)

汽车覆盖件形状的艺术曲面及众多的结构要素常常无法用图样的形式表达完整,为此必须制作与实际尺寸一样大小的立体模型与覆盖件图一起作为汽车车身形状和尺寸的依据。通俗地说,主模型就是汽车车身的立体图样。塑料主模型的结构如图 6.4 所示。

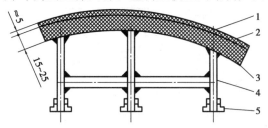

图 6.4　塑料主模型的结构

1—塑料面层;2—塑料底层;3—玻璃棉;4—支撑杆;5—基准块

（1）主骨架的设计和制造

主骨架即主模型的固定基准架,其作用是支承和连接各局部主模型,并使各局部能装配成整体模型,以观察各覆盖件衔接处是否相互干涉,间隙是否均匀,装饰棱线是否通顺。

（2）主模型的制造

传统的主模型用优质木材制作,但受资源的限制,已逐步采用塑料(玻璃钢)代替优质木材。塑料主模型与木质主模型优缺点对照见表6.1。

表6.1 塑料主模型与木质主模型优缺点对照

种类	优点	缺点
塑料主模型	1.变形小,可以长期保存 2.原料来源广,无须干燥处理 3.不需要特殊的保存条件	1.制造过程较复杂 2.制造时会产生有害气体,要注意劳动保护
木质主模型	1.制造过程较简单 2.不产生有害气体	1.变形较大 2.原材料来源越来越少 3.使用和保管条件要求较高

①选择合适的结构和材料。塑料层的配方见表6.2。

表6.2 塑料层的配方

原材料		配方比例(质量比)		配制方法
		塑料面层	塑料底层	
黏结剂	环氧树脂(6101)	100	100	各成分混合搅拌均匀,固化剂在使用前加入
增塑剂	邻苯二甲酸二丁酯	12	20	
增充剂	—	滑石粉80	玻璃布若干	
固化剂	苯甲二胺	20	20	

②制造塑料主模型。

a.传统的制作方法如图6.5所示。原始模型[图6.5(a)]是塑料主模型的制造依据,可选用质地较硬的木材制成,结构可简单些,甚至可做成不分块的整车原始模型。对形状简单、尺寸较小且精度要求较低的覆盖件,可利用试制样车的钣金件来翻制石膏的原始模型。石膏的原始模型需有木制的基准架,并需经过组装和修整。

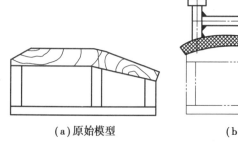 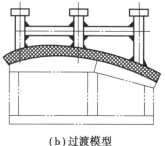 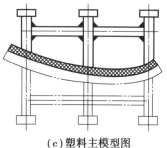

(a)原始模型　　　　　(b)过渡模型　　　　　(c)塑料主模型图

图6.5 塑料主模型的制造过程

　　b. 采用 CAD/CAM 技术制造主模型。此法以数字传递为主要手段,利用计算机的高速运算、存储量大的优点,配以 CAD/CAM 软件,构造出整车覆盖件立体曲面的数字模型,直接采用数控铣床加工复杂的立体曲面。

　　这种技术不仅保证了外主模型的协调精度,还能使其表面光滑、模型精度高、对称性好、制造周期短。

　　c. 在暂不具备 CAD/CAM 技术的情况下比较实用的方法的工艺流程:图样资料→模型(1∶1)→协调检查→测量机实物编程→数控加工→测量机检测→型面精修→组装协调。

2)工艺模型(有时缩写为 W/M)

　　主模型仅呈现覆盖件的最终形状(翻边线以内),而翻边线以外的形状及工艺补充面,需在工艺模型上做出。加上工艺补充面等,并根据冲压方向的需要调整了基面的工艺上用的模型称为工艺模型。将主模型改制成工艺模型的步骤和方法见表 6.3。

表 6.3　将主模型改制成工艺模型的步骤和方法

步骤	内容	方法	注意事项
1	做基准架	根据冲模尺寸,用木方(100 mm×150 mm)做一个井字形的基准架,木方用大螺钉连接	1. 应保持主模型型面完整无缺,工作表面不得划线和修整,工艺补充面不得用钉子钉在主模型上,只许用木螺钉拧在主模型的非工作面上 2. 当各工序的冲模中心线不一致时,应在工艺补充面上注明各冲模中心线的冲模图号 3. 工艺补充面形状和结构复杂者,在制造完毕后,可会同冲模设计和工艺人员共同鉴定
2	改装基准面	将主模型按冲模图样指明的定位点找正冲压方向,垫以木垫块,然后用木螺钉坚固在基准架上	
3	添加工艺补充面	根据冲模图样制造工艺补充面。工艺补充面用木螺钉固定在基准架和主模型的非工作面上,工艺补充面最好做成如左图所示的可拆式结构,以适应凸模和压边圈分别仿形加工,以及各工序冲模交叉使用的需要	
4	检验、修整、划冲模中心线	冲模中心线只划在工艺补充面上	

3)研修模型(样架)

　　研修模型实质上是立体型面样板,是钳工精加工立体形状的凸模时,用于检验其型面与工艺模型是否一致的量具,同时,它还是凹模仿形加工的依据。研修模型的结构及工艺说明见表6.4。

表6.4 研修模型的结构及工艺说明

型面材料	低熔点合金	塑料或玻璃钢
图例		
特点	1. 合金可回收,成本较低 2. 无毒 3. 变形较大	1. 变形小 2. 成本较高 3. 操作时需有防护措施
结构及其工艺说明	1. 根据框架形状,用型钢或木方制成基准架 2. 基体采用木板经多层胶合或石膏浇注而成,形状按工艺模型保持5~10 mm的空隙,以备浇注合金,并做出浇口和冒口,基体用螺栓固定在基准架上	1. 根据样架形状,用各种形状的标准支承块组成基准架,各支承块用螺栓连接,基准架与型面间用螺栓,玻璃棉和环氧塑料黏接
结构及其工艺说明	3. 在基体的型面部分钉上钉子(以增加与合作的附着力),然后将基体扣在主模型上垫平,在样架上压上重铁,样架与工艺模型的周围用胶合板和石膏密封,以防合金溢出 4. 浇注合金液 5. 冷凝(约24 h)后拔模、检查、修整 6. 操作见示意图 重铁 胶合板	2. 塑料底层和面层的操作工艺,与塑料主模型相同 3. 操作见示意图

任务 6.3 拉延模的制造

汽车覆盖件冲模制造过程如图6.6所示。

拉延模的制造

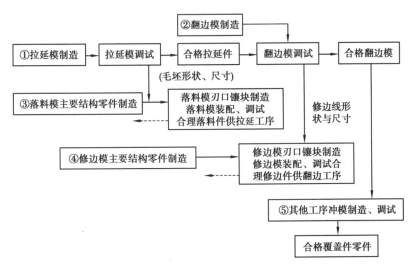

图 6.6 汽车覆盖件冲模制造过程

6.3.1 拉延模的质量要求

无论是正装还是倒装的拉延模,还是安装在单动压力机(由气垫压边)或双动压力机上使用的拉延模,其主体构成均为凸模、凹模、压边圈三大主件。对拉延模的质量要求主要体现于此,见表6.5。

表 6.5 拉延模三大主件的质量要求

三大主件	凸模	压边圈	凹模
型面及压料面	1. 与样架的研合均匀,接角面积不小于80% 2. 装饰棱线清晰、美观 3. 表面无波纹、表面粗糙度为 0.4 μm	压料面形状按工艺模型加工,表面粗糙度为 0.4 μm,拉延筋与槽应配合紧密,底面贴紧,工作时不松动	1. 形状与凸模吻合并保持均匀的料厚间隙 2. 表面粗糙度为 0.4 μm 3. 压料面形状与压边圈压料面吻合,并保持均匀的料厚间隙,表面粗糙度为 0.4 μm
轮廓精度	允许外轮廓按主模型的轮廓线每边加大 1~3 mm	内轮廓与凸模外轮廓的间隙每边为 2~5 mm	—
基准面和导板安装面	基准面应与冲压方向垂直,导板的安装面应与冲压方向平行	安装平面与凸模的安装面平行,导板安装面应与安装平面垂直,并与凸模和凹模的导板平行	导板安装槽应与凹模底面垂直
安装槽	—	与凸模固定板和凹模上的安装槽同心,位置准确度为±1 mm	与凸模固定板和压边圈的安装槽同心,位置准确度为±1 mm
热处理	在凸出的筋和棱角处进行火焰淬火	压料面表面火焰淬火	压料面、凹模圆角和凸出部分表面火焰淬火

6.3.2 拉延模的制造过程

拉延模的凸模、凹模、压边圈三大主件分别划线加工的过程大致如图 6.7 所示,这是拉延模制造的主要方法。对压料面较平坦、凸模轮廓形状较简单的拉延模,有时可将上模(凸模和压边圈)、下模(凹模和顶件器)分组组装后仿形加工,以节省机加工工时,并得到较高的加工精度。凸模外侧及压边圈内侧的加工尺寸如图 6.8 所示。

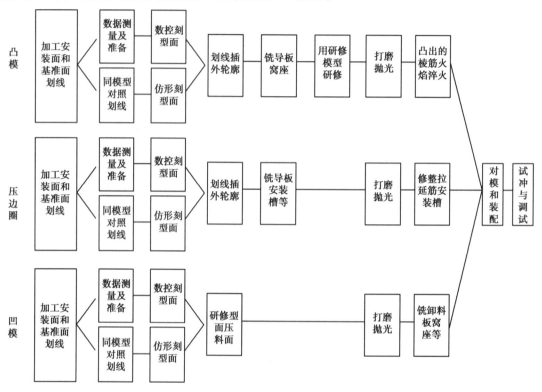

图 6.7 拉延模加工过程

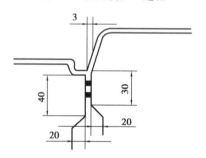

图 6.8 凸模外侧与压边圈内侧的加工尺寸

拉延凸模机加工过程如图 6.9 所示,拉延压边圈机加工过程如图 6.10 所示,拉延凹模机加工过程如图 6.11 所示。

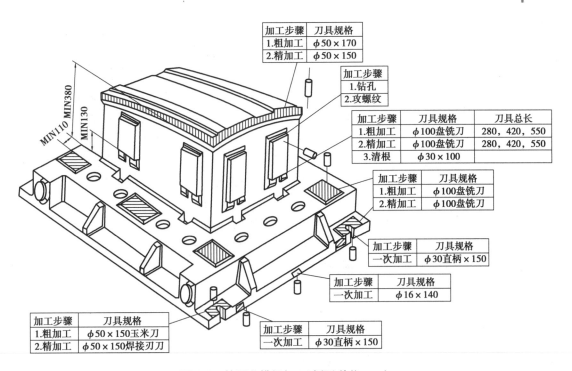

图 6.9　拉延凸模机加工过程 (单位:mm)

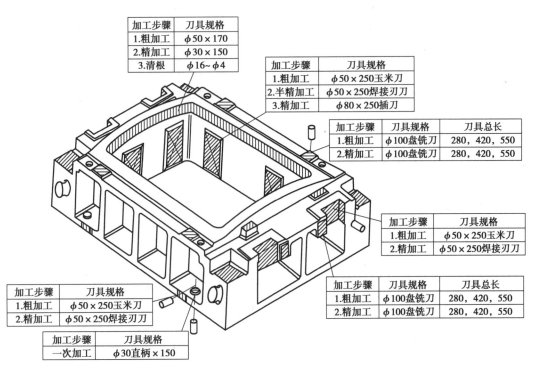

图 6.10　拉延压边圈机加工过程 (单位:mm)

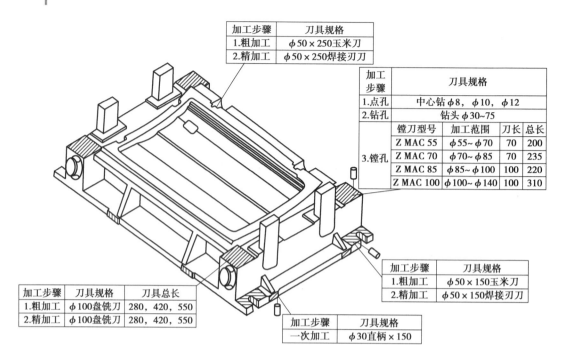

加工步骤	刀具规格
1.粗加工	φ50×250玉米刀刀
2.精加工	φ50×250焊接刃刀

加工步骤	刀具规格			
1.点孔	中心钻φ8，φ10，φ12			
2.钻孔	钻头φ30~75			
3.镗孔	镗刀型号	加工范围	刀长	总长
	Z MAC 55	φ55~φ70	70	200
	Z MAC 70	φ70~φ85	70	235
	Z MAC 85	φ85~φ100	100	220
	Z MAC 100	φ100~φ140	100	310

加工步骤	刀具规格	刀具总长
1.粗加工	φ100盘铣刀	280，420，550
2.精加工	φ100盘铣刀	280，420，550

加工步骤	刀具规格
1.粗加工	φ50×150玉米刀刀
2.精加工	φ50×150焊接刃刀

加工步骤	刀具规格
一次加工	φ30直柄×150

图6.11　拉延凹模机加工过程(单位:mm)

6.3.3　刻模

使用先进的数控加工机床刻模,可按已备好的数据资料进行加工,制造工作型面和外轮廓表面。使用传统的仿形铣床刻模,按靠模进行仿形加工,刻模加工的好坏对后续工序的制造工时有很大的影响。要充分注意机床精度的保持和加工方法的选择(选定适应加工形状的小直径圆头锥形铣刀和仿形装置的进给量等),注意靠模精度的控制,以便尽可能减少研修余量,得到清晰的外轮廓。

6.3.4　研修

用研修模型研修如图6.12所示,口部斜面如图6.13所示。

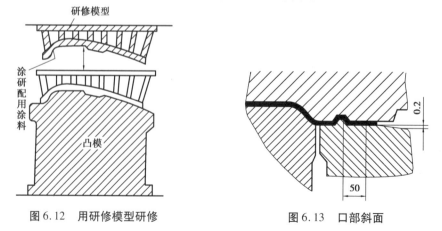

图6.12　用研修模型研修

图6.13　口部斜面

6.3.5　打磨抛光

磨光的顺序和工具因前道工序中用手提砂轮机所加工的状态而异,一般为粗磨砂轮

（F60、F80）→精磨砂轮（F100、F120）→砂纸（F100、F120 号）→油石抛光。根据形状，可使用锉刀和抛光砂轮等工具。使用砂轮时要放平，不应立起来或斜着磨。

①不要打磨过多，否则会损害形状精度，还费工时。砂轮运动方向如图6.14所示。

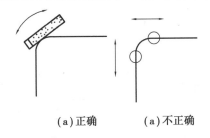

（a）正确　　　　（a）不正确

图6.14　砂轮运动方向

②对曲率半径大的平坦面要仔细、均匀地打磨整个表面。

③对不构成制件的拉延边料处，进行半精磨即可，但拐角处圆角都要充分地修整。

④制件表面的状况，特别是过渡界限模糊不清之处，难以利用研修模型作精确的研修，只能依靠操作者的感觉和技能来加工。

6.3.6　拉延筋的安装

装拉延筋时应注意下列几点：

①拉延筋安放槽应保证槽宽和槽深一致。

②拉延筋粗加工后，按安放槽槽宽配磨，保证 0.03 ~ 0.05 mm 的过盈量。

③按安放槽的形状冷弯拉延筋（形状特别复杂处允许热弯），紧密配入槽中。

④拉延筋配入槽中后，一起钻孔、攻螺纹、铰 15° 锥孔，拧入紧固螺钉。

⑤拉延筋允许分段连接，但连接处的接合面必须紧密无间隙，而且应做成一定斜角（避免垂直缝相接）。

⑥锯、磨螺钉头上的工艺部分，与拉延筋光滑连接。

⑦修磨拉延筋的端头，与压料面均匀、平滑过渡。

6.3.7　坐标孔的加工

为了使冲压件在试冲的前后工序之间定位准确，定位精度一致，并减少模具调整、试冲的次数，缩短模具的调整周期，在模具制造时，可增加两个坐标孔作为模具调整及制件检验的基准孔。

（1）坐标孔位置的确定

确定坐标孔的位置时应注意：

①坐标孔为专用孔，一般不利用产品上的孔。

②坐标孔尽可能设在平面上，而不设在模具有顶出装置及有双动斜楔的部位。

③各工序模具上的坐标孔不能悬空，要与制件接触。

④两个坐标孔之间的距离应尽可能大些。

⑤在覆盖件各工序的模型、检具、模具上，两个坐标孔的位置相对于制件是不变的。

（2）坐标孔的制作

①在研修模型上预先埋入坐标孔衬套。

②将上述研修模型放在需要制作坐标孔的模具（拉延模的凸模的定位部位）上加工坐标

孔,或者用数控机床加工,如图6.15所示。

③在配套的另一部位,如拉延模凹模、翻边模的压料板等,即与坐标孔相应的部位加工避让孔,如图6.16所示。

④配套的销要先加工好备用。

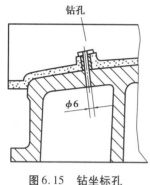

图 6.15　钻坐标孔

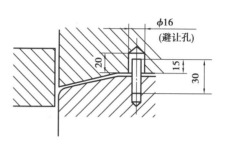

图 6.16　避让孔

任务 6.4　修边冲孔模的制造

6.4.1　修边冲孔模的质量要求

对修边模的质量要求是:修边尺寸准确;切削性能良好;不使制件变形或留下表面斑痕;刀刃寿命长,操作方便。

修边冲孔模的
制造

6.4.2　修边模制造的生产技术准备

除按一般冲模的制造进行生产技术准备外,修边模的制造还需准备下列专用工具:

①仿形模型即修边模和压料板的仿形依据。

②研修模型将已调试合格的拉延件固定在基准架上,作为研修模型,以保证凸模模型与前工序制件吻合。

③立体样板利用拉延件在翻边模上进行试验,决定修边尺寸后,做出修边轮廓线(往往是空间曲线)的立体样板,供凸模刃口划线和检验使用。

6.4.3　修边模的制造要点

1) 刃口部分的制造

修边模的刃口,一般凸模(凸凹模)为整体式铸铁结构(刃口堆焊模具钢),凹模为镶块组合式。镶块可以是整块用模具钢制造,目前修边模更多的是采用铸铁基上堆焊刃口的方法来制造。

其主要优点如下:

①节省模具钢。

②节省机加工费用,简化加工工艺。

③不需要热处理,不存在热处理变形。

④模具崩刃后易修复。

（1）堆焊刃口的剖面形状

堆焊刃口的剖面形状最常用的有三角形与方形两种，如图 6.17 所示。

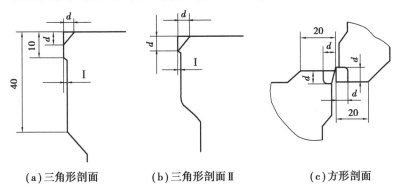

（a）三角形剖面　　　（b）三角形剖面 Ⅱ　　　（c）方形剖面

图 6.17　堆焊刃口的剖面形状

（2）刃口堆焊的工艺要点

堆焊刃口剖面大小与所剪板厚的关系见表 6.6。刃口堆焊的工艺要点如下：

①将基体材料的坡口及附近用砂轮打磨干净，清除油污。

②用电弧焊焊上刃口底层，此层可采用一般的结构钢焊条，如焊条直径为 3.2 mm 时，焊接电流不要大于 100 A。

③每焊完一层都应将焊渣清理干净。

④刃口堆焊的厚度要控制在能磨出刃口，而该刃口一定是处于模具合金钢的焊层内。

⑤焊接过程中的焊接规范要保持相对稳定。

表 6.6　堆焊刃口剖面大小与所剪板厚的关系　　　　　（单位：mm）

板厚	<1.2	1.3～3.2	3.3～4.5	4.6～6
堆焊刃口剖面尺寸 d	5.0～8.0	10.0	11.0	12.0

2）凸模的研修

用研修模型研修凸模表面时，不需像研修拉延模那样全面贴合，主要研配修边线附近和制件定位的地方（倾斜大的地方），着色检查贴合面达到 80% 以上即可。对形状比较复杂的部位，研配时难以判断贴合状态，可在研修模型的拉延件上开些小窗口，以便观察。

3）凸模修边尺寸的划线和加工

凸模刃口部位的划线一般使用修边样板（塑料制件，其外轮廓构成修边尺寸）或立体样板。前者的优点是拉延模和修边模可以平行制造，但其精度通常不如后者，容易造成制造过程中的重复劳动，多用于制造修边线较简单的或精度要求稍低的修边模。修边样板的定位和划线方法如图 6.18 所示。

4）凹模刃口的精加工

凹模刃口的精加工如图 6.19 所示。凸模刃口加工完成后，可作为凹模刃口加工的基准。刃口的对合有两种方法：

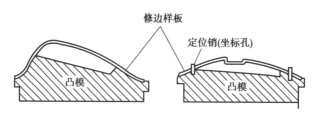

图 6.18　修边样板的定位和划线方法

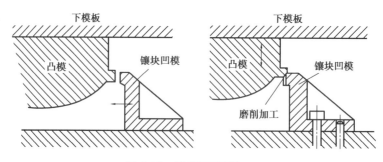

图 6.19　凹模刃口精加工

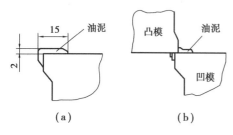

（a）　　　　（b）

图 6.20　刃口油泥

①凹模镶块逐块与凸模对合,其优点是凹模镶块的刀刃可先进行热处理(或堆焊刃口并加工好)装配打磨工作量少,用于外轮廓修边的模具。

②凹模镶块预留适当的余量后组装起来,并在刃口平面上铺一层油泥[图 6.20(a)],将上、下模装在压力机上,滑块处于下死点,调整闭合高度,滑块慢慢下降到凸模的刀刃,接触油泥[图 6.20(b)]压出印痕。

5)压料板的精加工

压料板(顶出器)等与凸、凹模接触面之间的关系是根据制件所需修冲部位以及制件本身的形状来确定的。汽车覆盖件修边冲孔模对此要求比较严格。压料板型面的 3 个区域如图 6.21 所示。

①压料区沿刃口宽 10 ~ 15 mm,要严格保持一个料厚的间隙。

②定位区这个区域不宜过紧过松,以制件放上去稳定为准,间隙等于制件厚度,不能压伤,研配时着色率为 60% 左右。

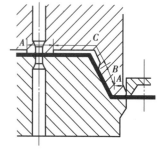

图 6.21　压料板型面的 3 个区域

③非工作区压料板可与制件空开,以免在冲裁过程中压伤制件,并减少研配工作量。

任务 6.5　翻边模的制造

6.5.1　翻边模的质量要求

翻边模的质量要求与修边模有相似之处。一般应使工作表面与制件贴合状态良好,翻边线要准确适当、折曲状态良好,不使制件变形、起皱或留下表面斑痕,模具机构动作协调可靠,操作方便。

翻边模的制造

（1）制造镶块翻边凸模的技术要求

①镶块收缩后,工作部分的形状和尺寸与主模型一致;镶块张开后与制件外壁不碰到,能顺利地取出制件。

②接合面间隙不大于 0.05 mm。

③热处理硬度为 55~60HRC,最后进行渗氮处理。

④工作部分表面粗糙度值为 0.8 μm。

（2）制造镶块翻边凹模的技术要求

①镶块张开后,凹模轮廓的形状和尺寸符合制件的翻边要求;镶块收缩后要不影响前工序制件进入工作位置。

②翻边凹模与凸模应保证有合理的翻边间隙。

③热处理硬度为 55~60HRC,渗氮处理。

④镶块之间接合面间隙不大于 0.05 mm,滑键及键槽保证滑动配合,以达到打开与收缩动作灵活的目的。

6.5.2　翻边模的制造工艺要点

（1）制造凸模的工艺要点

①加工型面时,为保证制件的质量,凸模在仿形铣加工前,将各镶块按收缩位置固定在工艺固定板上,划出冲模中心线。

②凸模的翻边轮廓应按样板进行划线、铣削和修磨加工,样板则按凹模轮廓加料厚。

（2）制造凹模的工艺要点

①外轮廓加工时,应考虑凹模镶块张开后,其外轮廓的形状和尺寸符合制件翻边要求,通常采用一块整样板来控制。

②为保证各镶块张开与收缩动作灵活,在磨镶块接合面及与斜楔滑动面呈 45°时,应找准正镶块上的键槽方向,并以键槽为基准,精磨镶块各面。

③凹模镶块的高度应比凸模翻边处高度差一个制件的料厚。

（3）压料板制造工艺要点

与修边模相类似,压料板的翻边线附近要仔细打磨抛光,特别是外缘翻边的场合,往往需要边打磨边调整,以防止翻边模工作时,造成覆盖件凸缘附近出现局部翘曲。

任务 6.6 汽车覆盖件冲压模具的调整

汽车覆盖件冲压模具的调整如下：

①用指定的坯料在冲模上进行试冲。

②验证生产的可行性及稳定性。

③试冲过程中若发现影响安全生产、操作方便等因素，要设法排除，同时规定作业条例。

④根据设计要求，有的冲模需要通过试验决定工作尺寸或坯料尺寸。

⑤记录试冲调整的过程及工作内容，并及时总结，积累有关资料，为以后的模具设计和制造提供参考。

6.6.1 调整的准备

所谓试模进行得好，就是用很少几次试冲就能弄清楚问题的所在，试冲前的准备工作非常重要。试冲与调整时应要求设计、制造、质量管理及模具使用等有关部门的人员到场，其有关准备工作见表 6.7。

调整准备、冲模安装和坐标孔的应用

表 6.7 调整冲模准备工作一览表

序号	项目	内容
1	熟悉冲模，充分了解模具设计者的意图	1. 冲压件图 2. 冲压工艺 3. 冲模结构(包括主体结构及配置的自动化等装置)和冲模制造检测报告 4. 冲模及其使用的验收标准 5. 冲模安装图 6. 考虑试冲调整的程序和注意事项
2	检查冲模的安装条件	1. 冲模所需的压力、压边力、顶出力等是否与压力机相适应 2. 冲模的闭合高度、质量、尺寸等是否与压力机相适应 3. 安装槽(孔)位置是否与压力机上的一致 4. 托杆直径和长度以及下模座的托杆孔位置是否与压力机相适应 5. 打料杆直径和长度是否与压力机上的打料机构相适应
3	检查压力机技术状态	1. 压力机的精度是否满足要求 2. 压力机的制动器、离合器、平衡缸和液压系统及操作机构的工作是否正常，超载保护装置是否正常 3. 把压力机的打料螺栓调节到适当位置，以免调节滑块闭合时发生干涉 4. 压力机上压缩空气垫的操作是灵活的

续表

序号	项目	内容
4	其他	1. 试冲坯料，必要时标上标记 2. 检测工具 3. 安装紧固件、衬垫等附件安装工具 4. 润滑剂(设备、模具、制件用) 5. 修理工具 6. 根据模具功能，确定相应的检测内容，最好准备有关表格

6.6.2 冲模的安装

冲模安装时应使模具中心与压力机中心重合。

(1)在单动压力机上安装冲压模具

①开动压力机，把滑块升到上死点。

②把冲模吊到压力机前面，并把压力机台面、滑块底面和冲模上、下面擦拭干净。

③先按图样位置将托杆插入压力机台面的托杆孔内，再将冲模移入压力机台面上适当位置，调节压力机的闭合高度，使滑块底到冲模平面的距离大于压力机行程，然后用"寸动"操作，使滑块下降至距冲模上平面 50 mm 处停止，打开气垫的压缩空气阀，使托杆升起进入冲模。

④用"寸动"操作，将滑块降到下死点，调节闭合高度，使滑块下平面接触模上平面。

⑤用螺钉将上模紧固在压力机滑块上(对称地、交错地拧螺钉)，并将下模初步固定在压力机台面上(不拧紧螺钉)。

⑥将闭合高度稍调大一点(以免冲模顶死)，然后开动压力机松开下模安装螺钉，让滑块空运行数次，再把滑块降到下死点停住。

⑦拧紧下模紧固螺钉，然后开动压力机，使滑块升到上死点。

⑧在导柱上加润滑油，并检查冲模工作部分有无异物，然后开动压力机，使滑块空运行数次，检查导柱与导套的配合情况。

⑨进行试冲，并逐步调节闭合高度到所需的位置。

⑩如果上模有打料杆，则应调节压力机上的打料螺栓到适当的高度。

⑪如果冲模需要气垫，则应调节压缩空气到合适的压力。

(2)在双动压力机上安装拉延模

在双动压力机上安装拉延模的步骤见表 6.8，如图 6.22 所示为双动拉延模安装图例，如图 6.23 所示为双动拉延模安装方法。

表 6.8 在双动压力机上安装拉延模步骤

序号	内容和方法	
	在一般的双动压力机上	在改进后的双动压力机上
1	按冲模安装图选定安装用的垫板	

续表

序号	内容和方法	
	在一般的双动压力机上	在改进后的双动压力机上
2	将内、外滑块停于上死点,并调节压力机内、外滑块最高点	将外滑块垫板放在压边圈上面,用螺钉将它和压边圈初步连接上
3	将冲模拖进压力机台面中心位置	调节压力机内、外滑块的闭合高度,内滑块调至最大,外滑块调至比冲模外闭合高度大 10~20 mm
4	把滑块降至下死点,调节内滑块闭合高度至与凸模固定座接近。对准安装槽(孔),将凸模固定座用螺钉固定在内滑块垫板上	开动压力机,使内、外滑块停止于上死点
5	开动压力机,使滑块及凸模停于上死点	将冲模拖进压力机台面中心位置
6	将冲模从台面上拉出,把外滑块垫板放在压边圈上,用螺钉将它和压边圈初步连接上,再将冲模拉入压力机台面中心位置	将滑块降至下死点,调整内滑块闭合高度至与凸模固定座接近,对准安装槽(孔),用螺钉将凸模固定座固定在内滑块垫板上
7	卸下外滑块垫板与压边圈的连接螺钉,开动压力机空运行数次,使外滑块垫板处于正确位置	
8	安装压边圈,放掉平衡气缸里的压缩空气,调节外滑块的高度,使外滑块与垫板接触,用螺钉将外滑块、外滑块垫板和压边圈连接并固紧,然后往平衡缸里送压缩空气	
9	用螺钉将凹模初步固定在工作台垫板上(不拧紧螺钉)	
10	开动压力机,试运行正常后,拧紧凹模的固定螺钉	

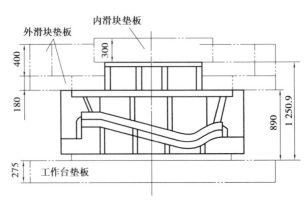

图 6.22 双动拉延模安装图例

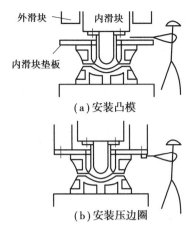
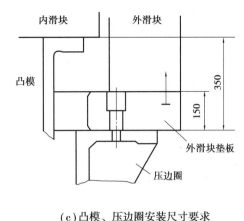

（a）安装凸模

（b）安装压边圈

（c）凸模、压边圈安装尺寸要求

图 6.23 双动拉延模的安装方法

6.6.3 坐标孔的应用

模具制造时制作的坐标孔，调试之前应在坯料上预先翻制出，以便插上定位销来准确定位。翻制的方法是把坯件放在模具上，利用橡皮将坐标孔的位置翻印到坯件上，然后利用手钻在坯件上钻孔。

①调整时，以坐标孔为基准，检查冲压中板料是否有偏移，偏移时板料流动受坐标孔中定位销的阻碍会变形，可根据变形情况判断问题的原因并采取措施。

②模具调整中，往往需要对模具进行反复的研磨和精修。

③制件在几道工序加工后，可能会有弹性变形。

6.6.4 拉延模的调整

拉延模的调整过程主要是拉延筋的调整过程及模具参数的调整过程。拉延模的调整较为复杂。

拉延模的调整

1）拉延模调整的程序

在双动压力机上调整拉延模的步骤见表6.9。

表 6.9 在双动压力机上调整拉延模的步骤

序号	内容	说明
1	研修压料面和拉延筋槽	用试冲坯着色研配，以保证各处间隙均匀
2	研修凹模	按凸模研修凹模，用试冲坯料着色研配，保证凸模与凹模之间的料厚间隙
3	检查凹模口和拉延筋槽等处的圆角半径	若不符合图样应修磨好
4	抛光	将研修好的压料面、拉延筋槽及凹模圆角等处抛光并擦拭干净
5	试冲和调整	用图样规定的坯料进行试冲，并根据试冲出的制件缺陷分析其原因，设法排除，最后冲出合格的制件
6	装挡料销或修整挡料装置	根据拉延坯料确定挡料销位置，通过反印在压边圈上找到相应位置，并加工避让孔

续表

序号	内容	说明
7	凹模火焰淬火	在凹模的圆角、棱线等易磨损处进行火焰淬火
8	磨光凸模圆角	—

2)拉延模调整要点和方法

（1）拉延模调整要点

①拉延件出现破裂或皱纹是拉延模调整中较常见的缺陷，其产生的原因很简单。

a.调节压力机外滑块的压力。

b.调整压料面配合的松紧,压边圈与凹模的压料面应研配全面接触,以保证其在拉延过程中始终起压料作用。调整时允许根据所需阻力大小进行修正,如图6.24所示。

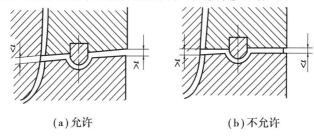

（a）允许　　　　　　　　（b）不允许

图6.24　压料面调整

c.调整拉延筋配合的松紧,如图6.25(a)所示。要保证槽宽 B,槽深可适当增加,圆角半径应从小逐步磨大。拉延筋的高度可根据需要磨低一些,多排筋的高度应从里往外逐渐降低,使进料阻力从小到大,如图6.25(b)所示。

d.调整凹模圆角半径,根据试冲件的情况修磨凹模圆角半径,从小逐步磨大到适当为止。

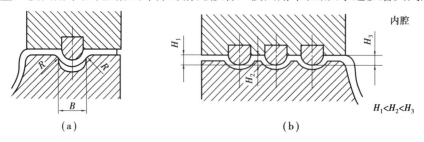

（a）　　　　　　　　　　　（b）

图6.25　拉延筋配合调整

e.改变坯料形状和尺寸。当拉延件基本拉成后,对局部的破裂和皱纹可以通过改变板坯局部形状来解决。如需加大进料阻力,则将该处的坯料边缘适当加大;反之,则适当减小。

f.适当润滑。

②分步调整。

③调整和试冲作业。大致分为板厚调整和拉延作业,很难在两者之间划出一条明显的界线,但是前者以调整板厚为主,边拉延边调整,此时所使用的拉延板坯若出现裂纹和皱折,可切去这些缺陷后继续使用。

（2）拉延模的调整方法

拉延模调整时常见的缺陷和解决办法见表 6.10。

表 6.10　拉延模调整时常见的缺陷和解决办法

制件缺陷	产生原因	解决方法
剪切破裂	1.凸、凹模间隙过小或不均匀 2.凸、凹模圆角过小 3.工序数过少 4.进料阻力不均 5.表面粗糙度值太大 6.润滑不良	1.调整凸、凹模间隙 2.加大凸、凹模圆角 3.增加工序 4.调整进料阻力 5.减小表面粗糙度值 6.改善润滑
胀形破裂	1.局部形状变形程度太大 2.局部形状凸、凹模圆角太小 3.局部形状成形高度太大	1.改善变形条件,扩大出口变形范围(如开工艺切口或工艺孔) 2.增大圆角 3.改变(降低)成形高度或多道工序成形
拉延破裂	1.凸、凹模圆角过小 2.拉延筋槽圆角太小 3.压边力太大 4.模具工作部位表面粗糙度太大 5.润滑不良	1.加大凸、凹模圆角 2.加大圆角或取消拉延筋 3.减小压边力 4.减小表面粗糙度值 5.改善润滑
边缘破裂	1.拉延、翻边深度太大 2.材料边缘状态差(断面已有裂纹)	1.加大内凹翻边外的材料 2.改善板坯的边缘状态
其他原因导致的破裂	1.坯料放偏 2.板坯尺寸太大 3.坯料的厚度公差、表面质量、拉延级别等不符合要求	1.放正,必要时加预弯工序 2.减少板坯尺寸 3.选用优质材料
法兰破裂	1.压边力不够 2.压料面"里松外紧" 3.凹模口圆角太大 4.拉延筋数量不足或布置不当 5.坯料尺寸太小	1.加大压边力 2.消除"里松外紧"现象 3.减小圆角半径(补焊等) 4.增加拉延筋或调整其位置或改用拉延槛 5.加大坯料尺寸
悬空侧壁皱纹	1.凹模圆角太大 2.压料面形状不当	1.减小圆角半径 2.修改压料面形状
凸模底部皱纹	1.制作结构不良 2.冲压方向不当	1.增加工艺性装饰冲压 2.改变冲压方向,重新设计模具
其他皱纹	1.润滑不良 2.坯料过软 3.坯料定位不稳定	1.注意润滑操作 2.更换试冲坯料 3.改善定位,必要时加预弯工序

续表

制件缺陷	产生原因	解决方法
修边后形状尺寸不准确或刚性不够	1.压边力不够 2.拉延筋数量不够或布置不当 3.材料选择不当 4.覆盖件结构工艺性差 5.凸模或凹模内无排气孔	1.加大压边力 2.增加拉延筋或改善其分布或采用拉延槛 3.更换材料或拉延前将坯料进行辊压 4.在相应的部位设置加强筋 5.加排气孔
装饰棱线不清，压双印	1.凸模与凹模压紧 2.凸模与凹模间隙不均匀 3.坯料相对凸模窜动	1.调节闭合高度或换用大吨位压力机 2.调节间隙到均匀 3.调节各部位的进料阻力或改变冲压方向
表面拉毛	1.压料面或凹模圆角不够光洁 2.镶块接缝间隙太大 3.模具或表面不清洁 4.润滑不足或润滑剂质量差 5.工艺补充面不足 6.坯料相对凹模窜动	1.修光压料面及凹模圆角 2.消除接缝间隙 3.清洁模具或板料 4.改善润滑条件 5.增加工艺补充面 6.调节阻力或改变冲压方向
表面粗糙或有滑移线	1.坯料表面晶粒粗大 2.材料的屈服极限不均	1.坯料正火处理或更换材料 2.拉延前将坯料进行辊压或更换材料

6.6.5 翻边模的调整

翻边模进行试冲调整是为了检测制件表面状况、折曲状态、制件尺寸的准确性及制件取出后有无变形。若翻边时造成破裂、皱纹或存在有关缺陷，应分析其产生的原因，并采取相应措施设法解决。

翻边模和修边模的调整

（1）内孔翻边模

覆盖件的翻边与普通冲压件的翻边相似，可分为内孔翻边和外缘翻边两大类。在试冲调整时内孔翻边常见缺陷和解决办法见表 6.11。

表 6.11　内孔翻边常见缺陷和解决办法

制件缺陷	产生原因	解决方法
孔壁不直	1.凸、凹模间隙太大 2.凸、凹模间隙不均匀	1.改变凸模或凹模 2.调整间隙，必要时重新装配找正
孔端不平	1.凸、凹模间隙太小 2.凸、凹模间隙不均匀 3.凹模圆角不均	1.加大间隙 2.调整间隙 3.修整凹模圆角半径
裂口	1.冲孔断面有飞边 2.坯料太硬 3.翻边高度太高 4.凸、凹模间隙太小	1.减小冲孔飞边或使有飞边的面处于翻边内缘 2.将坯料退火或更换材料 3.预拉延后再翻边或变更制件设计(降低高度) 4.加大间隙

（2）外缘翻边

外缘翻边调整常和试验决定坯料（坯件）尺寸同时进行。在试冲调整时外缘翻边常见缺陷和解决办法见表6.12。

表6.12 外缘翻边常见缺陷和解决办法

制件缺陷	产生原因	解决方法
形状或尺寸不符合图样要求	凸模或凹模尺寸不准确	1. 对落料，先将凹模的形状和尺寸修准，然后调整凸模，并保持合理的冲裁间隙 2. 对冲孔，先将凸模的形状和尺寸修准，然后调整凹模，并保持合理的冲裁间隙
剪切断面出现双光亮带	冲裁间隙太小	1. 对落料应修磨凸模，对冲孔则应修磨凹模 2. 在不影响制件尺寸公差的前提下，既可修磨凸模，也可修磨凹模
剪切断面出现拉长飞边	1. 冲裁间隙太大 2. 刃口不锋利或硬度不足	1. 对落料应加大凸模，对冲孔应缩小凹模，在不影响制件尺寸公差的前提下，既可采用缩小凹模，也可采用加大凸模的办法来保证合理间隙 2. 修磨工作部分刃口或重新热处理
剪切断面的光亮带不均匀	冲裁间隙不均匀	1. 修磨凸模或凹模，保证间隙均匀 2. 重装凸模或凹模

6.6.6 落料模、修边（冲孔）模的调整

这几种模具的工作性质属于冲裁，其调整的方法基本相似。

（1）刃口及其间隙的调整

冲裁类模具调整时刃口常见缺陷和解决办法见表6.13。

表6.13 冲裁类模具调整时刃口常见缺陷和解决办法

冲压件缺陷	产生原因	解决方法
边壁不直	1. 凸、凹模间隙太大 2. 坯料太硬	1. 减小间隙 2. 坯料退火或更换材料
边缘不平齐	1. 凸、凹模间隙太小 2. 凸、凹模间隙不均 3. 坯料偏软 4. 凹模圆角大小不均	1. 加大间隙 2. 调整间隙 3. 修正定位 4. 按要求修正凹模圆角半径
侧壁有波纹或皱纹	1. 凸、凹模间隙太大或间隙不均 2. 凹（凸）模没有压靠到位 3. 翻边高度太高 4. 坯料外轮廓有突变 5. 制件的工艺性差	1. 修正间隙 2. 调节凹（凸）模的工作行程 3. 修改制件设计 4. 修改坯料外轮廓 5. 改变凹模或凸模的形状，让多余的材料向相邻两边散开

续表

冲压件缺陷	产生原因	解决方法
破裂	1. 凸、凹模间隙太小 2. 凸、凹模圆角太小 3. 坯料太硬 4. 制件的工艺性差	1. 加大间隙 2. 加大圆角半径 3. 坯料退火或更换材料 4. 改善制件的工艺性或设法使该处略迟翻边，让邻近的材料先翻边，有余料向该处集中

（2）定位的调整

修边（冲孔）模的定位件形状，应与前工序制件形状相吻合，才能保证稳定定位。否则不仅影响修边、冲孔的位置，还可能使制件在修边、冲孔过程中发生变形。

（3）卸料系统的调整

冲裁类模具不仅要保证制件尺寸和断面质量，还应保证制件和废料的顺利顶出和排出，以便模具连续工作。

①卸料板（顶件器）形状是否与制件贴合。

②卸（顶）料力是否足够大。

③卸（顶）料行程是否合理。

④凹模刃口有无倒锥。

⑤漏料孔和出料孔槽是否畅通无阻。

6.6.7　坯料尺寸的确定

冲压件成形前的坯料（坯件）形状和尺寸，一般可通过计算或图解法求得。但计算时一般假定料厚在变形过程中保持不变，而实际情况并非如此，特别是形状不规则的汽车覆盖件，料厚的变化规律不易准确把握，这就使得计算结果不能完全符合实际，对其坯料（坯件）尺寸，在理论计算的基础上，必须经过试冲和调整来校验修正，才能确定下来。在模具制造顺序中，修边模一般是放在翻边模之后制造，落料模一般是放在最后制造就是这个原因。

①材料选用技术文件规定的牌号和规格。

②按计算所得的形状和尺寸剪裁出坯料。

③将变形工序（拉延、翻边等）用模具安装并基本调整好。

④将坯料（坯件）放在模具上试冲。

⑤测量试冲后的制件尺寸。

⑥根据制件与图样之间的偏差，修改坯料（坯件）。

⑦重复上述有关内容，直至制件符合图样要求为止。

⑧把坯料（坯件）的形状和尺寸确定下来，作为落料或修边等模具的制造依据。

6.6.8　调整过程的其他工作及总结

设计一般侧重考虑模具本身的功能，对操作的方便程度与设备及附属装置的协调关系、上下工序之间的协调关系、操作的安全性、模具的维护保养等问题可能缺乏周到的考虑。而在大批量生产时，上述问题的重要性不言而喻，在模具调整的同时，有必要对上述问题进行逐项考虑，予以充分的重视。

（1）操作的方便程度

为了提高生产率、减轻工人劳动强度，并便于保证制件质量，有必要对操作者的动作、位置和模具之间的关系是否妥善进行充分研究，并设法调整到最佳状态。如有必要，可增加垫板，如图6.26所示。在装料、冲压、卸件等有节奏的操作循环中，事先消除可能引起制件出现撞击伤痕的因素，如有必要，可设置导滑面，如图6.27所示。

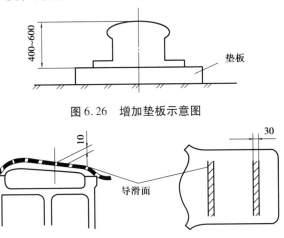

图6.26　增加垫板示意图

图6.27　设置导滑面

（2）与设备及附属装置的协调关系

为了实现自动化，在模具上配置一些附属装置是必要的。例如，装料装置有坯料导板和隐式定位装置，卸料装置有提升器、推料器、抛掷器和上升溜槽等。为了充分利用这些装置的功能，要经常调整其动作程序。

（3）操作的安全性

汽车覆盖件的冲压往往需要多人共同操作，对安全性要求更高，为此要仔细考虑模具操作者和设备（光电管等安全装置）之间的关系，以确定合理的作业周期。对冲压生产线，要与上、下工序综合起来考虑。

（4）模具的维护保养

在模具调整时，必须研究它在修理时拆装或更换零件的难易程度，并制订出模具维护保养守则。例如，从动楔装在上模时，应保证即使不拆开楔块也能进行压料板的拆装（图6.28）。

（5）模具调整结果的总结

模具调整成功后，要及时进行总结，对现场的各项记录要综合归纳，大致有以下几个方面：

①最终试冲件的检查结论。

②试冲设备工艺参数，如加工压力、压边力、气垫压力及润滑条件等。

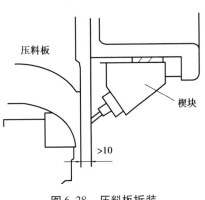

图6.28　压料板拆装

③凸、凹模圆角相对图样尺寸的修正量。

④有关准备、冲压、拆卸的操作顺序，所需设备、人员组成、工作场地布置等。

小结：

1. 汽车覆盖件冲模工作型面复杂、轮廓尺寸大、生产准备工作繁重、制造周期长。

2. 汽车覆盖件模具制造设备种类多、工艺复杂。

3. 生产技术准备包括铸件准备、模型和样板的准备。

4. 拉延模的制造与修边冲孔模具的制造、翻边模的制造工艺不同。

5. 汽车覆盖件冲压模具的调整包括调整准备、冲模安装、坐标孔的应用、拉延模的调整、翻边模的调整、落料模、修边冲孔模的调整、坯料尺寸的确定等流程。

项目 7
汽车冲压件检测

学习目标

1. 认识车身冲压件常见冲压缺陷及产生原因。
2. 学会使用车身冲压件检测工具。
3. 学会车身冲压件检测方法及判定标准。

任务 7.1　汽车冲压件质量缺陷

在汽车冲压生产过程中,零件主要存在的质量缺陷一般可以分为 3 类,即外观缺陷、功能尺寸缺陷和返修缺陷。

7.1.1　外观缺陷

外观缺陷

外观缺陷主要有裂纹、缩颈、坑包、变形、麻点、锈蚀、材料缺陷、起皱、毛刺、拉压痕及划伤、圆角不顺、叠料及其他。

(1)裂纹

检查方法:目视。

裂纹对外覆盖件是不可接受的(图 7.1)。对内覆盖件仅细微的碎裂允许进行补焊返修处理,但返修部位应是顾客不易发觉的地方,且必须满足冲压件的返修标准。

(2)缩颈

检查方法:目视、剖解。

缩颈是冲压件成形过程潜在的危险破裂点,对冲压件的功能、强度、耐疲劳度有着至关重要的影响(图 7.2)。根据缩颈的程度可判定冲压件是否合格、返修及报废等。外覆盖件缩颈影响整车外观,客户是不可接受的。

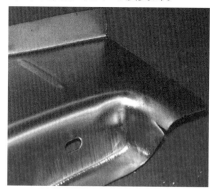

图 7.1　裂纹

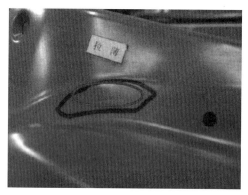

图 7.2　缩颈

(3)坑包

检查方法:目视。

坑包的存在严重影响覆盖件油漆后的外观质量,是客户不能容忍的缺陷(图 7.3)。大面积的坑包会影响制件强度、疲劳度,无法修复。

(4)变形(凸起、凹陷、波浪)

检查方法:目视、油石打磨、触摸、涂油。

变形的产生主要是模具没有研配到位、人为操作不当或者机器人吸盘没有调试到位产生的(图 7.4)。变形按照缺陷可以分为以下 3 类:

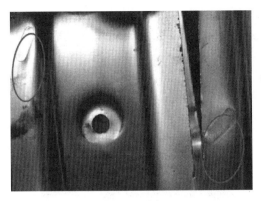

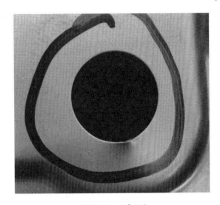

图7.3 坑包 · 图7.4 变形

A类缺陷:用户不能接受的缺陷,没有经过培训的用户也能注意到。

B类缺陷:在冲压件外表面上摸得着、看得见和可确定的缺陷。

C类缺陷:需要修正的缺陷,绝大多数处于模棱两可的情况下,只有在油石打磨后才看得出。

（5）麻点

检查方法:目视、油石打磨、触摸、涂油。

麻点的产生有很多原因（图7.5）,如带来的板料脏、镀锌板锌粉脱落、模具本身型腔表面脏、模具镀铬脱落,设备机器人吸盘脏、压力机工作台面不干净,以及厂房环境中有灰尘和细沙等,按照缺陷可以分为以下3类:

A类缺陷:麻点集中,超过整个面积的2/3都分布有麻点。

B类缺陷:麻点可看到、可摸到。

C类缺陷:打磨后可见单独分布的麻点,要求麻点间距离为300 mm或更大。

图7.5 麻点

（6）锈蚀

检查方法:目视、剖解。

锈蚀是冲压件长期存放或者存放不当导致的生锈,它对冲压件的功能、强度、耐疲劳度有着至关重要的影响。

（7）材料缺陷

检查方法:目视。

材料强度不符合要求,轧钢板留下的痕迹、重叠、橘皮、有条纹、镀锌表面疏松、镀锌层剥落等都属于材料缺陷。

（8）起皱

检查方法:目视。

外覆盖件不允许存在任何顾客容易察觉的起皱（图7.6）,内覆盖件不允许存在严重的起皱从而导致材料叠料。

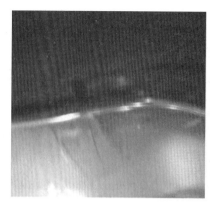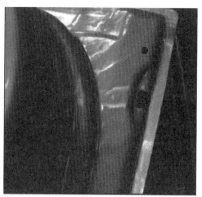

图 7.6　起皱

（9）毛刺

检查方法：目视。

材料在凸、凹模冲压剪切作用下，从弹性变形到塑性变形再到断裂分离。凸凹模间隙的存在，使材料被拉断时在分离方向超出板料厚度的毛边部分通常称为毛刺（图7.7）。

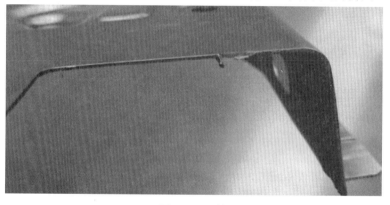

图 7.7　毛刺

毛刺不仅会严重影响产品的质量，还会磨损劳保用品，存在严重的安全隐患。毛刺的存在必须符合以下4个要求：

①毛刺的长度要求小于板料厚度的10%。

②任何影响焊接搭边贴合程度的毛刺都是不可接受的。

③任何容易导致人身伤害的毛刺都是不可接受的。

④任何影响零件定位及装配的冲孔毛刺都是不可接受的。

（10）拉压痕及划伤

检查方法：目视。

外覆盖件的外表面不允许存在拉毛、划伤及压痕（图7.8、图7.9、图7.10）；外覆盖件的内表面不

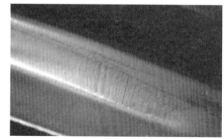

图 7.8　拉毛

允许存在影响外表面质量的划伤、压痕。内覆盖件表面不允许存在潜在的导致零件拉裂的严重划伤、压痕。

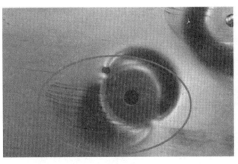
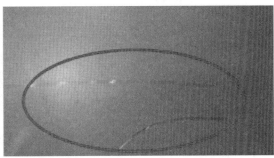

图 7.9　划痕

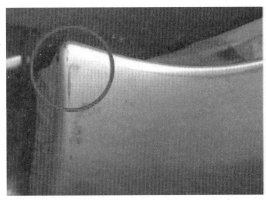
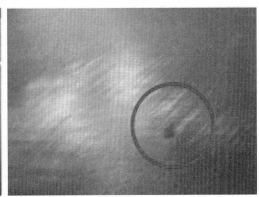

图 7.10　压痕

（11）圆角不顺

检查方法：目视、检具测量。

圆角不顺是指圆角半径不够均匀，不够清晰光顺。外覆盖件不允许存在圆角不顺，内覆盖件的一些装配面、搭接面圆角不顺不仅影响制件外观，严重的还影响焊接、装配。

（12）叠料

检查方法：目视。

外覆盖件不允许存在叠料缺陷（图 7.11），内覆盖件不同程度的叠料缺陷会导致客户抱怨，功能类冲压件会影响制件的装配和车身强度。

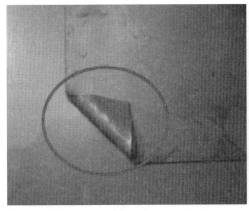
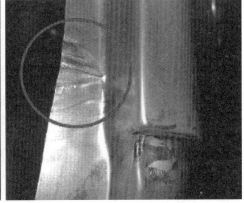

图 7.11　叠料

（13）打磨缺陷及打磨印

检查方法：目视、油石打磨。

打磨按照缺陷分为以下 3 类：

A 类缺陷：打磨穿了，在外表面上明显可见，所有顾客都一目了然。

B 类缺陷：能看到、摸到，在有争议的地方打磨后也能证明。

C 类缺陷：用油石打磨后能看出。

针对冲压件存在的缺陷，一定要遵循"质量从严"的原则进行判定，外观缺陷检测判定标准见表7.1。

表 7.1　冲压件外观缺陷检测标准（参考）

项目	描述	关键件	判定（整车区域）			
			A	B	C	D
裂纹	1. 封闭裂纹：长度≥50 mm 　　　　　宽度≥3 mm 2. 不封闭裂纹：长度≥30 mm 　　　　　宽度≥2 mm	—	报废			
	1. 封闭裂纹：10 mm≤长度<50 mm 宽度<3 mm 2. 不封闭裂纹：10 mm≤长度<30 mm 宽度<2 mm	是	报废	报废	报废	报废
		非	报废	返修	返修	返修
	1. 封闭裂纹：长度<10 mm 宽度<3 mm 2. 不封闭裂纹：长度<10 mm 宽度<2 mm	—	返修	返修	返修	返修
缩颈	缩颈部位材料厚度：厚度≥料厚的80%；缩颈部位长度≥60 mm	—	报废			
	缩颈部位材料厚度：料厚的50%≤厚度<料厚的80%；缩颈部位长度：30 mm≤长度<60 mm	是	报废	报废	报废	报废
		非	报废	报废	返修	返修
	缩颈部位材料厚度：厚度<料厚的50%；缩颈部位长度：长度<30 mm	—	返修			
坑包	面积≥8 mm²；长度≥10 mm；高度≥1.5 mm	—	报废	报废	返修	返修
	面积<8 mm²；长度<10 mm；高度<1.5 mm	—	报废	报废	返修	合格
变形	零件表面出现明显起伏；目视明显；严重影响外观及装配	—	报废			
	零件表面出现起伏；目视不明显；手感明显	—	返修	返修	返修	合格
	零件表面出现起伏；手感不明显；油石检验明显	—	返修	返修	返修	合格

续表

项目	描述	关键件	判定（整车区域）			
			A	B	C	D
麻点	零件 2/3 面积上能看到麻点或小凸包	—	报废			
	零件表面用油石磨削之前用手感觉明显的麻点或麻点群；麻点面积<2/3 零件面积	—	报废	报废	返修	合格
材料缺陷	料厚明显不符合要求；表面有明显的橘皮滑移线、镀锌层疏松；锌脱落长度≥300 mm；宽度≥5 mm	—	报废	报废	报废	合格
	轻微的材料缺陷；磨件后可见的材料缺陷	—	返修	返修	合格	合格
锈蚀	锈蚀厚度≥料厚的 40% 锈蚀面积≥全部面积的 25% 型面比较复杂无法消除锈蚀	—	报废			
	锈蚀厚度：料厚的 20%≤厚度<料厚的 40%	是	报废			
	锈蚀面积：全面积的 5%≤面积<全面积 25%	非	报废	报废	返修	合格
	表面质量受锈蚀影响但可通过打磨修复	—	返修			
起皱	肉眼能看出的严重起皱，棱线错位，严重影响焊接及装配	—	报废			
	棱线、弧度不够清晰光顺，肉眼可见的橘皮、波纹及棱线错位	是	报废	报废	返修	返修
		非	报废	报废	返修	合格
毛刺	毛刺高度 H 大于料厚的 40%；有操作危险性的精毛刺	—	返修			
	毛刺高度：高度<料厚的 20%；毛刺影响定位、装配、焊接及压合	一般孔	合格			
		定位孔装配孔	返修			
		一般料边	合格			
		压合/焊接料边	返修			
	毛刺高度：高度<料厚的 20%	—	合格			
拉毛压痕划伤	深度≥料厚的 30%；宽度≥2 mm；长度≥5 mm	是	报废			
		非	报废	报废	返修	合格
	料厚的 10%≤深度<料厚的 30%；宽度<2 mm；长度<5 mm	—	返修	返修	返修	合格
	深度<料厚的 10%	—	返修	返修	合格	合格

续表

项目	描述	关键件	判定（整车区域）			
			A	B	C	D
圆角不顺	圆角半径不均匀，未达到要求；明显不清晰、不光顺；配合间隙达 2 mm 以上	—	报废	报废	返修	返修
	圆角半径不均匀，不够清晰光顺；配合间隙达 2 mm 以下	—	返修	返修	合格	合格
叠料	板料重叠宽度：宽度≥8 mm	—	报废			
	板料重叠宽度：3 mm≤宽度<8 mm	是	报废			
		非	报废	报废	报废	返修
	板料重叠宽度：宽度<3 mm	—	报废	返修	返修	合格
其他	能引起严重功能障碍的缺陷	—	报废			
	对使用有明显影响的缺陷	—	返修			

7.1.2 功能尺寸缺陷

功能尺寸缺陷主要包括孔偏、少边、少孔、孔径不符、多料、型面尺寸不符及其他。如图 7.12 所示为少孔，如图 7.13 所示为孔变形，如图 7.14 所示为孔未冲透。

功能尺寸缺陷和返修缺陷

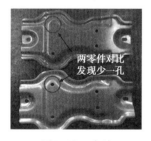

两零件对比发现少一孔

图 7.12　少孔

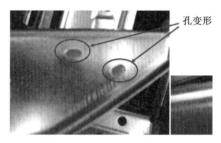

孔变形

图 7.13　孔变形

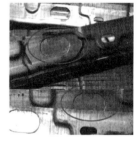

图 7.14　孔未冲透

（1）孔偏或少孔

检查方法：检具测量，三坐标测量。

冲压件的孔根据孔偏移的大小、孔的作用而有不同的质量标准。对定位、安装孔的位置精度要求高，一般工艺孔、过孔位置精度要求低。冲压件少孔是产品设计和要求不允许的。

（2）孔径不符

检查方法：间隙尺、游标卡尺测量。

冲压件孔的直径偏差大小，根据孔的作用而有不同的质量标准。定位、安装孔的偏差精度高低直接决定了整车的装配性能。一般工艺孔、过孔位置偏差精度要求相对低些。

（3）少边或多料

检查方法：检具测量，间隙尺、钢直尺、三坐标测量。

冲压件少边多料在不同类别的冲压件上影响程度大不相同。例如，焊接边少边影响焊点分布和操作,压合边少边和多料决定压合后的总成质量。

(4)型面尺寸不符

检查方法:检具测量,间隙尺、钢直尺、三坐标测量。

冲压件型面尺寸偏差是避免不了的,但是其偏差的大小直接决定了整车的外观配合、冲压件匹配及零部件装配等质量水平。尺寸缺陷的检验判定要遵循的标准见表7.2。

表 7.2 尺寸缺陷检验判定标准(参考)

项目	描述 (零件与检具的间隙用 d 表示 平度用 h 表示,单位 mm)	判定结果
压合料边面	$-0.5 \leqslant h \leqslant 0.5$;$2.5 \leqslant d \leqslant 3.5$	合格
定位面特殊料边面	—	
焊缝搭接边	$-1.0 \leqslant h \leqslant 1.0$;$2.0 \leqslant d \leqslant 4.0$	
定位焊塔接边涉及外观\装配面料边	$-0.5 \leqslant h \leqslant 0.5$;$2.0 \leqslant d \leqslant 4.0$	
定位孔	$0 \leqslant h \leqslant 0.2$;$-0.5 \leqslant d \leqslant 0.5$ $-0.5 \leqslant$ 圆心位置偏移量 $\leqslant 0.5$	合格
装配孔	$-0.2 \leqslant h \leqslant 0.2$;$-0.5 \leqslant d \leqslant 0.5$ $-0.5 \leqslant$ 圆心位置偏移量 $\leqslant 0.5$	
一般过孔	$-0.5 \leqslant h \leqslant 0.5$;$-1.0 \leqslant d \leqslant 1.0$ $-1.0 \leqslant$ 圆心位置偏移量 $\leqslant 1.0$	
一般边缘	$-1.0 \leqslant h \leqslant 1.0$;$1.5 \leqslant d \leqslant 4.5$	
一般型面	$2.0 \leqslant d \leqslant 4.0$	

说明:

①表中数值为制件检具测量的平度、间隙大小。若检具无法测量,应配合三坐标扫描进行确认分析,其数据应结合数模、车身坐标等加以确定。

②不符合上表规定的全部判定不合格。

③尺寸类缺陷,只判定合格与不合格。

④出现不合格,应制订措施或更改模具等。

7.1.3 返修缺陷

返修缺陷主要包括裂纹、孔穴、固体夹杂、未熔合和未焊透、形状缺陷、变形、坑包、刨痕、抛光影、板件变薄及其他。返修缺陷检验判定需要遵从的标准见表7.3。

表 7.3 返修缺陷检验判定标准(参考)

项目		描述	整车区域			
			A	B	C	D
焊接质量	裂纹	不允许出现裂纹	返修	返修	返修	
	气孔缩孔	焊缝长度内出现一个气孔缩孔径≤0.5 mm			合格	
		焊缝长度内出现两个以上的连续气孔缩孔径≤1 mm			返修	合格
	固体夹杂	夹渣、氧化物夹杂、金属夹杂			返修	合格
	未熔合	在焊缝金属和母材之间或焊道金属和焊道金属之间未完全熔化结合的部分			返修	
	未焊透	焊接时接头的根部未熔透			返修	
	形状缺陷	焊瘤、错边、烧穿、未焊满			返修	
表面缺陷	抛光不足	未作振动处理或处理后在检验区正常灯光条件下仍有抛光总面积的 1/3 以上可见	返修	返修	返修	合格
		处理后在检验区正常灯光条件下仍有抛光总面积的 1/3 以下可见	返修	返修	合格	合格
	刨痕	1.未作抛光、振动处理或处理后在检验区正常灯光条件下仍有刨痕长度在 5 mm 以下可见 2.深度占板厚的 15%	返修	返修	返修	合格
		1.处理后在检验区正常灯光条件下仍有刨痕长度在 5 mm 以下 2.手指接触感觉不太明显 3.刨痕个数≤3 条	返修	返修	合格	合格

任务 7.2　汽车冲压件的检测方法

汽车冲压件的
检测方法

7.2.1　外观检验法

(1)触摸检查

用干净的纱布将外覆盖件的表面擦干净。检验员需戴上纱手套沿着零件纵向紧贴零件表面触摸,这种检验方法取决于检验员的经验,必要时可用油石打磨被探知的可疑区域并加以验证,这种方法是一种行之有效的快速检验方法(图 7.15)。

图 7.15　触摸检查图

（2）油石打磨

用干净的纱布将外覆盖件的表面擦干净,用油石打磨的规格为 20 mm×13 mm×100 mm 或更大。有圆弧的地方和难以接触的地方用相对较小的油石打磨(如 8 mm×100 mm 的半圆形油石)。油石粒度的选择取决于表面状况(如粗糙度、是否镀锌等),建议用细粒度的油石。油石打磨的方向基本上沿纵向进行,并且要很好地贴合零件的表面,部分特殊的地方可以补充横向打磨(图 7.16)。

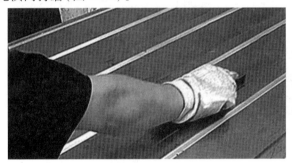

图 7.16　油石打磨

图 7.17　涂油后灯光检查

（3）柔性砂网打磨

用干净的纱布将外覆盖件的表面擦干净,用柔性砂网紧贴零件表面沿纵向打磨至整个表面,任何麻点、压痕都很容易被发现(不建议用此方法检验凹瘪、波浪等缺陷)。

（4）涂油检查

首先用干净的纱布将外覆盖件的表面擦干净,然后用干净的刷子沿着同一个方向均匀地涂油至零件的整个外表面,最后把涂完油的零件放在高强度的灯光下检查(图 7.17),建议把零件竖在车身位置上。采用此方法可以很容易地发现零件上微小的麻点、凹瘪和波纹。

7.2.2　尺寸检验法

（1）检具测量

利用检具、钢直尺、间隙尺等测量工具(图 7.18),对冲压件的孔位置、大小、型面尺寸、料边等部位进行测量。结合产品数模,对冲压件的尺寸进行确认。

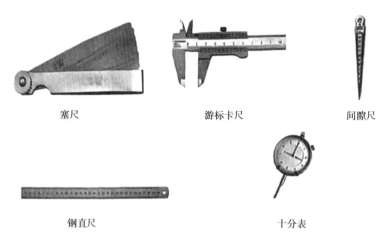

塞尺　　　　　　　　　　游标卡尺　　　　　　　　　间隙尺

钢直尺　　　　　　　　　　　　　　十分表

图 7.18　常用检测工具

（2）三坐标扫描测量

利用专业测量设备对冲压件的孔位置、型面尺寸等进行精确测量。通常要对每批零件的首件进行三坐标测量仪扫描测量（图 7.19）。

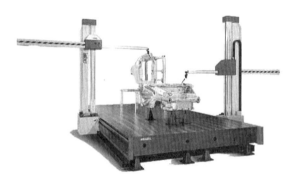

图 7.19　三坐标测量仪

7.2.3　冲压件检具检测法

汽车车身冲压件检验夹具是对冲压件几何形状及几何尺寸进行测量的综合性专用量具，其主要作用是：当模具制造完后，对试模件进行合格性测量，从而确定模具的制造质量；在冲压件批量制造中，用于检测冲压件的加工精度；在生产过程中通过对冲压件的精度检测发现模具存在的故障，从而指导对模具的修理。从以上检验夹具的作用不难看出，随着对车身质量要求的不断提高，汽车车身冲压件检验夹具会得到越来越广泛的应用。在使用检具检测时，需要遵循冲压件检具检测技术规范，其主要内容包括：

（1）工具使用要领

①钢直尺的使用：钢直尺在使用过程中要保证与检测面垂直，检测料边时钢直尺应垂直于检具的 0 mm 或 3 mm 线，而不是板件的料边。读数时眼睛要与刻度保持在同一水平面。

②三角间隙尺的使用：检测以检具为基准，间隙尺在使用时统一为一边要紧贴检具面，读取板件与间隙尺另一边结合位置的数值。

（2）检具测量步骤

①检具检测机构全部打开，如图 7.20 所示。

②制件上检具进行初定位,如图7.21所示。

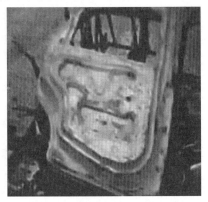

图 7.20   检具检测机构全部打开

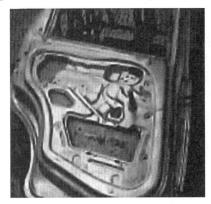

图 7.21   制件上检具进行初定位

③插入主定位对制件进行定位,如图7.22所示。

④插入辅助定位,如图7.23所示。

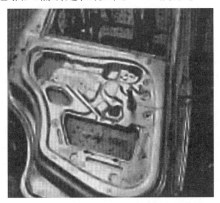

图 7.22   插入主定位对制件进行定位

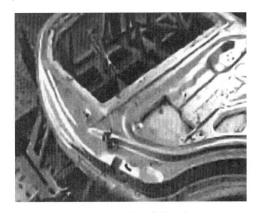

图 7.23   插入辅助定位

⑤依次对制件进行夹紧,如图7.24所示。

⑥制件料边检测,如图7.25所示。

图 7.24   依次对制件进行夹紧

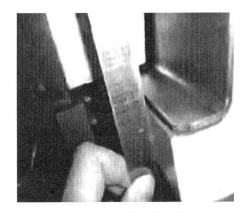

图 7.25   制件料边检测

⑦制件孔检测,如图7.26所示。

⑧型面间隙检测,如图 7.27 所示。

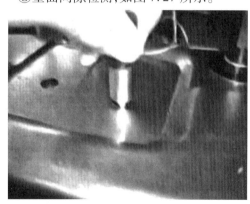
图 7.26　制件孔检测

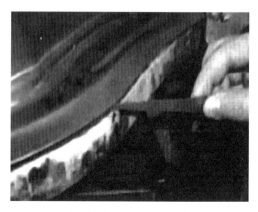
图 7.27　型面间隙检测

（3）注意事项

①将制件与检具型面贴服摆放,注意轻拿轻放,避免制件碰撞变形。

②将定位销插入,对检具进行定位,先插入主定位销,后插入辅定位销。

③将检具上的夹爪和断面样板依次夹紧。

④参照检具切边线对冲压件轮廓进行检查,确认是否存在少料、多料现象。

⑤利用检测销及参照检具目测孔,对冲压件的孔位、孔径进行目视检测,确认制件是否有偏孔、孔径不一致等现象。

⑥用三角塞尺检测制件间隙值,使用钢直尺检测制件料边。

⑦读取数值时,尽量不要斜视,保证读数的准确性。

⑧如实记录数值,对偏差的检测点作标志。

⑨冲压件异常问题处理及优化流程参见生产企业的生产文件。

小结:

1. 车身冲压件常见缺陷包括外观缺陷、功能尺寸缺陷和返修缺陷 3 种。

2. 车身冲压件的检验方法有外观检验法、尺寸检验法和冲压件检具检测法 3 种。

项目 8
汽车冲压安全保护

学习目标

1. 认识汽车冲压安全保护装置的种类、结构及工作原理。
2. 认识冲压生产中的危险性识别。
3. 认识汽车冲压生产中的安全管理。
4. 认识汽车冲压安全规程。

任务 8.1 冲压中的危险性识别

冲压中的危险
性识别

8.1.1 冲压中的危险性

根据发生事故的原因分析,冲压作业中的危险因素主要有以下几个方面:

(1)设备结构危险

相当一部分冲压设备采用的是刚性离合器。这是利用凸轮机构使离合器接合或脱开,一旦接合运行,就一定要完成一个循环,才会停止,假如在这个循环中手不能及时从模具中抽出,就必然会发生伤手事故。

(2)带病运行

使用带病运行的设备极易发生事故。

(3)动作失控

设备在运行中会受到经常性的强烈冲击和振动,一些零部件变形、磨损以至碎裂,引起设备动作失控而发生危险的连冲或事故。

(4)开关失灵

设备的开关控制系统由人为或外界因素引起误动作。

(5)机械性伤害

设备的转动、传动部位可能造成机械性伤害事故。

(6)模具的危险

模具担负着使工件加工成形的主要功能,是整个系统能量的集中释放部位。模具设计不合理,或有缺陷,没有考虑作业人员在使用时的安全,在操作时手要直接或经常性地伸进模具才能完成作业,会增加受伤的可能。有缺陷的模具可能因磨损、变形或损坏等在正常运行条件下发生意外而导致事故。

(7)作业环境的危险

作业环境中的危险因素是多方面的,但从导致冲压事故的可能性来看,主要有以下几个方面:

①设备布局不合理。一般冲压车间的设备布局应按产品的工艺流程布置,但实际上有些冲压车间是将设备按类型排列的,这样就使工件和原材料在车间重复周转,造成生产场地拥挤,安全通道和设备间隔被占用,作业空间缩小,作业者操作受到妨碍。另外,设备排列过于拥挤,作业人员互相影响和干扰,大大提高了操作失误的可能性。

②工位器具和材料摆放无序。这种情况发生的原因可能是场地拥挤、混乱,也可能是作业者人为造成。此情况下作业人员的操作动作无规则,难以达到标准化要求,可能因手脚配合失调而出现操作失误和其他意外。

③机台附近物品堆放过多、过乱。工件和材料不能及时转送,废料不能及时清理,可能使物品堆放过多而倒塌,导致碰触开关而使冲床误动作。

④座位不稳,高度不当。这会使作业人员操作时动作勉强,重心不稳,易于疲劳或身体失

衡发生意外。此外,车间里的振动和噪声、作业信号及其他工种的作业干扰等,对冲压作业人员的安全操作都有明显的影响,都具有引发冲压事故的危险。

(8)作业行为的危险

①不安全行为。具体表现为操作准备不充分、操作方法不当、作业位置不安全、操作姿势不正确、动作不协调、工具和防护用品使用不当等。

②不良的生理、心理状态和性格特点。不良的生理状态直接表现为生理缺陷,如视力、听力不佳及其他功能失常等都会使作业者在工作中判断失误或动作失调。不良的心理状态则表现为心理疲劳,情绪不稳,作业者可能因此而产生一些下意识行为和动作失误,也可能出现明知故犯、违章作业等非理智行为,还会使作业者表现出责任心不强、心理紧张、精力不集中。不良的性格特点,无论是马虎愚钝还是急躁轻浮,其表现在作业行为上都有一定的危险性。

8.1.2   危险源的标志管理

如何提高作业人员对危险的识别能力呢?除对他们进行经常性的和专门的冲压安全技术培训以提高安全技术水平外,较容易做到的工作就是对冲压作业系统中的危险源进行标志管理。一般标志工作应考虑以下几个方面:

①车间标志:对集中作业的冲压车间应进行专门的安全管理,车间要有明显的安全警语和安全标志牌,并制订严格的安全管理制度和安全操作规程。这些规章制度力求简明扼要,用醒目文字展示于车间合适的地方。

②区域标志:按国家有关标准要求,车间通道和作业场所应以区域线分开。车间通道用白色粗线按标准要求画出,画出的通道应保持畅通,不得任意挤占。作业场所用黄色区域线画出,范围应以作业点为中心,以操作空间大小为基准,画出合适的作业区域。

③设备标志:冲压设备形式多样,一般可从其吨位大小、运行速度、综合安全性能考虑进行分类挂牌标志。分类办法可采用 ABC 分类管理方法,对综合危险性较大的设备挂红色 A 牌,次之挂蓝色 B 牌,一般不易发生事故的设备挂绿色 C 牌,并让职工了解 3 种牌子的含义,使职工一上岗就可看出设备的危险性。

④模具标志:可按国家标准要求,对使用的模具分别涂红、黄、蓝、绿色。对无防护装置而手经常要伸入模具间的危险模具涂以红色;一般模具涂黄色;已附有防护装置或可用辅助送料工具的模具涂蓝色;安全模具涂绿色。为方便模具管理和易于识别,色标应涂在下模底和正前方。

⑤工艺标志:根据有关工艺制订标准规定,冲压作业工艺制订应考虑职工操作时的安全。对工艺过程中可能出现的危险,要编写相应的工艺措施,并在工艺卡上标出。但目前不少冲压加工工艺人员没有做到这一点。某些不合理的危险工艺是导致事故的原因,在制订加工工艺时,必须对所用设备和模具以及所用材料都要做到心中有数。限于条件必须要采取一些危险的工艺步骤时,要在工艺文件上突出标明其危险性,并对所采取的安全措施作出具体要求。

任务 8.2   使用人身安全保护装置

人身安全保护装置是一种附属于压力机上的保障人身安全的装置。各种保护装置随其约束情况不同,在生产效率的提高、省力、安全3个方面的体现各不相同。提高效率是指各种保护装置在使用中所允许的最大辅助时间的长短;省力是指各种保护装置在使用中由安全距离的限制所引起的劳动强度减小;安全是指各种保护装置所控制压力机的部位和其本身的可靠程度。人身安全保护装置根据不同的形式,可分为双手结合式、机械式、机械-电气式及自动保护式等。

8.2.1　手用工具安全保护

手用工具安全保护

常用手用工具有夹子、镊子、钳子、磁力吸盘、电磁吸盘及真空吸盘等,手用工具要根据冲压件的尺寸、形状和质量来选择。它主要是代替操作者的上下料,避免操作者的手直接进入上下模之间。手用工具的安全保护装置主要以双手结合式为主。双手结合式保护装置即操作者必须用双手同时压下两个手柄,或一个手柄和一个电钮,或两个电钮等,滑块才能启动。这是为了滑块在下行程时,限制性地保证操作者的手离开危险区,以确保其安全。这种保护装置主要有双手柄联锁装置、双手按钮及安全按钮等形式。

(1)双手柄联锁装置

如图8.1所示,装置中只有双手柄1同时按下,启动杆2才能被压到底,启动装置方能结合。单独按哪个手柄都不能使启动杆2压到底,也就不能使启动装置结合。该装置一般用于小型压力机和台式压力机上。

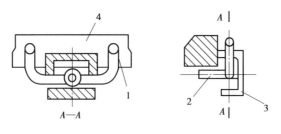

图8.1　双手柄联锁装置图
1—手柄;2—启动杆;3—罩壳;4—工作台

(2)双手按钮

双手按钮用于单次行程操作时保护操作者的人身安全。其原理是必须用双手同时按下两个启动按钮,滑块才能启动。而双手必须一直按到滑块下行程完了才能松开,滑块再自动回程到上止点,在滑块下行程时,松开一个或两个按钮,滑块会立即停止。双手按钮可分为单人操作和多人操作两种。

①单人操作。如图8.2所示,装置中只有用双手同时按下2SB、3SB,KA才有电,滑块才能启动。并且要一直按到凸轮开关S为闭路时,方可松开双手,滑块再自动回程。凸轮开关S的压开角一般为135°~150°。

②多人操作。如图8.3所示,多人操作原理与单人操作相同,只是同时需要3个人的双手都按下按钮滑块才能启动。1S、2S、3S为操作人员操纵的开关。

双手按钮适用于带有摩擦离合器或带有可动刚性离合器的压力机。如果在刚性离合器压力机上使用,双手按钮的位置还要保证有安全距离。

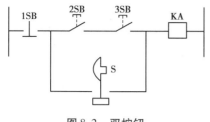

图 8.2　双按钮

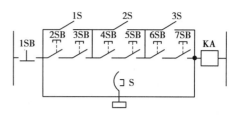

图 8.3　多人操作双手按钮

（3）安全按钮

安全按钮的原理是将单次行程的上止点停车改为曲轴转至 90°左右时停车,并配合双手（或单手）安全按钮。如在曲轴转至 90°前按下安全按钮,则可以使压力机连续行程,这样就比正常的单次行程操作增加了约 1/4 的曲轴回转角的辅助时间,而在 90°前没有按下安全按钮,则滑块会停止在一定高度上,保障了安全。

安全按钮的原理如图 8.4 所示。

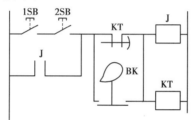

图 8.4　安全按钮

凸轮开关 BK 是在曲轴转到 90°左右时断开触点的,在未断开触点前,双手同时按下按钮 1SB、2SB 时,滑块能连续行程;反之,滑块则停止在一定高度上。时间继电器 KT 是为了按动安全按钮后,使凸轮开关 BK 在断开触点时间内使继电器有电。

安全按钮装置仅适用于手工上下料,工作节拍略小于压力机连续行程的节拍。在偶然发生上下料的节拍大于压力机连续行程节拍时,压力机则在 90°左右处停车,避免人身安全事故。一般压力机的行程次数在 15 次/min 以下时比较适用。

8.2.2　机械式保护装置

机械式保护装置

机械式保护装置是指压力机滑块在下行程及下止点时,用机械结构的形式将危险区隔绝或强制地将操作者的手臂移出危险区,以保障其安全。机械式保护装置的结构简单,可靠性强,特别是在防止压力机滑块的启动机构失灵而发生连续冲压,或滑块意外地滑冲下来时,能很好地保障安全。机械式保护装置与压力机滑块是联动的,保护装置的动力来源于滑块,只要滑块向下移动,就把操作者的手移出危险区。机械式保护装置的种类较多,大体上可分为防护栅栏式、拨手器式、挡板式及套手牵引式等。

（1）防护栅栏式

防护栅栏式保护装置的原理是把危险区在危险时间内用栅栏围起来,以防手臂进入。防护栅栏一般由滑块直接带动,也有由启动装置闭锁的气动装置带动的方式。防护栅栏式保护装置的形式有由后向前摆出式、由上向下运动式和由下向上运动式等多种形式。防护栅栏保护装置的缺点是在操作者和模具之间若有一机械物运动,对操作者的视觉有一定的影响,会引起操作者精神上的疲劳。防护栅栏式保护装置在小型、中型及大型压力机上均可采用,也可用于单次行程操作。栅栏的设计,特别是固定栅栏的间隙,应遵守的数值见表8.1。

表8.1　栅栏间隙表

栅栏与模具边缘距离/mm	栅栏间隙/mm
0~40	6
40~60	10
60~90	13
90~140	16
140~160	20
160~190	23
190~210	30

（2）拨手器式

拨手器有的由左向右摆动,有的由右向左摆动,其典型结构如图8.5、图8.6所示。在设计时应注意以下事项:

①当压力机封闭高度调节时,该装置应能方便地作相应的调节。

②摆杆1的运动曲线力求在模具前的速度尽可能慢一些。

③在更换模具时,摆杆1应能搬升到水平位置以方便操作。

拨手器的缺点与防护栅栏式保护装置相同,拨手器一般用于刚性离合器的压力机。

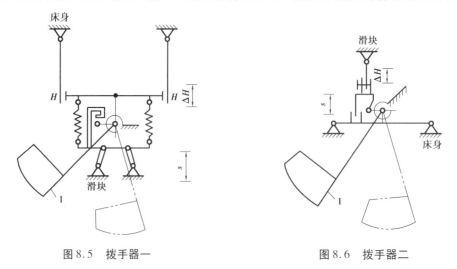

图8.5　拨手器一　　　　　　　　　　　图8.6　拨手器二

（3）挡板式

挡板式一般有左右平移式和前后摆动式两种形式。

左右平移式如图8.7所示。用连杆作动力源,这样可以减少调节压力机封闭高度时的相应调节机构。护板一般由透明的有机玻璃制成,对操作者的视觉妨碍略有好转。如图8.8所示为由后向前摆动式。这种形式设计得好时,可以护手,又可以在滑块回程时接料。挡板式保护装置一般用于带有刚性离合器的压力机上,且只能用于单次行程操作。

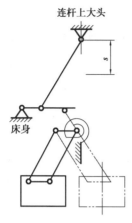

图8.7　左右平移式挡板

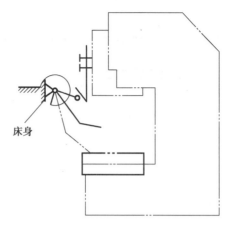

图8.8　前后摆动式挡板

（4）套手牵引式

套手牵引式可分为正面式（图8.9）和倒背式（图8.10）两种。设计装置时应注意以下事项：

①套手环要卸料容易、可靠。

②滑块在上止点时，绳索的长度以操作者能摸到自己头部和小腿部为准。

③滑块在下止点时，手应不可能触及模具边缘。

④调节压力机封闭高度时，应有相应的调节机构来调节绳索的长度。这类装置对操作者的视觉没有影响，这是比其他机械式保护装置优越之处。这类装置可以使压力机作连续行程操作，用于带有刚性离合器的压力机较为适宜。

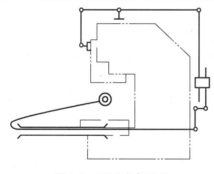

图8.9　正面式套手环

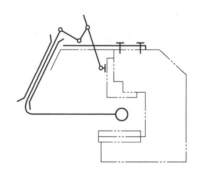

图8.10　倒背式套手环

8.2.3　与电器联锁的机械式保护装置

与电器联锁的
机械式保护装置

这类保护装置通过机械物来探测手臂是否在危险区，从而决定滑块是下落还是停车，以保障安全。这类保护装置所存在的缺点与机械式保护装置一样，会影响操作者的视觉，并且存在着自动保护方面的缺点，即事故信号首先传送至启动滑块的电器部分，然后控制滑块的动作。其优点是结构简单，在发生危险之前，有一机械物先触碰手臂一下，人体的本能反应使操作者会马上把手臂缩回来，要求的安全距离不严格。这类保护装置种类很多，大致可分为探板式、翻板式和探栅栏式等形式。

（1）探板式

如图8.11和图8.12所示分别为两种形式的探板式保护装置的原理图。

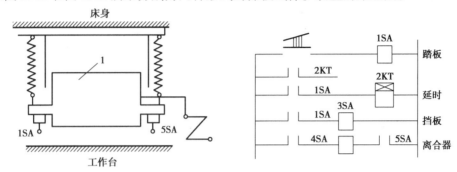

图8.11 探板式原理图一

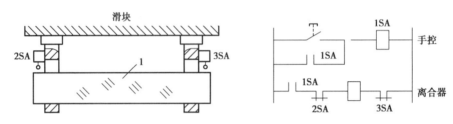

图8.12 探板式原理图二

如图8.11所示的原理:踏下踏板开关后,首先接通电磁铁3SA,并把探板1拉下,如果在危险区没有手臂,则开关5SA被工作台压合,离合器才能接通,否则离合器不能启动。

时间继电器2KT是为了使探板1在下止点停留到滑块开始回程时,电磁铁3SA断电,探板1由弹簧拉回到上止点。

该装置适用于带有刚性离合器的压力机上,只能作单次行程操作。

如图8.12所示的原理:保护装置固定在模具前的滑块底面上,随滑块上下移动。在滑块下行程时,如果人手没有离开危险区,则探板1先触到手臂,接通开关2SA或3SA,压力机离合器脱开,滑块停止,保障安全。该装置适用于带有可动刚性离合器和气动摩擦离合器的压力机上。

（2）翻板式

该装置分为自动开机的翻板式(图8.13)和手动开机的翻板式(图8.14)两种形式。

如图8.13所示为自动开机的翻板式结构,在工作台前面放一块能摆动的透明有机玻璃护板,并由开关1SA来控制压力机离合器的启动,当手在危险区时,护板1压下,1SA不接通,保障了安全;当手离开护板1时,护板在弹簧作用下转到直立位置,1SA接通,离合器启动。

如图8.14所示为手动开机的翻板式结构。它是在上下料完成后,要用手搬动一下护板1,使其到直立位置,1SA接通,离合器才能启动,压力机回程时,护板1在弹簧作用下摆到倾斜位置。

翻板式装置适用于带有刚性离合器的小型压力机和带有气动刚性离合器或气动摩擦离合器的中小型压力机上,更适合坐着操作。

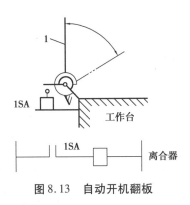

图 8.13　自动开机翻板

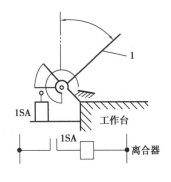

图 8.14　手动开机翻板

(3)探栅栏式

如图 8.15 所示为探栅栏式保护装置,其工作原理与探板式的第二种形式相同。该形式一般适用于大中型压力机上。如图 8.15(c)所示为运动曲线图,a 为滑块运动曲线,b 为栅栏运动曲线。

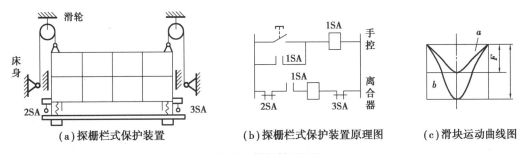

(a)探栅栏式保护装置　　　(b)探栅栏式保护装置原理图　　　(c)滑块运动曲线图

图 8.15　探栅栏原理图

8.2.4　自动保护装置

所谓自动保护,就是在操作者与上下模具之间或在危险区的周围,设置一种不影响视线和操作的光幕、电磁幕等,一旦手臂穿过光幕或电磁幕进入危险区,压力机的滑块会自动停止运动,保障安全。自动保护装置一般可分为光电式保护和感应式保护两大类。其最大的优点是对操作者的视觉没有影响,减

冲压作业计划
管理和安全教育

少精神上的疲劳。其缺点是控制压力机的启动装置是电器部分,启动装置以后的事故不能保障。

1)光电式保护装置

光电式保护装置由一套光电开关与机械装置组合而成。安装位置如图 8.16 所示。它是在冲模前设置各种发光源,形成光束并封闭操作者前侧、上下模具处的危险区。当操作者手停留或误入该区域时,光速受阻,发出电信号,经放大后由控制线路作用使继电器动作,最后使滑块自动停止或不能下行,从而保证操作者人体安全。光电式保护以光源的形式分,可分为可见光式和红外光式两种;以光幕的形式分,可分为直射式、反射式和扫描式等。

(1)可见光式光电保护

可见光一般由白炽灯作光源,灯丝在振动时易断,其寿命较短。但其电器回路简单,成本较低,维修容易,一般适用于中小型压力机。可见光式光电保护装置主要由光电控制器、投光

器和接收器组成。投光器是由光源(灯泡)和双凸透镜组成,接收器是由双凸透镜和光敏二极管组成。投光器和接收器的结构如图8.17所示。

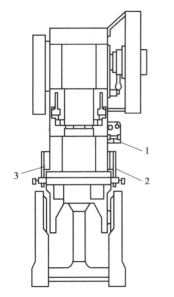

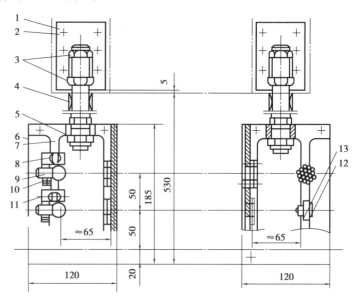

图 8.16　光电式保护装置安装位置

1—控制器;2—接收器;3—投光器

图 8.17　投光器和接收器简图

1—支架;2、8、10、13—螺钉;3、5—螺母;4—连接螺杆;

6—器座;7—隔板;9—灯泡;11—调整板;12—夹套

光电保护装置的安装与调整如下:

①接线部分。光电控制器和电源开关装在电器柜中,指示灯和"安全恢复"按钮装在操纵台上,不保护区域装置的凸轮安装在曲轴的端面上,行程开关装在机身上。投光器和接收器视压力机类型而定,在闭式压力机上,一般是安装在压力机前面的左右立柱上。后面需操作时,也要安装。在开式压力机上,一般安装在工作台前面的两侧。如妨碍上料,则可以安装在导轨两侧的立柱上。当开式压力机需要三面保护时,在拐弯处可用反射镜或全反射棱镜,如图8.18所示。

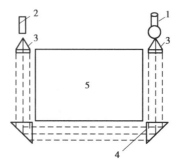

图 8.18　全反射棱镜式

1—投光器;2—接收器;3—透镜;4—全反射棱镜;5—工作台

②投光器和接收器。投光器和接收器分别安装在机身上时,必须使投光器发射出的光束平行地、准确地照射在接收器上,并通过接收器的聚光镜片聚焦在光敏二极管的球头中心上,以保证正常工作。光电保护装置用在带摩擦离合器的压力机上时,只有减少制动角和空气分

配阀的动作时间,增大光电控制器灵敏度,才能确保安全。在带刚性离合器的压力机上,光电保护装置起到当障碍物挡住光幕时滑块停止,但当压力机滑块一旦启动后不起保护作用,为改善这一缺陷,可采用棘轮式离合器。光电保护装置用在液压机上效果较好,因为它的制动行程为零。

（2）红外光式光电保护

红外光式光电保护装置一般由红外发光管作光源,其寿命长,抗震性强,为半永久性的保护装置。它采用调制光,对自检比较容易,但红外光式光电保护装置电器回路较复杂,成本较高,一般适用于大中型压力机上。

（3）扫描式光电保护

如图 8.19 所示为扫描式光电保护装置。其工作原理:一束光以 80~100 次/s 的频率扫描全保护高度,以构成光幕。由发射灯 2 投射的光线用聚焦片 3 聚焦,经安装在电动机的反射镜 7,用抛物状反射镜 1 反射到外部,到达反射镜 9,再由反射镜 9 反射至反射镜 1 和反射镜 7,到达半透明的平面镜 4,然后反射到两个聚焦镜片 6,再聚焦到光电敏感元件 5 上,构成光电转换。在滑块下行程时,人手穿过扫描的光幕进入危险区,滑块立即停止,保障安全。

该装置在德国、美国、日本用得较多,其优点是安装、调整容易,但要防止焦点的偏移和污染引起误动作,且成本较高。

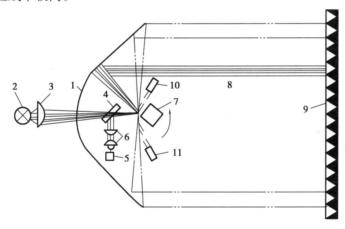

图 8.19　扫描式光电保护装置

1—抛物状反射镜;2—发射灯;3—聚焦镜片;4—半透明的平面镜;5—光敏元件;
6—聚焦镜片;7—旋转反射镜;8—扫描射线;9—反射镜;10、11—光敏晶体管

2）感应式保护装置

感应式保护装置是利用电磁幕把危险区围起来保护人身安全的装置,有电容式、人体感应式等。人体感应式保护与人体有关,而每个人的身体状况不同,其适应性较差,需要经常调整,使其可靠性降低,加之外界的电磁波太多,抗干扰能力不理想,国内外一直很少使用。然而电磁幕的构成件较容易装卸,有利于更换模具。如果感应式的可靠性与光电式差不多,则它在中小型压力机上的前途还是相当大的。如图 8.20 所示为压力机上使用的一种电容式保护装置,其敏感元件放在操作者与模具之间,上下料时必须通过敏感元件的空腔,当手通过空腔时,压力机的滑块停止运动或不能启动,以保证操作者的安全。

如图 8.21 所示为用于 1 600 kN 压力机上的电容式保护装置的安装示意图。感应器由感应棒、高频插头、同轴射频电缆、绝缘板等组成。感应支架用以支撑感应棒,感应棒用 4 mm×20 mm 扁钢组成,长度视冲模大小而定。

如图 8.22 所示为振荡器原理图,振荡器振荡条件由 LC 电桥中上下两桥臂电容量所决定(通常 $L_1 = L_2$),当上桥臂电容量 C_x(感应棒对地电容)大于下桥臂电容 C_2 时起振,两者相等时停振。

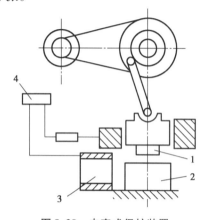

图 8.20 电容式保护装置

1—凸模;2—凹模;3—敏感元件;4—控制器

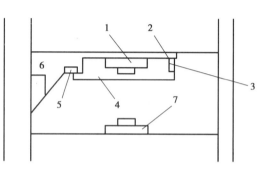

图 8.21 电容式保护装置安装示意图

1—上模;2—感应器支架;3—绝缘板;4—感应支架;
5—高频插头;6—同轴射频电缆;7—下模

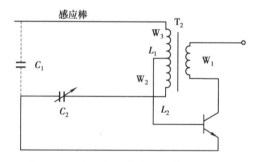

图 8.22 电容式保护装置振荡器原理图

使用时,将感应支架固定后,调整 C_2,使压力机下行至危险区时,$C_2 = C_x$,绿灯亮。当手伸入冲模时,感应棒对地电容增大,振荡器起振,此信号经放大、检波、功放后,使继电器吸合,红灯亮。手拿出后,则红灯灭,绿灯亮,这说明已调整好,可以用于生产。

电容式保护装置具有防震、装卸方便、结构简单、坚固耐用等优点。当人体做导体与地构成一个电容时,其电容量的大小与人体的胖瘦、穿的鞋袜的不同,以及靠近地面的程度有关,需要对各种情况进行及时调整。

3)气幕式保护装置

如图 8.23 所示为气幕式保护装置。

在危险区和操作者之间用气幕隔离,一旦操作者的手或其他部位挡住气幕,就会使启动装置的控制线路断开,压力机滑块立即停止运动。气幕式保护装置由气射器和接收器两部分组成,压缩空气由气射器上的数个小孔射向接收器相应的接收碗上,使接收器的常开触点(串联在压力机的启动装置控制线路中)接通,压力机正常工作。一旦挡住气幕,接收碗靠自重断开常开触点,滑块便停止运动。该装置的保护区域是按需要调整的,不是全行程保护,一般是接收器随滑块一起运动到与气射器相距 200 mm 以下时,气射器才开始射气,由此到下止点为保护区域,它是由凸轮控制压缩空气的放气和闭锁,启动滑块控制线路进行控制的。气幕式保护装置的动作较可靠,结构简单,成本低。但冬季操作时气流太凉,需将压缩空气预先加温,另外要随时清理射气孔,以防堵塞。

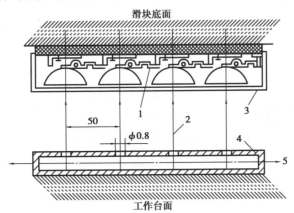

图 8.23　气幕式保护装置
1—常开触点;2—气流;3—接收器;4—气射器;5—压缩空气

任务 8.3　汽车冲压作业安全管理

汽车冲压作业的管理是一项综合性的工作,它不仅要有技术措施,而且要有较严格、较健全的管理办法。

8.3.1　工艺管理

(1)工艺文件

工艺管理的重要内容是建立内容完整的工艺文件。工艺文件中应体现的安全要点有作业的安全性分类、安全装置和设施、作业的行程规范、操作安全要点、作业人员安排和工作场地布置。

工艺管理

(2)安全措施和防护装置

安全措施和防护装置是根据具体作业情况配置的,既要保证作业安全,又要照顾作业方便。为了使安全装置更好地发挥作用,要求操作人员按规定正确使用,以保证自身安全。同时,要与有关人员(安全人员、技术人员)深入研究和分析作业状况,提出安全器具的改进意见,进一步发现并杜绝该项作业中的隐患。每一种作业新使用的安全器具都应在生产实践中进行多次验证和改进,保证器具定型,保障安全。安全器具一经定型后,就应保证备件供应,以便在需要时随时使用。

（3）作业的行程规范

拟订行程规范的一般原则如下：

①开式冲床进行单件送料时，采用单次行程。

②闭式冲床尽量采用连续行程，但是在制件尺寸较大且操作复杂的工序中，为保证质量仍应规定采用单次行程。对那些已经采取可靠安全措施、作业并不十分复杂的工序可以折中处理，采用间断连续的规范。

③无论是连续行程规范还是单次行程规范，凡手入模区操作的工序都应配备保障人身安全的防护装置，绝不能把单次行程作为唯一的安全措施。

（4）操作的安全要点

操作的安全要点是指某一具体作业工序的送料、定料、出件和清废料方式，一般以简洁的文字表示在工艺文件中。操作要点是冲压工人生产经验的总结，主要内容应由操作人员根据作业的具体情况讨论决定。但是操作中的许多动作，特别是手法和节奏常因人而异，应该对这方面经常研究，总结提高，把冲压操作规范化，从而归纳出科学的操作方法。从安全角度出发，各项操作本身是否存在危险，各项操作之间有无人员动作的协调配合，应该配备什么样的安全器具，都是劳动保护的主要内容，工艺文件上应有说明。

（5）作业人员安排和工作场地布置

它是保证操作安全和文明生产的重要方面，主要内容包括：

①操作人员的工作位置及其主要承担的工作任务。

②对操作人员可以坐着操作的工序，应配备标准高度且舒适方便的座椅。

③毛坯料、成品件及废料的堆放位置。

④现场不允许有其他杂物，不允许成品和废料零散堆放，不允许工作场地存在油污废液。

8.3.2　冲压模具管理

搞好模具安全管理必须做好以下几项工作：

（1）冲压模具使用前后检查和保养

①冲压模具要指定专人管理，投产和入库前要经过检查，发现损坏的模具应不投产，不入库。

冲压模具管理和冲压设备安全防护装置的管理

②模具使用后要按冲模使用记录卡的内容要求填写相应资料，积累模具的原始资料。

③模具入库前必须经过清洗或清理，并应在有关工作面上，活动或滑动部分加注润滑剂和缓蚀油脂。

④模具库应有模具管理账目，管理人员应对出入库的模具及时登记，包括模具所需的安全装置和安全工具。

⑤模具的存放应遵循以下要求：大型冲模应堆放在楞木或垫铁上，每垛不得超过 3 层，高度不应超过 2.3 m；中型冲模视其体积和质量进行存放，垛放高度不应超过 2 m；小型冲模应堆放在专用模架上，模架结构必须坚固、稳定。

（2）不同类型模具要涂以不同色标

模具使用前，要将模具按其对人身安全构成的威胁程度不同加以分类并涂色。

①危险模具用手在上下模口内拆装制件的模具，必须用红色油漆标明。

②安全模具手不进入上下模口内操作的模具，用黄色油漆标明。

③自动模具配有自动上下料装置的模具,用绿色油漆标明。

8.3.3　冲压设备安全防护装置的管理

冲压设备及防护装置的安全管理包括下列内容:

(1)冲压设备和安全防护装置的维护保养

①严格遵守技术操作规程,规程必须对冲压设备及安全防护装置的结构、性能、操作、调整、使用及维护等作出技术上的明确规定。

②冲压设备和安全防护装置要经常添加润滑油,减少零件磨损,保证设备的正常运行。

③作业前必须认真检查设备的操纵系统、安全防护装置、电器系统和主要的紧固件等,观察运转中有无特殊声响或其他异常情况等,发现故障和隐患立即停机修理,严禁带"病"运行。

(2)冲压设备和安全防护装置的维修制度

①写出检修项目。根据冲压设备和安全防护装置经常发生的故障、可能出现的隐患以及容易磨损的部位制订修理计划,确定专人负责,定期检查维修。

②实行经常性的定期点检。由检修人员按点检规定的项目、时间定期进行点检,做好记录(这是为弥补冲压设备及其安全装置在技术上的不足而采取的一个重要管理措施)。

③安全防护装置应纳入正常管理范围,并列为设备完好内容的一部分加以考虑。明确设备附件并提供必要的备件,保证修理和更换。

④安全防护装置是保障人身和设备安全的技术措施。技术部门应向设备部门提供完整的技术资料,使操作人员、维修人员和安全管理人员对安全防护装置全面了解,正确使用、维修。

8.3.4　冲压作业计划管理

冲压作业计划管理和安全教育

冲压作业计划的编制目的是指导、组织、管理生产。应深入调查研究,掌握生产情况,按产品结构和生产规模合理制订一系列有关数量和期限的作业计划,防止生产脱节和停机过多,使冲压制件有节奏地生产。生产过程中还需加强生产调度工作,这种正常的计划调度有利于安全,如果冲压作业计划和调度不当,必然会造成无节奏、不均衡,出现前松后紧、突击加班等无计划状态,这不仅容易发生伤害事故,而且会降低产品质量,造成大量浪费,给企业带来许多不良后果。

8.3.5　安全教育

安全教育的形式有三级安全教育、经常性安全教育和专业培训教育。

(1)三级安全教育

三级安全教育是指厂级、车间级、小组级的安全教育。三级安全教育的内容有所不同,新工人进厂,工厂一级要进行工厂安全生产情况和厂安全要求、注意事项等初步安全教育和训练。车间一级要进行车间安全生产知识和规章制度教育,重点讲解安全生产的意义,本单位伤亡事故的典型案例及事故发生的主要原因。小组级要进行冲压安全操作规程的教育,介绍本工种的工作性质、职责范围、生产情况,介绍冲床的特点,冲床伤害事故发生的原因和预防措施等。上述三级教育主要通过讲课、谈话及实地参观等方式完成。

(2)经常性安全教育

进行经常性的安全教育要力求形式多样、生动活泼。例如,开展找事故找隐患竞赛、安全知识竞赛等多种方式,也可以采取开展以百日无事故为内容的安全生产竞赛活动,调动群众的积极性,清除各种违章作业和事故隐患。

(3)专业培训教育

专业培训教育是通过培训教育把安全知识与工艺、设备、模具等有关知识有机地结合起来,提高工人的技术水平,使冲压工人和管理人员在掌握专业知识的同时提高安全操作的技能和技巧。专业培训教育的内容还应包括对冲压作业中的各种危险因素及隐患的分析和采取的处理措施,在实际生产过程中使冲压工人和安全检查人员都能够分析和解决每一道工序、每一套模具存在的危险因素。在开展各种教育的过程中,为了解和考核冲压工人及管理人员的安全技术水平,必须定期组织考试,并将考试成绩记入档案。

8.3.6 安全生产责任制

根据"管生产的必须管安全"的原则,应对企业的各级领导、职能部门、工程技术人员和生产工人应负的安全责任进行明确规定。职能的划分要点如下:

(1)职能部门各司其职

工艺部门负责将安全技术措施和安全管理措施内容纳入工艺文件。工艺文件必须体现出保护操作工人的立法条文,保障操作工人的健康安全。技术部门负责模具、安全装置的设计,要按照工艺文件和设计任务的要求进行,不允许设计危害工人安全的模具和装置。新设计的模具必须由厂部组织审核,并由车间安技部门鉴定之后方可投入生产。设备部门负责把经过验证鉴定的安全装置纳入设备管理范围并考核其完好率。在设备大修时,要考虑安全装置的更新。安全技术部门要督促检查安全措施和各项安全管理制度的实施情况,发现问题后及时督促有关部门解决,并协助有关部门提高冲压安全技术和管理水平。

(2)厂、车间、工段主要负责人要认真负责

凡手入模区操作的冲压作业,必须提供安全可靠的防护装置或其他安全技术措施,并实行有效的管理方法,保证各种安全技术措施发挥有效的防护作用。凡是无防护措施而发生的人身伤害事故应由厂、车间、工段主要负责人负主要责任。

(3)班组长负责本班组的现场安全作业

班组长应监督和指导冲压工人执行有关规章制度,发现违章作业要及时制止并提出严肃批评,根据有关规定进行处理。发现隐患要及时报告并协同有关部门解决。凡是放任工人违章作业造成的冲压事故,必须由班组长全部负责。

(4)冲压操作工人要按安全规程操作

要坚持正确地采用防护装置和安全措施,严格遵守安全操作规程和工艺文件。凡因本人违章而造成的伤害事故由本人负责。

8.3.7 制订冲压作业安全生产管理办法

冲压安全生产管理办法的范围应包括以下内容:

①冲压作业有具体明确的操作规程和工艺文件,冲压工按规程和工艺要求进行作业,对不安全的危险作业可拒绝接受。

②针对维修人员应有保证冲压设备和安全装置正常使用和维修的有关规定和要求。

③模具管理部门和人员应有保证模具和安全工具等正常供应的具体管理办法。

④必须有模具设计人员应遵循的冲模设计安全规范。

冲压模具管理和冲压设备安全防护装置的管理

⑤安全和技术人员负责修改安全操作规程等。

⑥要明确各级领导和管理人员的冲压安全生产责任制。

8.3.8　安全生产检查制度和奖惩制度

（1）检查制度

安全生产检查范围应包括的内容有安全设施的技术状况和使用情况、安全操作规程的执行情况、安全管理的实施情况及实际作业的安全状况等。

①在冲压生产班组加强管理和检查的基础上，车间领导和安全员要随时对冲压安全生产的情况进行巡回检查，建立安全巡回检查制度。检查的重点有防护装置是否能坚持正确使用；有故障的安全设施是否及时维修；安全装置的技术状态是否完好；工艺文件中有关安全的要求是否得到贯彻。除现场纠正违章行为外，还必须做好违章、隐患及问题的记录工作。

②厂安技科要每天深入生产现场检查安全情况和各项制度的贯彻落实情况。检查的重点有车间巡回检查情况；安全装置的技术状况和管理状况；各职能部门所管辖的安全工作和安全管理制度的执行情况。检查时要听取各方面群众的反映，发现问题要及时研究处理。

（2）奖惩制度

对安全生产、遵章守纪的职工进行表扬，并给予物质鼓励，对违纪者给予必要的严惩。对以下人员必须给予经济处罚或行政处分：

①无故拆除和不按规定使用安全装置的操作人员。

②不按要求检查安全装置，不能及时维修安全装置，不能保持安全装置良好技术状态的维修人员。

③违章指挥的领导者。

④工作不认真，对违章作业不检查、不记录的安全人员。

⑤不按制度要求完成本身安全职责的其他工作人员。

任务 8.4　遵守汽车冲压安全生产规程

有关资料介绍，冲压车间出现事故的概率一般比其他机械行业高 3 倍。虽然随着科学技术的不断发展，整个汽车冲压领域基本上全部采用全封闭降噪结构以及自动化机器人的搬运方式，但是冲压车间存在较多交叉作业，如叉车、牵引车、天车以及冲压生产设备等，这些都存在着重要的安全隐患。在进入冲压车间工作之前，都要进行三级安全教育。

三级安全教育主要包括：一级教育由公司安全部门负责，内容有：国家劳动保护，安全生产法规、法令、政策，公司的安全制度、安全管理概况、事故案例分析等；二级教育由车间经理负责，内容有：本单位工作特点、危险设备、尘毒分布点、预防措施等；三级教育由班组长负责，主要介绍本班组的设备状况、岗位的注意事项、安全生产操作规程、安全防护装置及劳保用品的正确使用等。

未经过三级安全教育的人员不能从事冲压车间的相关工作。工人在从事冲压相关作业之前，必须遵守相关设备的操作规程。企业或单位在制订安全规程时应遵守国家以及当地的安全法律、法规以及相关规定。

8.4.1　一般冲压工安全操作规程

一般冲压工安全操作规程如下：

①工作前应穿戴好劳动护具。

②开车前应详细检查机床各转动部位安全装置是否良好,主要紧固螺钉有无松动,模具有无裂纹,操作机构、自动停止装置、离合器、制动器是否正常,润滑系统有无堵塞或缺油,并进行空车试验,如有迟滞、连冲现象或其他故障要及时排除,禁止带病作业。

③安装模具时必须将滑块开到下止点,闭合高度必须正常,尽量避免偏心载荷,模具必须紧固,并通过试压检查。

④使用的工具零件要清理干净,冲压拉延工具应按规定使用。

⑤工作中注意力要集中,严禁将手和工具等物伸进危险区域内,取放小工件要用专业的工具操作。

⑥工作中冲床的转动部位和模具不准用锤子打或用手去擦。工件如沾在模具上及模具上有脏物或往冲具上注油时,必须用专业工具进行。

⑦发现冲床运转或声响异常(如连击爆裂声)应停止送料,检查原因,如果是冲具有毛病或零件堵塞在模具内需清理。如果是转动部件松动、操纵装置失灵等均应停车检修。

⑧每次冲完一个工件时,手和脚必须离开按钮或踏板,以防失误操作,凡有脚踏板的冲床,须有脚踏板垫铁,不操作或工作完毕时,一定要将垫铁垫在闸板上。

⑨如发现冲头有自动落下,或有连冲现象时,应立即停车检查修理,不准带病运行。

⑩机床在运转过程中,严禁到转动部位检查和修理,需到机床顶部工作时,必须停车关闭电源,下边有人监护才可进行。

两人以上操作时,要相互配合协调一致。油压冲床的各种仪表要保持较高的灵敏度。大型曲轴压力机和油压机等上部安全栏杆和手扶梯子,必须保持完整牢靠,如有操作损坏应及时修理。工作完毕滑块应在落下位置,将模具安置好断开电源(或水源),并进行必要的清扫。

8.4.2　桥式起重机安全规程

汽车冲压车间的模具质量都在20～50 t,模具的转运需要特殊的设备天车。天车负载了冲压生产线30%的工作量,可以说没有天车,冲压车间的一切工作将寸步难行。俗话说"能力越大,责任也就越大",而天车出现的安全事故无小事。在进行天车作业之前,必须遵守以下安全规程:

①天车操作人员必须经地方劳动部门进行安全技术和相关操作的培训,并经过考试合格取得操作证后方可操作。未经培训取得天车操作证的人员,严禁操作天车。

②不得超过起重机规定的起质量使用,严禁单点起吊、倾斜起吊或拖拉重物。

③捆绑吊运有尖锐边缘的工件时,需用软料垫好,以防钢丝绳被割断而发生事故。

④被吊工件悬在空中时,操作人员禁止离开,并应注意地面操作及行人车辆的安全。

⑤行车检修时,应切断总开关,并在闸刀上挂有"有人操作,禁止合闸"的明显标志。

⑥天车运行中如发现异常响声、误动作和操作失灵等情况,应立即切断电源,停止操作。

⑦一般情况下,所吊物品离地面1 m左右,待需要升高时才可以升至所需高度。

⑧吊物被升高以后,下面严禁站人,要求行人往开阔的地方避让以保证安全。天车在运

行时,操作员应集中精神,被吊物品应避免跨越生产设备及机台人员。

⑨天车在工作中暂停时,操作人员需要按下急停按钮。

⑩天车转换方向时,应待天车停稳后才能进行换向。天车严禁高频率点动或骤行骤停,应保持被吊物品平稳运行。未经安全员同意,任何人员不允许上到天车及轨道处。

每次开机之前,需要对天车的状态进行检查,主要检查的内容包括:

①对制动器、吊钩、钢丝绳和安全装置等部件按起重机点检表的要求检查记录,发现异常现象,应立即停止操作。

②在无载荷情况下,接通电源,开动并检查各运转机构,控制系统和安全装置均应灵敏准确、安全可靠,方可使用。

③起吊前检查钢丝绳的磨损情况,若发现异常情况,须告知安全员。

④滑轮转动灵活,不准有裂纹、破裂现象。

此外,在天车作业时,必须严格遵守"十不吊"原则,主要内容包括:

①指挥信号不明,或别人乱指挥,不准起吊。

②吊物上面或调运线路有人不准起吊。

③工件坚固不牢或斜拉工件时不准起吊。

④安全制动装置失灵不准起吊。

⑤超负荷不准起吊。

⑥工件埋在地下不准起吊。

⑦光线阴暗看不清工件不准起吊。

⑧棱刃物件,没有安全措施不准起吊。

⑨吊起的物体下面,不准人员通过。

⑩设备存有故障,不准带病继续工作。

叉车安全规程

8.4.3　叉车安全规程

汽车冲压车间的坯料及冲压出来的车身覆盖件的物流转运往往由叉车完成。在进行叉车作业之前,必须遵守以下安全规程:

①驾驶人必须经过培训和考试合格,持有驾驶证,同时经科内核发上岗证后,方可驾驶叉车。

②叉车必须经质监部门鉴定认可后方可使用。

③开车前应按点检表要求点检叉车,不完好不准开车。对照保养要求做好每日每周的保养工作。

④遵守有关安全规定,不准超速行车,厂内主干道限速 30 km/h,支干道限速 15 km/h,车间内限速 5 km/h,不准随意超车,不准赛车,不准酒后驾车。

⑤行车时要留意路面情况,路面不理想时要减速慢行。

⑥在视线不清的情况下行车时,应降速开亮大灯通过。

⑦避免紧急制动和高速转弯。

⑧叉车通过路口或转弯时,要减速,做到"一慢,二看,三通过"。

⑨出现故障应停车熄火检查。

⑩完工后应把车停放到指定地点,做好叉车、充电器、备用电池的清洁保养工作。若驾驶人离开岗位时间较长(30 min 以上)或节假日前,必须将钥匙拔下,避免被非授权人操作。每

天叉车作业前,应严格按照始业点检表进行点检,并作好记录,如发现异常,应停止操作并通知相关人员到场维修。驾驶人在饮酒、睡眠不足及服用有助眠作用药物等影响思维清晰的情况下,不得操作。禁止叉车操作人员在货叉上有物品悬空的状态下离开叉车,离开叉车前必须卸下货物或降下货叉架。当叉车驾驶人离开叉车时,必须使叉车处在一个他人无法操作的状态,如拔下钥匙、拉上驻车制动、锁上方向盘等,且必须停放于指定位置,并应将货叉完全平行贴地。

8.4.4 压力机安全规程

压力机安全规程和冲压车间劳保用品佩戴要求

汽车冲压车间的车身覆盖件都是在冲压线上完成的,在进行作业之前,必须遵守以下安全规程:

①上岗前,操作者必须按照要求穿戴公司规定的安全帽、安全鞋、长袖工作服、防护手套和耳塞等劳保用品。

②确定工作台路轨上、液压垫顶部没有异物存在。

③开机前要检查模具、压力机及周围有无不安全因素,检查是否有明显的漏油点,待一切正常后,方可工作。

④电动机启动后,要待飞轮转速正常后才可进行操作。机器运转中禁止修理、调整和停止润滑,如有异常现象应停机并告诉班组长,不得擅自处理。

⑤除设备人员外,其他人员严禁擅自短接光电保护装置及各种联锁插销、限位开关,急停等安全装置。设备人员如果需要短接或者修改程序,必须指定修改责任人并填写《设备调整通知书》发给相关人员。

⑥人工送件时,在压力机滑块安全返回到上止点停止后,OP 手必须打开压力机前后提升门,确认滑块锁锁紧,滑块锁安全指示灯为绿灯,按下压力机急停开关,打开压力机前后光栅,将选择开关切换到"模具更换",并将钥匙拔下,之后才能将工件送进模具或将工件从模具中取出。

⑦对冲压线压力机,在非联动生产时需进入压力机内作业时,OP 手必须打开压力机前后的提升门,打开压力机栅栏门,确认滑块锁锁紧,滑块锁安全指示灯为绿灯;拔下安全栓联锁插头,并将安全栓竖立放在下模的支承面上;打开压力机前后光栅,将压力机前后机器人调到手动模式并将速度降为 0。之后 OP 手将选择开关切换到"模具更换"并将钥匙拔下以确保安全,关断主电动机,最后在压力机操作面板上挂"禁止操作,有人工作"标志牌。

⑧对模具维修区试模压力机,如需进入压力机进行修模和擦模作业时,OP 手必须打开压力机栅栏门,确认滑块锁锁紧,滑块锁安全指示灯为绿灯,拔下安全栓联锁插头,并将安全栓竖立放在下模的支承面上,打开压力机前后光栅,之后 OP 手将选择开关切换到"模具更换"并将钥匙拔下以确保安全,关断主电动机,最后在压力机操作面板上挂"禁止操作,有人工作"标志牌。

⑨在联动生产时,如需进入压力机工作区域作业时,则采取以下安全措施:将压力机前后提升门打开,压力机栅栏门打开,确认滑块锁锁紧,滑块锁安全指示灯为绿灯,将选择开关切换到"模具更换"并将钥匙拔下,将压力机前后机器人调到手动模式并将速度降为 0,并挂"禁止操作,有人工作"标志牌。如果作业在 10 min 以上,还必须拔下安全栓联锁插头,并将安全栓竖立放在下模的支承面上,关断主电动机。

⑩在联动生产时,若需进入生产线但不在压力机工作区域时,OP 手必须打开压力机前后

提升门,确认滑块锁紧,滑块锁安全指示灯为绿灯,将选择开关切换到"模具更换"并将钥匙拔下,严禁擅自绕过安全围栏进入工作危险区域。采用机器人联动生产时,调用的数据必须与工艺卡上的模具号一致,正常后方可联机生产。

严禁在压力机工作时调整参数,严禁擅自修改自动化控制参数,自动化参数和压力机参数的更改必须由机长专人负责。在使用自动化装置前必须确认其工作区域是否正常才能启用。生产操作中应集中注意力,不得与他人闲谈,严禁在生产线上使用移动电话。在有人进入压力机内进行作业时,OP手不得离开岗位从事其他工作。生产中坯料和工件堆放要稳、整齐、不超高。工作台上禁止堆放杂物,滑块运动中禁止清理工作台上的废料。不准直接用手将卡死在模具上的工件或废料推出,必须按照作业要求佩戴好劳保用品才能作业。

使用压缩空气吹铁屑时,对面不准站人。生产中出现滑块异常下滑、模具松动、黏模等异常情况时,要立即按下"紧急停止"按钮,停机并通知维修人员处理。设备维修人员进行大型维修设备作业时,应切断电源,并在开关处挂上"禁止合闸,有人工作"的警示牌。工作完毕,应将模具停靠在上死点,并认真收拾所用工具和清理现场,搞好文明生产。

8.4.5　冲压车间劳保用品佩戴

进入汽车冲压车间工作的人员,必须严格按照冲压车间的要求佩戴劳保用品。不同企业可能会有不同的要求。在同一企业中,不同的工种,对劳保用品的要求也不一样。冲焊车间不同岗位和工种所要求的劳保用品名称见表8.2,可作为参考。

表 8.2　冲焊车间不同岗位和工种所要求的劳保用品名称

序号	作业类别	劳保用品佩戴	使用环境
1	装箱作业	长袖工作服	装箱使用
2		安全帽	装箱使用
3		安全鞋	装箱使用
4		防割手套	装箱使用
5		帆布手套	装箱使用
6		护腕	装箱使用
7		耳塞	装箱使用
8	钣金作业	长袖工作服	钣金使用
9		安全帽	钣金使用
10		安全鞋	钣金使用
11		防割手套	钣金使用
12		帆布手套	钣金使用
13		防护眼镜	钣金打磨使用
14		口罩	钣金打磨使用
15		耳塞	钣金使用

续表

序号	作业类别	劳保用品佩戴	使用环境
16	生产线操作人员	长袖工作服	操作使用
17		安全帽	操作使用
18		安全鞋	操作使用
19		耳塞	操作使用
20		防割手套	与板件接触时
21		护腕	与板件接触时
22		帆布手套	生产过程中与设备接触时
23	模修作业	长袖工作服	模修使用
24		安全帽	模修使用
25		安全鞋	模修使用
26		纱手套	模修使用
27		防割手套	与板件接触时
28		帆布手套	与板件接触时
29		防护眼镜	打磨时
30		防尘口罩	打磨时
31		耳塞	模修使用
32	设备维修	长袖工作服	设备维修使用
33		安全帽	设备维修使用
34		安全鞋	设备维修使用
35		纱手套	设备维修使用
36		耳塞	生产时现场巡察
37	检验	长袖工作服	检验使用
38		安全帽	检验使用
39		安全鞋	检验使用
40		防割手套	检验使用
41		帆布手套	检验使用
42		耳塞	生产现场使用

续表

序号	作业类别	劳保用品佩戴	使用环境
43	焊接作业	长袖工作服	焊接使用
44		安全帽	焊接使用
45		安全鞋	焊接使用
46		防护面罩	焊接使用
47		防尘口罩	焊接使用
48		耳塞	车间内使用
49	高空作业	长袖工作服	高空作业使用
50		安全帽	高空作业使用
51		安全鞋	高空作业使用
52		安全绳	高空作业使用
53		纱手套	高空作业使用
54		耳塞	车间内使用
55	电工作业	长袖工作服	电工作业使用
56		安全帽	电工作业使用
57		绝缘手套	电工作业使用
58		绝缘鞋	电工作业使用
59		耳塞	车间内使用
60	吊装作业	长袖工作服	吊装作业使用
61		安全帽	吊装作业使用
62		安全鞋	吊装作业使用
63		帆布手套	与模具或钢丝绳接触时使用
64		耳塞	吊装作业使用
65	叉车作业	长袖工作服	叉车作业使用
66		安全帽	叉车作业使用
67		安全鞋	叉车作业使用
68		帆布手套	叉车作业与货架接触时使用
69		耳塞	叉车作业使用
70		防割手套	叉车作业与货架接触时使用

续表

序号	作业类别	劳保用品佩戴	使用环境
71	机加作业	长袖工作服	机加作业使用
72		安全帽	机加作业使用
73		安全鞋	机加作业使用
74		防护眼镜	机加作业使用
75		耳塞	在模修区域使用
76	模具清洗	防护服	模具清洗使用
77		防护面罩	模具清洗使用
78		防护手套	模具清洗使用
79		雨靴	模具清洗使用
80	其他作业	长袖工作服	其他作业
81		安全帽	其他作业
82		安全鞋	其他作业
83		帆布手套	其他作业
84		耳塞	车间内使用

小结：

1.冲压作业中的危险主要包括设备结构具有的危险、带病运行、动作失控、开关失灵、机械性伤害、模具的危险、作业环境的危险、作业行为的危险等。

2.危险源的标志方法有车间标志、区域标志、设备标志、模具标志和工艺标志。

3.人身安全保护装置可分为双手结合式、机械式、机械-电气式、自动保护式等形式。

4.汽车冲压作业的安全管理方法主要有工艺管理、冲压模具管理、冲压设备的安全防护装置的管理、冲压作业计划管理、安全教育、安全生产责任制、制订冲压作业安全生产管理办法、安全生产检查制度和奖惩制度等。

5.汽车冲压生产中的各类安全规程。

项目 9
汽车冲压综合设计

学习目标

1. 能分析汽车覆盖件冲压工艺。
2. 会设计汽车覆盖件拉延模具。
3. 会设计汽车覆盖件修边模具。
4. 会设计汽车覆盖件翻边模具。

任务 9.1　散热器罩冲压工艺分析与模具设计

散热器罩如图 9.1 所示。

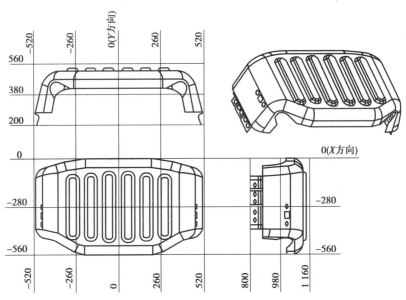

图 9.1　散热器罩

9.1.1　冲压工艺分析

如图 9.1 所示,散热器罩为对称 Y 方向平面的覆盖件,X 和 Y 两个方向的深度相差较大,且形状较复杂。根据制件的结构特点,为减少工序,可以将冲孔与修边两端工序在同一副模具中完成。修边方式采用水平修边,修边与侧壁冲孔同时进行。修边线标志如图 9.2 所示。散热器罩关于 Y 方向平面对称,且顶部基本特征为平面,冲压可以采用正装方式。如图 9.2 所示的拉延方向,不会出现凸模死角,有利于制件的顺利成形。X 方向拉延深度较大,需要增大压边量,如图 9.2 中放大视图所示。

根据工艺分析绘制工序简图如图 9.3 所示。

9.1.2　拉延模结构

因制件拉延深度大,形状较复杂,故设计如图 9.2 所示的正装式双动拉延模。该模具结构设计要点如下:

(1)模架与导向

模架采用实型铸造结构,材料选用 HT250,能减轻模具质量,节省材料,降低模具制造成本,减少模具加工量,满足大型制件压力机闭合高度大的要求。为保证模具的导向精度,上下模之间采用导板导向,可拆卸性强,更换方便。

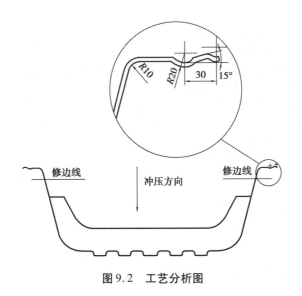

图9.2　工艺分析图

（2）压边装置

为防止制件在拉延成形时出现起皱和撕裂缺陷，双动拉延模上的刚性压边装置能在开始拉延时预弯成压料面形状，避免压料不均匀。同时，必须设置拉延筋，其布置方式如图9.3所示。该制件沿 X 方向的拉延深度较大，设置了两道拉延筋。拉延筋的结构形式为半圆形嵌入筋。

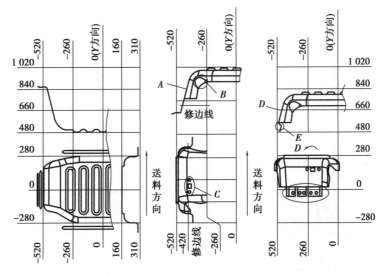

图9.3　工序简图

（3）凸凹模

如图9.4所示，凸模为整体的实型铸造结构，用螺钉紧固在固定座上。因制件上有装饰筋，凹模型腔也必须有相应的凹槽，如果凹模型腔内装饰筋的凹槽部分设计成整体，则钳工修配不方便，故在凹模型腔内设计成有成形装饰筋用的凹模结构兼作顶出器，下模用弹簧将顶出器托起，也就是顶出器为闭口式凹模结构。

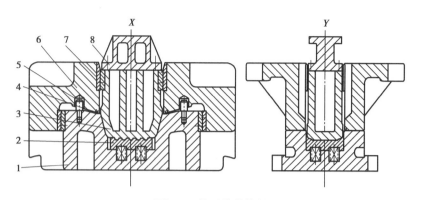

图 9.4　拉延模结构图

1—凹模;2—顶出器;3—凸模;4—压料筋;5—定位杆;

6—压边圈;7—防磨板;8—固定座

9.1.3　切边冲孔模结构

散热器罩切边冲孔模结构如图 9.5 所示,需要完成的工作是将制件拉延中的工艺补充部分切除至产品图中要求的尺寸或为后续的翻边工艺尺寸,同时冲制图中所示的两组孔。切边与冲孔均为倾斜方向,必须用到斜楔和滑块来改变运动方向。该工序的毛坯是上工序的拉延件,采用型面定位。毛坯定位后,依靠压料块 9 压紧于凹模上,冲压时就不会产生翘曲,压料块 9 还能起到卸件的作用。制件的取出设计了气动托起装置,切边、冲孔完成后,由设置在模具内的气缸将其托起,以便取出。修边凸凹模刃口采用镶块结构,降低制造难度,提高模具寿命。镶块选用火焰淬火钢 7CrSiMnMoV,处理后的硬度达 55HRC。因修边线为不规则曲线,故刃口镶块为相拼结构,直线长度不大于 300 mm,形状复杂和拐角处的镶块取短一些。镶块的固定采用销钉定位,螺钉连接,为防止镶块偏移,上下模座可开槽作为挡墙。修边后的废料较长,需要用废料刀切断,再由铸造滑槽滑落。

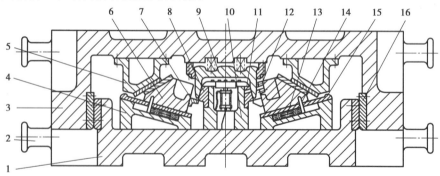

图 9.5　切边冲孔模结构图

1—下模座;2—起吊杆;3—上模座;4—斜面导板座;5—斜楔;6—滑块;

7—切边凸模;8—切边凹模;9—压料块;10—凹模固定座;11—冲孔凹模;

12—冲孔凸模;13—复位弹簧;14—定位销;15—导板;16—防磨板

9.1.4　翻边模结构

散热器翻边位于 X 方向两端,呈对称结构,加工完成后可以横向脱模,但是这样操作非常不方便,包件力过大脱模时会损坏制件,采用如图 9.6 所示的凸模扩张结构则能避免这些缺陷。该模具工作原理为:压力机滑块下行,固定在斜楔座 5 上的斜楔 4 作用于扩张滑块 12,使其向外运动,翻边凹模 11 固定在扩张滑块 12 的另一端,随扩张滑块 12 一起向外运动扩张成翻边状态。压力机滑块继续向下运动,斜楔 6 作用于滑块 7 上,使滑块 7 向内作倾斜运动,而翻边凸模镶块 10 固定在滑块 7 的另一端进行翻边。翻边后压力机滑块行程向上时,翻边凸模 10 在弹簧的回复力作用下返回,翻边凹模 11 则随扩张滑块返程,缩小成取件形状,最后取出制件。

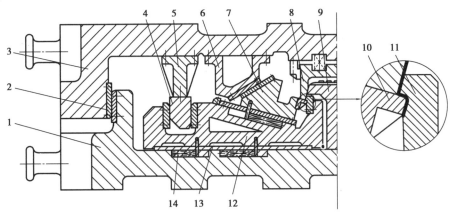

图 9.6　翻边模结构图

1—下模座;2—防磨板;3—上模座;4、6—斜楔;5—斜楔座;7—滑块;8—压料块;
9—支撑座;10—翻边凸模;11—翻边凹模;12—扩张滑块;13—导板;14—复位弹簧

任务 9.2　前门内板的冲压工艺分析与模具设计

前门内板属于汽车内覆盖件,它与前门外板通过定位焊装配成前门,同时要求与前门框有良好的配合。其上有许多局部凸包、通孔、窗孔和边孔,不难想象,其基本工序中必含有拉延、切边和冲孔(含斜楔冲孔)工艺。如图 9.7 所示为其制件简图。

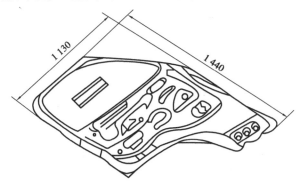

图 9.7　前门内板制件简图

9.2.1 冲压工艺分析

前门内板和一般冲压件相比具有材料薄、形状复杂、多为空间曲面、结构尺寸大和表面质量要求高等特点。其冲压工艺、冲模设计和冲模制造工艺具有独自的特点。前门内板属于不对称的覆盖件,其拉延深度浅而均匀,但是形状比较复杂,具有与前门外板相配合的凸缘面,尺寸较大,其上分布着许多大大小小的孔,这些孔的尺寸精度及孔之间的位置精度要得到保证,必须尽量增加刚性,为此要利用反拉延制出凸包,使孔分布在凸包上。拉延工序的精度直接影响后续工序的精度,该零件的重点在拉延工序上。

该零件还有一个很大的风窗孔在其边框部位需要进行垂直冲孔(直径 2 ~ 7 mm)和水平冲孔(直径 12 mm),另外窗孔的周边修边线并不是直线,有些部位要通过整形制出小法兰,而且下边缘的修边线有局部小圆角(半径 2 ~ 10 mm)。如何处理好风窗的冲压工艺是前门内板的难点之一,其冲压工序的安排,大致决定了整个零件的工序安排。

考虑模具的刚性及风窗的特殊形状,要一次冲出风窗是不合理的,如果这样无法保证特殊形状部位的精度。同时,为了使各个工序中的零件各部位所受加工力分布均匀,必须把风窗分成几个部分冲压,即拉延后第一步在需要整形和需要水平斜楔冲孔的特殊部位冲出孔,以留出后续工序整形及冲孔的空间;第二步对特殊部位进行整形;第三步完成水平斜楔冲孔和余下部位的修边。若把二、三两步合二为一完成,可能使整形模和水平冲孔模之间发生干涉,拉延后至少需三步才能把零件加工出来。

如图 9.8 所示为风窗局部的加工要领,这一步是由其他部位的加工工艺决定的。

如图 9.9 所示为周边局部的加工要领,拉延后必须先进行全周修边,然后进行全周整形,最后才能在成形后的零件外周上冲孔。

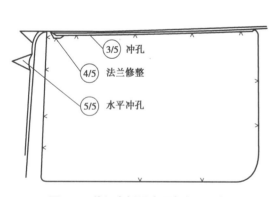

图 9.8　前门内板风窗局部加工要领

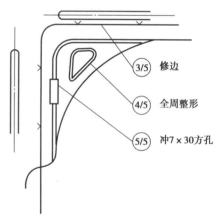

图 9.9　前门内板周边局部加工要领

注:分数形式中分母表示该零件的冲压工序总数,分子代表第几道工序,下同。

如图 9.10 所示为前门内板(L)下部异形通孔的加工要领,它至少需要 3 个工序来完成,即第一步冲出异形通孔,第二步弯曲,第三步在已折弯成形的零件上冲出一个直径 7 mm 的小孔。

总的来说,加工工艺和工序的设计必须根据制件图上具有代表性的断面和各个拐角部分的成形要求,并在确保制件精度的情况下依次设计必要的工序。对于零件从机能来说,应该是重要的和不重要的部分区别对待。一般应注意下列事项:

①一般用作外表的钢板件,喷涂装饰以后表面质量有特殊要求的,同一曲面应一次成形。如果分两次成形,其交接处会残存不连续的面,表面质量明显恶化,需要选择合适的冲压方向。

②焊接面存在起皱一般焊接不好,有回弹则表面位置不准、装配困难或者出现装配后精度不良的情况,不规则的形状只能用拉延工序把焊接面制作出来。当焊接面用弯曲工序做出来时,应该选择没有变薄的冲压方向。

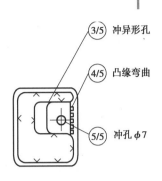

图 9.10　前门内板(L)下部异形通孔加工要领

③作为加工基准用的孔,如在冲压工序早期就冲出来,当工序进行下去时孔会变形和偏移,要在成形之后冲孔。

如图 9.11 所示为冲孔的一些规则在本零件加工中的应用。图 9.11(a)表明关联孔必须在同一工序中加工,图 9.11(b)、(c)表明大孔和小孔接近时,先冲大孔,后冲小孔。根据以上基本原则及该零件的工艺特点,前门内板的冲压需采用落料、拉延、切边冲孔Ⅰ、切边冲孔Ⅱ及冲孔 5 道工序制作。

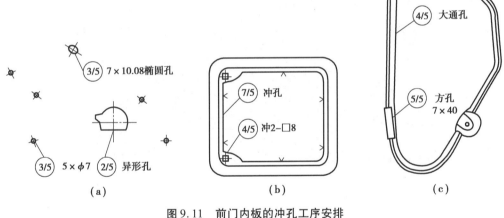

图 9.11　前门内板的冲孔工序安排

（1）落料工序

如图 9.12 所示,前门内板采用厚度为 0.8 mm 的 08F 薄板制造。该零件不是规则的形状,如用整块规则矩形料进行拉延,显然会造成材料的巨大浪费,给后续工序废料清除带来麻烦,在拉延前安排一道专门的落料工序使坯料接近拉延后的坯件形状。

（2）双动拉延工序

如图 9.13 所示,拉延工序在整个零件的成形工序中占有重要的地位,即覆盖件的工艺性关键在于拉延的可能性和可靠性。本拉延工序的加工内容是进行全体成形,从而得到一个接近零件的形状。而覆盖件的拉延件的确定具有相似性,为此讨论前门内板拉延工序之前,必须先回顾一般拉延件的确定方法,并根据一般拉延件的拉延特点来研究前门内板的拉延工艺特点。

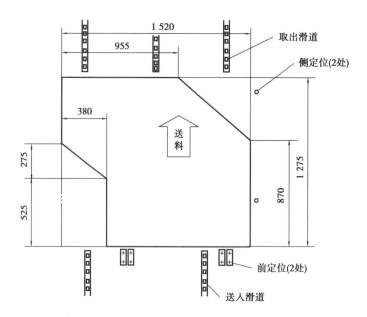

图9.12 前门内板落料工序

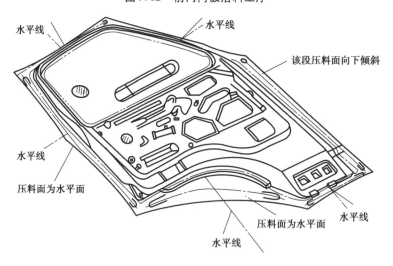

图9.13 前门内板双动拉延工序图

前门内板属于不对称的覆盖件,确定与汽车位置垂直的拉延方向,制件上没有负角部分,能够保证凸模进入凹模。前门内板形状复杂,凸包多而分散,开始拉延时毛坯与凸模的接触处较多,受力均衡,毛坯不会在凸模顶部窜动。

因凸包形状低于压料面形状,故不会使拉延件的内部形状成大皱纹和材料重叠,前门内板属于深度变化不大的零件,保证了压料面各部分进料阻力均匀,在拉延过程中可防止拉延毛坯窜动,即保证了表面质量。

前门内板的各道工序中无翻边工序,只需在覆盖件上加必要的工艺补充部分即可构成拉延件,并且均采用垂直修边。在修边及修边后的定位中主要采用工序件外形、侧壁形状定位。后4道工序在冲模上的位置除拉延翻转180°转入后续工序外,其余工序是一致的。

拉延件形状复杂,本工序采用双动压力机。采用双动压力机的优点如下:

①单动压力机的压紧力不够,一般有气垫的单动压力机,其压紧力等于压力机滑块压力的20%～25%,而双动压力机的外滑块压紧力等于压力机滑块压力的65%～70%。

②单动压力机的压紧力只能整个调节,而双动压力机的外滑块压力可以四角单独调节,从而起到调节拉延模压料面上各部位的压边力,控制压料面上材料流动的作用。

③双动压力机能解决单动压力机的拉延深度不深的问题。

④单动拉延模的压边圈是刚性的,如果压料面是立体曲面,形状的不对称会致使压料板偏斜,严重时会失去压料作用,而双动压力机则能很好地解决问题。该零件拉延的压料面大部分就是覆盖件的凸缘面,此时的修边线一般就在拉延件的压料面上,通过以后的垂直修边切除多余部分。通过对该零件断面尺寸的分析,大多数断面的部分材料的延伸率在5%左右,基本满足工艺要求。

如图9.14所示,图中标明了前门内板凸缘倾斜的大致趋势,它决定了压料面的倾斜方向,可以看出本零件压料主要有水平压料面和向下倾斜的压料面。本拉延件主要采用安置拉延筋的方式来调节进料阻力,如图9.14所示,共采用4段拉筋布置在拉延件四周的直线部分,这样就增加了进料阻力,使圆角部分与直线部分进料阻力均匀。

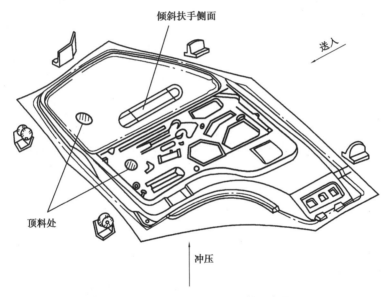

图9.14 前门内板压料面倾斜示意图

前门内板反拉延的深度较浅,易成形,无须用工艺孔和工艺切口。

(3)切边冲孔工序Ⅰ

如图9.15所示,上道拉延工序的制件翻转180°,进入切边冲孔工序。本工序包括以下加工内容:

①修边。全周修边,修边废料切成如图9.13所示的4段。

②冲孔。大通孔1～6,方通孔7、8;异形孔9、10及小孔 $\phi20$ mm,5-$\phi7$ mm,4-$\phi3.8$ mm,2-$\phi7$ mm,10.08 mm×7 mm 椭圆孔,两个长方孔。

分析本工序加工内容可知,此工序完成了零件所需的大部分大通孔,这符合先冲大孔后冲小孔的原则。对窗口部位的通孔,一方面考虑模具的刚性问题,把窗口分成几个部分,多道工序冲压;另一方面把3个通孔按图9.15所示布置,以方便两工序间的衔接。对一些安装门锁、摇把等连杆机构有较严格相互位置关系的关联孔,都安排在同一道工序中冲制,以满足尺寸要求。全周修边是为了切去工艺补充部分,它是拉延件后续工序中一个必不可少的环节。

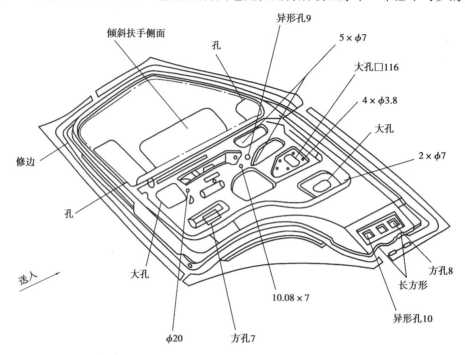

图 9.15　前门内板切边、冲孔 I 工序示意图

(4)切边冲孔工序 II

如图 9.16 所示,制件经上道工序后位置不变地转入此道工序进行切边冲孔。本工序的主要加工内容如下:

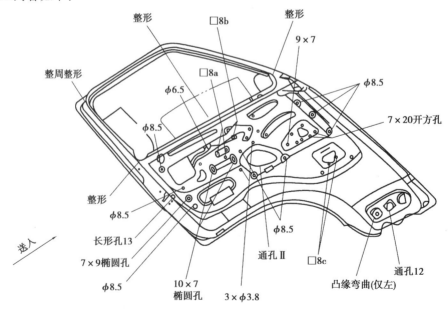

图 9.16　前门内板切边、冲孔 II 工序示意图

①整形。全周整形及图示窗口部分整形。

②冲孔。8-φ8.5 mm,3-φ3.8 mm,7 mm×20 mm 长方孔两个,3-□8a,2-□8b,2-□8c,7 mm×9 mm 椭圆孔,10 mm×7 mm 椭圆孔两个,9 mm×7 mm 长方孔,大通孔 11、12,小长形孔 13。

③弯曲。异形孔处的凸缘弯曲。

从加工内容可知,本工序所冲的孔大多为小孔,在废料处理时应考虑这些小废料的收集,尽可能少用废料箱。模具内共安排了 4 个废料箱,不能直接落入废料箱的废料可采用溜槽滑入。

此工序中有许多相关联的孔:8-φ8.5 mm,3-□8a,2-□8b,2-□8c,3-φ3.8 mm,10 mm×7 mm 椭圆孔两个,7 mm×20 mm 长方孔两个。

长形孔 13 安排在第 4 工序中而不在第 5 工序中,主要是由于该孔和第 5 工序中的斜楔冲孔发生干涉。

通过整形将前面几道工序中不符合零件形状的部位修正过来,把未加工出的形状压形出来,使制件的外形符合零件的最终尺寸和形状。此处的凸缘弯曲是为下道工序的冲孔作准备的,这种先弯曲后冲孔的工序安排符合成形冲孔的原则。

(5)冲孔工序

加工要领如图 9.17 所示,制件位置不变地由第 4 道工序转入最后一道冲孔工序。本工序的加工内容主要有:

①斜楔冲孔(含翻边孔)。从 Z 向看,4×φ12 mm、φ14 mm 异形孔、2×φ38 mm,4×φ12 mm 均由 B 斜楔冲孔机构完成。9 mm×7 mm 由 C 斜楔冲孔机构冲出,均为倾斜面上斜冲孔:从 Y 向看,异形孔、3 个冲孔翻边孔、直径为 7 mm 孔均由 A 斜楔机构冲出,为水平冲孔,另外还有窗口内缘下部直径为 12 mm 的水平冲孔,由 D 斜楔机构冲出。

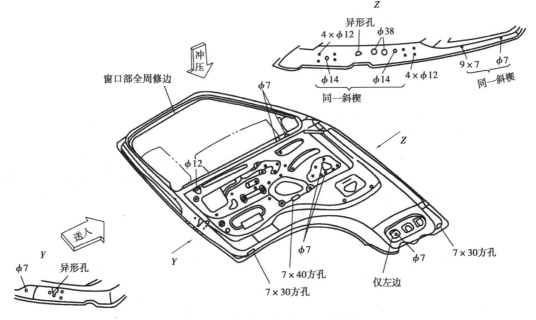

图 9.17　前门内板冲孔工序示意图

②垂直冲孔包括两个 7 mm×30 mm 长孔、7 mm×40 mm 长孔、2×ϕ7 mm。

③修边。窗口部位的全周修边。

9.2.2 模具结构

拉延工序在整个零件的加工中具有重要地位,其模具结构(双动拉延模)在大型覆盖件模具中有普遍的代表意义,在模具结构分析时,将重点讨论拉延模。成形左右前门内板所需模具是不同的,除落料模只需一副模具外,其余工序所需模具均为左右各一副。本套模具有落料模、双动拉延模、切边冲孔模 Ⅰ 和切边冲孔模 Ⅱ、冲孔模。

1)前门内板落料模

前门内板落料模的模具结构如图 9.18 所示。

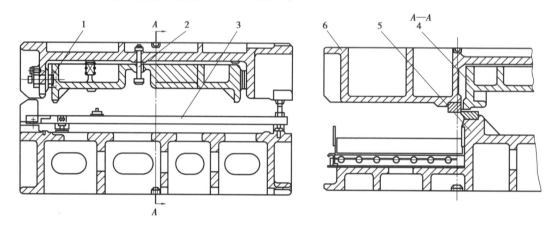

图9.18 前门内板落料模

1—安全侧销;2—安全吊杆;3—下模托板;4—上模;5—下模;6—上压料板

本落料模在单动压力机上使用,采用倒装式结构,主要由下模托板 3、上压料板 4、下模 5 和上模 6 等部分组成。

其中,上模与上压料板之间利用导板导向,并且采用侧销和安全吊杆相结合的双重安全机构,在上模上行时起到吊起上压料板的作用。吊杆在模具正常工作时不起作用,仅当安全侧销出意外时(如被切断),它才托起上模,起保险作用。为了防止和阻止模具启闭时人手或其他异物进入模具中而发生意外,下模上还设有安全护板。上压料板和上模之间安装强力弹簧以使上压料板具有压料作用。上模和下模之间通过导柱导套导向。

下模托板上装有滑轮以方便送入平面板料。坯料的取出及送入均通过橡胶滚轮滑道,并由人工进行操纵。平面板坯料靠两个前定位块和两个右侧定位块定位。下模托板与下模之间有弹簧连接,以使下模托板自动回程时起到托料作用。固定板螺钉起限制回程行程的作用。

上模通过螺钉下压下模托板,使向下工作行程的后期,上压料板与坯料脱离接触。上、下模采用整体式结构,材料采用 HT250。下料切刃采用镶拼式结构,切下废料由废料箱容纳。

该模具动作原理为:滑块下行时,带动上模及上压料板向下运动,上压料板将平面板坯料向下压,直至上模压板将坯料压紧在下模上,然后上压料板停止运动,滑块继续向下运动时,上模切下废料。滑块回程时,上模上行,上压料板随之向上运动,使加工后的坯料脱离接触失去压紧力后,下模托板将之托起,滑块停止运动,工作人员即可取料。

2）前门内板拉延模

前门内板拉延模（图 9.19）在双动压力机上使用，又称为双动拉延模，主要由凹模 1、压边圈 2、凸模 3、顶出器 4 等部分组成。其中，压边圈与压力机的外滑块相连。

其基本的动作过程为：压力机外滑块下行时，压边圈随之到达下死点，将毛坯压紧在凹模压料面上并保持不动，内滑块后于外滑块向下运动，凸模随之下行，将毛坯进行拉延直到下死点。拉延完成后，凸模随内滑块先回程，压边圈在保持一段时间静止不动后即随外滑块向上运动，然后顶出器将成形后的拉延件顶起再由人工取出。

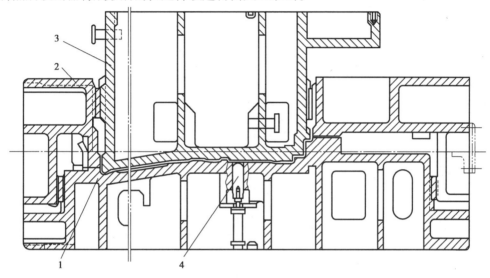

图 9.19　前门内板双动拉延模
1—凹模；2—压边圈；3—凸模；4—顶出器

（1）凸模、凹模、压边圈

拉延模的凸模、凹模、压边圈都采用铸件，要求既要尽量减轻质量又要有足够的强度，铸件非重要部位应挖空。

大型模具铸件，最突出的结构是型面厚度，其中周边围墙厚度及筋条厚度均较薄。本拉延模大型铸件的壁厚为：型面 40～60 mm，周边围墙 40 mm，筋条 30 mm，凸模工作表面和轮廓之间保持约 60 mm 的距离。为了减轻轮廓面的加工量，轮廓面的上部留有 18 mm 的空挡毛坯面，压边圈内轮廓上部为减少加工量留有向外 10 mm 的空挡毛坯面。

在传统设计中，作为模具工作零件的凸模、凹模，往往都分别与另一零件，即上下模座用螺栓等紧固在一起，而这套模具把两者合为了一个整体件。

冲模闭合高度应适应双动压力机的规格。本工序采用中型压力机，其内滑块闭合高度为（1200±2）mm，外滑块闭合高度为（850±2）mm。当模具的闭合高度相对较高时，设计者并不会把整体凸凹模设计得特别高，而是采取另加一块垫板的方法来减少冲模零件的高度并满足模具的要求，这样就使上下模座的加工难度（特别是铸造难度）以及零件的重要性相对减小。本拉延模闭合高度较小，不用加垫板。

冲模的下模座上设置了工艺小平台，作为检测与安装模具的一种基准，如图 9.20 所示，本模具在上下模座的两个对角线上，分别设有两个 130 mm×130 mm 的工艺小平台，这种工艺小平台起到支承定位作用。下模零件的这种结构比在下模部分需要翻转时要临时找基准及模具翻转时需要临时找支承定位的方法方便且准确得多。

在覆盖件模具的大型铸件上,侧面常增设基准小凸台,如图9.21所示。本模具的下模及压边圈左右两侧均加工有基准小凸台,这种基准小凸台可供钳工安装和装配模具时作侧向基准与定位用。

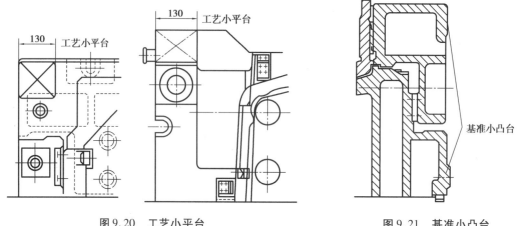

图9.20　工艺小平台　　　　　　　　　图9.21　基准小凸台

国外汽车覆盖件冲模铸件的选材情况一般是对复杂的深拉延凸凹模铸坯多选用合金铸铁(GM241等),而对一般的模具铸件则选用强度好的普通铸铁FC250,它相当于我国的普通灰铸铁HT250。

在本拉延模的大型铸件中,还加工有许多T形槽和U形槽,它们用于模具的固定和定位。为了模具加工和在压力机上安装模具的需要,本拉延模中还设有模具中心沟,它起到指示模具中心位置的作用。

由于前门内板窗口以后要修掉,成为废料,因此,在拉延过程中,在模具与制品窗口相接触的表面上,充分考虑变形后,设置了让料槽。

(2)拉延模的导向

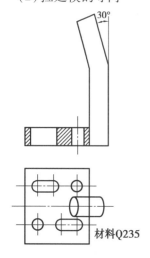

图9.22　侧定位块简图

拉延模的导向包括两个方面:压边圈和凹模的导向;凸模和压边圈的导向。

①压边圈和凹模的导向。压边圈和凹模的导向采用凸台和凹模的单向自润滑导板导向。其作用与一般冲模的导柱、导套的导向相似,但导向间隙较大,为0.3 mm。这是为了满足调节压料面的进料阻力,使压边圈支撑面呈倾斜的需要,如图9.22所示。本模具采用凸台放在压边圈上的方式进行导向,其优点是便于打磨和研磨压料面和拉延筋槽,缺点是不安全。为了减少磨损,保证间隙,凸台与凹槽上安装有导板导向面,一面装导板,另一面精加工。导板上都采用沉孔,考虑到制造上钻孔的方便,侧面挡板安装在下模凹槽上,正面导板安装在压边圈的凸台上(注:正侧面以下模平面图为准)。

为了便于进入导向面,且考虑加工方便,将导板开始进入导向面的一端,做成 30°倾角,相应地在不装导板的一面或凹模上做成半径为 5 mm 的圆弧。

②凸模和压边圈的导向。本模具凸模和压边圈的导向采用单向自润滑导板导向,导板利用沉孔螺钉固定在凸模导板支撑台阶上,如图 9.19 所示,导板置于凸模外廓的直线部位,并处于凸模外轮廓之间空隙的一半处。

③拉延筋和空气孔。采用拉延筋是为了增加拉延变形阻力,控制材料的流入,从而防止凸缘变形区起皱和侧壁部分起皱,同时可降低对压边圈平面粗糙度的要求。本拉延模的拉延筋只用了一根,安置在上面压边圈的压料面上,拉延筋槽位于下面凹模的压料面上,以便于研配和打磨。

压边圈毛坯压紧在凹模压料面上,凹模里的空气一定要排出去,否则凹模里的空气受到压缩,拉延后,凹模里受到压缩的空气,就有可能将拉延件顶瘪。必须在凹模非工作表面或以后要修掉的废料部位,钻直径为 20 ~ 30 mm 的空气孔 2 ~ 6 个,相应地在凹模底面上铣出空气槽,使空气从左右面排出,如有可能也可在凹模两侧铸出空气孔。

④定位装置。坯料的定位可利用坯料的型面定位、坯料的外形定位、制件上孔及工艺孔来定位等。该工序的原始坯料为平板坯料,只有利用坯料的外形来定位。本模具设置两个前定位块,两个后定位块,后定位块采用带橡胶辊轮式定位,左右两侧共 4 个侧定位块,侧定位块采用销式定位,如图 9.22 所示为侧定位块的基本结构。

⑤限位装置、起吊装置。在本拉延模里,为了控制压边圈的行程,比较精确地控制压边间隙值,保证拉延变形顺利、进行稳定及保证质检质量,采用压边间隙限制零件——限位块,并将其均匀地布置在模具的空隙处,共设置了 8 块,前后左右各两块。

考虑覆盖件模具形状及大体质量,如本拉延模模具总尺寸为 2 200 mm×1 900 mm×1 150 mm,重达 11 000 kg,必须具备可靠的起重装置。而上模采用了注入式吊杆,需在下模和压边圈上设置起吊耳。

注入式吊杆是国外汽车模具设计中采用得最多的起重装置。吊杆用 Q235 钢制成,在大型铸件铸造时,预先把它埋入铸型,使它与大型铸件铸为一体。这种结构具有强度高,外形小、安全可靠的优点。为了加工时搬运起吊的需要,每一大型铸件皆备有单独的吊杆。下模座吊杆应要承受整副模具的起吊质量,必须按模具总质量设计。为了防止起吊时误用不固定的压边圈上的吊杆起吊整副模具,需在模具制成后用护罩将压边圈上的吊杆罩起来,以确保安全。

另外,本模具还有以下一些特点:

①设置了安全挡板,以防手和异物进入压边圈与下模之间。

②设置了定位键以便装模。

③采用了气动顶件器顶料,方便取料。当它和滚道相结合构成半自动进料结构时,则取料方便,操作安全。

3)前门内板切边冲孔模 Ⅰ

该模具(图 9.23)在单动压力机上使用,模具总质量为 7 500 kg,尺寸为 2 300 mm×1 500 mm×800 mm。模具主要由上模、下模、压板、废料刀、上模镶块、下模镶块、升降台等组成,其中上模与上模压板之间装有强力弹簧,使上模压板具有压料作用,它们之间采用导板导向,并且有侧销和安全吊杆相结合的双重安全机构,可在回程时吊起上模压板,使之与上模一起上行。

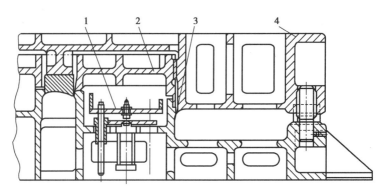

图 9.23　前门内板切边冲孔模

1—升降台;2—压板;3—下模;4—上模

模具的基本动作原理为:滑块下行过程中,上模与上模压板(推件块)随之向下运动,首先压料板接触制件停止运动,而上模继续向下运动,它们之间的压料弹簧压缩,使压板的压边力越来越大,从而达到理想的压边力,此时上模和下模相互作用在制件上进行切边、冲孔。上模随滑块回程,压料板可对制件起顶料作用,直到在侧销带动下,随上模上行脱离制件。制件在升降台的作用下被顶起,可人工取料,转入下一道工序。

这种冲模结构属于垂直修边模。其模具的主要特点是修边冲孔,其镶拼式的结构,不仅制模容易,更换方便,而且可以提高模具使用寿命,降低制模成本。

如图 9.24 所示为合理和不合理拼块对比示意图。

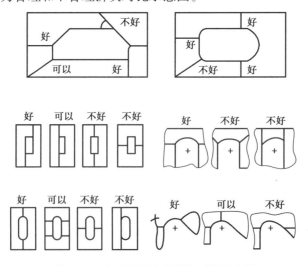

图 9.24　合理和不合理拼块对比示意图

固定方式对合理而可靠地固定凸凹模的镶拼块很重要,应根据实际需要恰当选择。固定方式共有以下几种:

①嵌入凹槽固定式。将凸模或凹模的镶拼块嵌入有相同高宽度凹模的各自模座内,且每块均用螺钉、销钉固定。

②平面固定式。各镶拼块按模具形式的要求直接放在模座的一个平面上,然后每一块镶拼块都用螺钉、销钉固定。显然,这种固定方式的受力情况不如前一种好。

③侧向键或楔块固定式。在各镶拼块拼合后的外侧用键或楔铁将各拼块挤紧固定。这

种固定方式加工工艺简单,承力情况相当好,在覆盖件镶拼模中应用最广。

④凸台固定式。这种固定方式是在模座上加工一个台阶,然后将镶块用销钉、螺钉固定在台阶上,这种模块既能承受垂直方向的力,又能承受侧向力。切边冲孔模所采用的镶拼式模块的布置方式及固定方式,模具上下切刃材料都采用堆焊制成,对形状复杂的垂直切刃则采用机械装配,下模基本上采用凹槽固定式固定凹模镶块,上模则基本采用平面固定式固定凸模镶块,对所冲孔较大且复杂时,凸模可采用几块镶块互相拼接的形式,如图9.25所示为采用凸凹模镶块结构冲通孔。由此可知,由于通孔处尺寸较大,特别是 a 处结构复杂,直接在整体凹模上加工,有一定困难(无加工空间),因此凸模采用图9.25(c)的镶拼形式,由4块镶块组成一个冲孔凸模,采用内六角螺钉和销钉的平面固定式固定于上模平面内。而凹模采用两块凹模镶块,并采用凹槽固定式固嵌于凹模内,其中一块凹模镶块用于冲切形状较复杂的 a 处。在工作表面上,镶块均采用精加工,镶块镶拼结合面处加工精度较高,而无特殊要求时表面加工精度可低些。应注意凸凹模镶块的相拼面错开,这是为了防止出现毛刺。

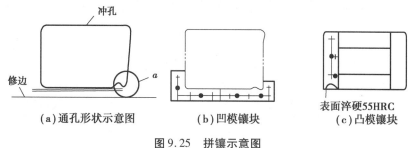

(a)通孔形状示意图　　(b)凹模镶块　　表面淬硬55HRC (c)凸模镶块

图9.25　拼镶示意图

废料刀也是修边镶块的组成部分。废料是用镶块废料刀切断的,镶块式废料刀是利用修边凹模镶块的接合面作为刃口,相应地在修边凸模的镶块外面装废料刀作为另一个刃口组成镶块式废料修边。

模具共设置了4处废料,这样即把周边废料分成4块小废料。废料刀的上下刃口材料均采用镶块,切刃原则上设计成直刃口。在模具中废料刀承受较大的侧向力,如图9.26所示为模具中所采用的废料刀镶块。其中,下模废料刀镶块采用平面固定式,如图9.26(a)所示。如图9.26(b)所示的上模废料刀镶块采用凹槽固定式,这样接触面积大,可分担部分侧向力,以防碰伤厚度较薄的上模修边刃口。

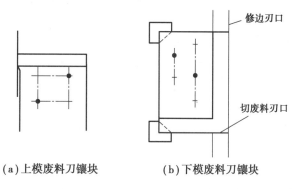

(a)上模废料刀镶块　　(b)下模废料刀镶块

图9.26　废料刀镶块

以上是模具镶块的一些特点,除此之外模具还具有以下一些基本特点:

①上下模采用4个导柱导套导向,将导柱放在下模,含油导套放在上模。上模与上模压板则采用导板导向。

②废料采用滑道和废料箱两种方式排出。

③工件以成形面的内形定位。

④模具采用气动顶件装置,小导柱的作用是防止托板偏移。

⑤制造工艺性好,模具有加工基准面和基准点。

⑥模具设有定位键,便于装模。

⑦压板的起吊采用开螺钉孔的形式,而上下模起吊采用吊耳。

4)前门内板切边冲孔模Ⅱ

如图9.27所示为完成前门内板零件第4道工序的模具结构简图。

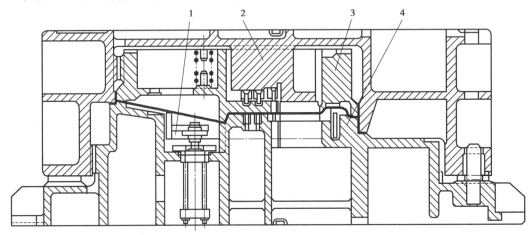

图9.27 前门内板切边冲孔模

1—升降台;2—上模;3—下模;4—压板

该模具在单动压力机上使用。与上套模具相似,上模与压板之间安装有强力弹簧,采用双重安全机构,之间采用导板导向。上模与下模之间采用导板和两个导柱导套双重导向,这样就可使整形、弯曲、冲孔的精度得到保证。其基本动作原理与上一工序的模具相似。上模下行,带动压板首先接触制件起压料作用,压板停止运动,上模继续下行,压边力达到合理值时,上模首先完成冲孔,接着进行整形、弯曲。完成工作后上模首先回程,压板不动起卸料作用,后在板边作用下随之回程,气动顶料装置即可顶料,以便手工取料。

①冲孔凸模。该模具大部分采用凸肩式冲孔凸模,当冲直径为7 mm以下的圆孔,以及当凸模固定板的安装位置紧张时,采用钢球锁紧式冲头。

②冲孔凹模。当孔的最大尺寸小于25 mm时,使用筒状凹模,如图9.26所示,将凹模压入铸铁基体中,再用直径为4 mm的定位销防止其转动。其中,冲孔凸模在使用中损坏的可能性较大,应设置备用冲头,以便在凸模损坏时更换,不致影响正常工作。

5)前门内板冲孔模

如图9.28所示为前门内板冲孔模制件的第5道工序用模。

该模具在G型单动压力机上使用。G型单动压力机的闭合高度为1 150 mm,采用250 mm厚的上垫板与之适应。该模具主要由上模、下模、上模压板和不同位置的4个斜楔冲孔机构组成。

　　该模具的最大特点是使用了斜楔冲孔机构。汽车覆盖件常有一些和冲压方向不一致的孔,这些孔可分为两类:一类与冲压方向垂直;另一类与冲压方向呈一定夹角(即斜面上的孔)。对水平方向的孔一般采用单向斜楔机构,而对斜面上的孔,则采用双向斜楔机构。

　　该模具有斜楔冲孔机构,承受较大的侧向力,为了使导向精确,采用导柱导板联合导向,并将导板设置在与导柱导套同一轴线上,有效地保护了导柱导套的配合精度。

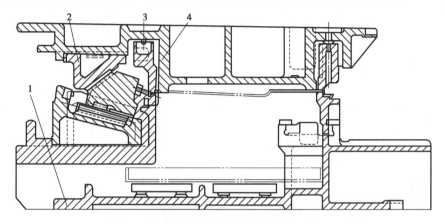

图 9.28　前门内板冲孔模
1—下模;2—斜楔冲孔机构;3—上模压板;4—上模

任务 9.3　顶窗盖上体的冲压工艺分析及模具设计

9.3.1　顶窗盖上体的成形分析

　　顶窗盖上体工件图如图 9.29 所示。该冲压件的结构特点为平面法兰、斜面侧壁、矩形轮廓,底部有局部形状变化,即外轮廓是一个大盒形件,其内轮廓有 4 个向外凸起的小盒形件形状。该冲压件可分为大盒形件与小盒形件两个变形单元来分析其变形情况。

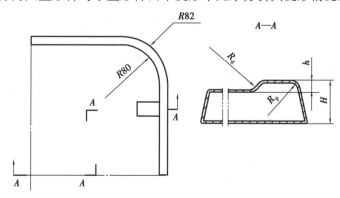

图 9.29　顶窗盖上体工件图

9.3.2　顶窗盖上体的模具

（1）模具设计

顶窗盖上体拉延模结构如图 9.30 所示。基于上述变形分析,该零件的高度 H 较小,而成形圆角 R 较大,即 H/R 值较小,法兰转角部位不会出现起皱问题。为避免小盒形件胀形时产生塑性破裂,该套模具增加了预成形工序。其目的是减小外部金属向内变形的阻力,形成以胀形为主的成形,因兼有拉延因素的介入,缓解了胀形部位的拉薄程度。该套模具采用弹簧弹压顶出器,使 4 个凸起的小包处预成形一定形状,以期从外部获得少量金属。

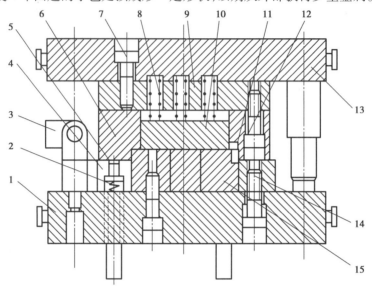

图 9.30　顶窗盖上体模具图

1—下模座;2—弹簧;3—限制器;4—压边圈;5—弹性挡料销;6—凹模;7—螺钉;8—弹簧;
9—垫板;10—顶出器;11—凹模镶块;12—凸模镶块;13—上模座;14—卸料螺钉;15—压形凸模

（2）模具工作过程

模具在初始状态时,在气垫作用下压边圈与凸模顶面平齐,以便摆放工件和压形。当凹模随机床滑块下行,与压边圈接触时压住材料,同时凸模顶面毛坯由于顶出器的压力作用产生一定的变形。当滑块继续下行时,压边圈在凹模的压力下向下移动,凹模与凸模产生相对运动,形成拉延,拉延到 $H-h$ 高度时,随着凹模的继续下行,外凸小包及拉延件底面成形。当凹模下行到最低位置时,拉延成形。

（3）模具主要零件的特点

①凸模及凹模结构除预成形设计之外,对凸模及凹模的设计要考虑工艺性。

②卸料装置采用弹性卸料,主要零件有顶出器、压边圈,兼起压料、卸料作用。

任务4　前围边板的冲压工艺分析及模具设计

9.4.1　工艺分析

前围边板属于中小型的汽车覆盖件,其结构形状不很复杂,平滑的空间曲面拉延较浅,零件简图如图9.31所示。因前围边板尺寸不大,零件本身不对称,故采取一模一次冲压左、右件的方法,即在一次拉延中同时制出左、右两块前围边板。这样既可以提高生产率,平衡模具及压力机受力,又不至于使模具的结构尺寸过大。

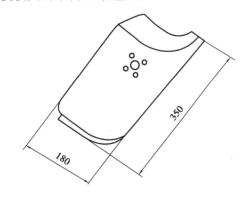

图9.31　前围边板零件简图

(1)前围边板拉延工序

前围边板拉延工序示意图如图9.32所示。

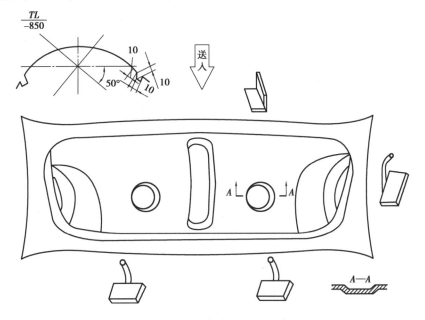

图9.32　前围边板拉延工序示意图

（2）前围边板切边、冲孔工序

碗形压料面如图9.33 所示。

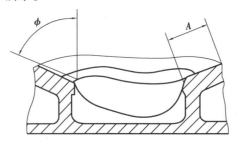

图9.33 碗形压料面

前围边板切边、冲孔工序示意如图9.34 所示。

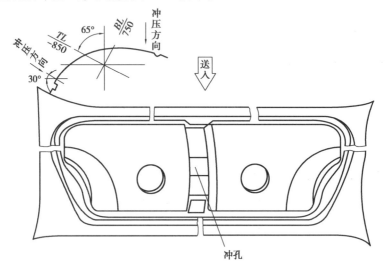

图9.34 前围边板切边、冲孔工序示意图

（3）前围边板翻边、切断工序

前围边板翻边、切断工序的加工内容和毛坯放置如图9.35 所示。

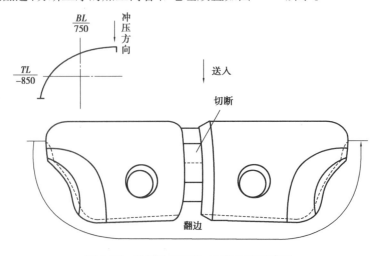

图9.35 前围边板翻边、切断工序示意图

（4）前围边板翻边、冲孔工序

前围边板翻边、冲孔工序的加工内容和毛坯放置如图 9.36 所示。

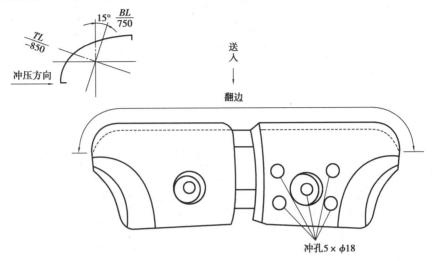

图 9.36　前围边板翻边、冲孔工序示意图

（5）前围边板翻边工序

前围边板翻边工序的工作情况和毛坯位置如图 9.37 所示，图中的虚线表示翻边线。

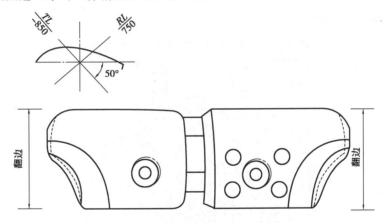

图 9.37　前围边板翻边工序示意图

（6）前围边板折边、切断工序

前围边板折边、切断工序示意图如图 9.38 所示。

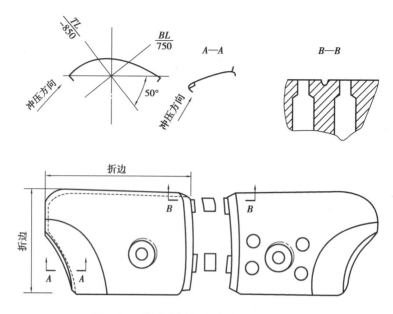

图9.38 前围边板折边、切断工序示意图

9.4.2 各工序的模具分析

（1）拉延模

前围边板拉延模结构如图9.39所示。

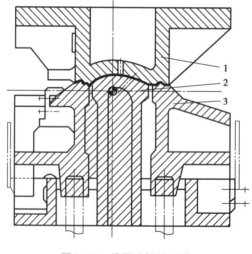

图9.39 前围边板拉延模

1—凹模；2—凸模；3—压边圈

（2）前围边板切边、冲孔模

前围边板切边、冲孔模的主要结构如图9.40所示。

①不要把废料状分成 L 形或 U 形。

②不要把废料刀平行配列，要考虑废料的流动方向，张开5°～15°。

③废料分割不要过细，形状较大的一边长度以400～700 mm为宜。

④废料溜槽的角度以30°为宜，要便于废料统一收集。

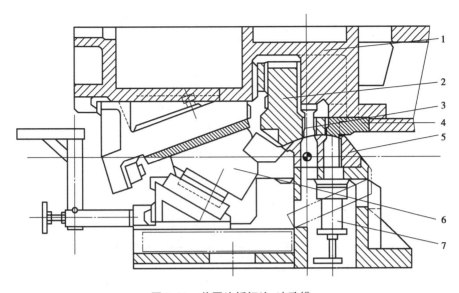

图 9.40　前围边板切边、冲孔模

1—上模座;2—压边圈;3—冲孔凸模;4—凹模镶块;

5—凸模镶块;6—斜楔机构;7—气动脱料机构

⑤废料的流动方向不应妨碍工人的操作。

⑥废料刀高度必须低于凸模镶块,而修边凹模上的废料刀必须与之相适应,以保证刀口有切断作用。

(3)前围边板的翻边、斜楔切断模

前围边板的翻边、斜楔切断模的主要结构如图 9.41 所示。

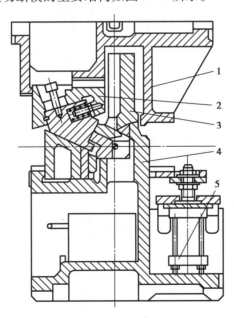

图 9.41　前围边板斜楔翻边、斜楔切断模

1—上模座;2—斜楔机构;3—压边圈;4—下模座;5—气缸脱料机构

（4）前围边板的斜楔翻边、冲孔模

前围边板的斜楔翻边、冲孔模的主要结构如图9.42所示。

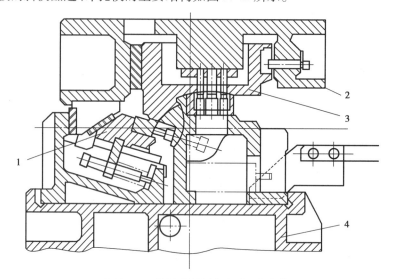

图9.42　前围边板斜楔翻边、冲孔模

1—斜楔机构；2—上模座；3—压边圈；4—下模座

（5）前围边板的斜楔翻边模

前围边板斜楔翻边模如图9.43所示。

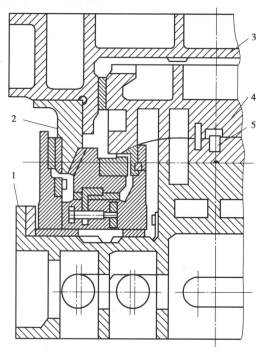

图9.43　前围边板斜楔翻边模

1—下模座；2—斜楔机构；3—上模座；4—压边圈；5—定位块

（6）前围边板的折边、切断模

如图9.44所示,由上模座1、压边圈2、废料导槽3、下模4、下模座5等主要部分组成,这是该零件最后一道冲压工序的模具。工序毛坯通过内表面配合及后定位块定位,当压力机向下运动时,压边圈2首先将工序毛坯压住,压边力由压边圈2与上模座1之间的弹簧及下模4与下模座5之间的橡胶块6调节。当滑块继续往下运动时,弹簧和橡胶块6同时被压缩。当压缩到一定程度后,压边圈2与上模座1成为刚性接触,此时上模完成切断工作,压边圈2随上模一同下行完成折边工作,产生的废料由废料导槽滑入废料盒收集。当上模进行切断动作时,橡胶被压缩到一定程度,此时下模4和下模座5通过销钉成为刚性接触,当滑块向上运动时,橡胶块6的弹性回复将工件顶起。

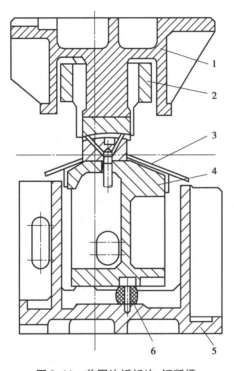

图9.44 前围边板折边、切断模

1—上模座;2—压边圈;3—废料导槽;4—下模;5—下模座;6—橡胶块

小结:

1.汽车覆盖件表示方法有覆盖件图、主模型及数据模型3种。

2.汽车覆盖件工艺设计过程包括原材料准备、覆盖件工艺结构分析、工艺设计及制作DL图。

3.汽车覆盖件常用冲压工序有拉延、修边、翻边、冲孔、整形等。根据不同的工序进行相关工艺设计及模具设计。

参考文献

[1] 范家春,高晖.汽车冲压[M].北京:机械工业出版社,2014.

[2] 李雅.汽车覆盖件冲压成形技术[M].北京:机械工业出版社,2012.

[3] 董湘怀.金属塑性成形原理[M].北京:机械工业出版社,2011.

[4] 王秀凤,万良辉.冷冲压模具设计与制造[M].北京:北京航空航天大学出版社,2005.

[5] 李尧.金属塑性成形原理[M].北京:机械工业出版社,2004.

[6] 夏巨谌,张启勋.材料成形工艺[M].2版.北京:机械工业出版社,2010.

[7] 王平.金属塑性成型力学[M].2版.北京:冶金工业出版社,2013.

[8] 吕炎,等.精密塑性体积成形技术[M].北京:国防工业出版社,2003.

[9] 李峰.特种塑性成形理论及技术[M].北京:北京大学出版社,2011.

[10] 杨玉英.实用冲压工艺及模具设计手册[M].北京:机械工业出版社,2005.

[11] 李硕本,等.冲压工艺理论与新技术[M].北京:机械工业出版社,2002.

[12] 贾俐俐.冲压工艺与模具设计[M].2版.北京:人民邮电出版社,2016.

[13] 林承全,胡绍平.冲压模具课程设计指导与范例[M].北京:化学工业出版社,2008.

[14] 王孝培.冲压设计资料[M].北京:机械工业出版社,1983.